M. NOGUEIRA SERENS

A «VULGARIZAÇÃO» DA MARCA NA DIRECTIVA 89/104/CEE, DE 21 DE DEZEMBRO DE 1988 (*ID EST*, NO NOSSO DIREITO FUTURO)

COIMBRA
1995

Separata do número especial do Boletim da Faculdade de Direito de Coimbra — «Estudos em Homenagem ao Prof. Doutor António de Arruda Ferrer Correia» — 1984

Execução Gráfica
G. C. – Gráfica de Coimbra, Lda.
Junho, 1995
Depósito Legal n.º 2896/83

A "VULGARIZAÇÃO" DA MARCA NA DIRECTIVA 89/104/CEE, DE 21 DE DEZEMBRO DE 1988 (*ID EST*, NO NOSSO DIREITO FUTURO)*

1. Para serem marcas, os sinais hão-de ter *capacidade distintiva*, ou seja, aptidão para distinguir um produto (ou um serviço), que provém de uma empresa (ou fonte produtiva), dos produtos (ou serviços) provenientes de outras empresas (ou fontes produtivas) [1]. A esta luz, bem se compreende, desde logo, que não pos-

---

* O presente trabalho foi elaborado antes da promulgação do Decreto-Lei n.º 16/95, de 24 de Janeiro, que aprovou o novo Código da Propriedade Industrial. Ainda assim, julgamos que ele não se apresenta desactualizado. É verdade que aquele Código trouxe algumas inovações de monta no concernente à disciplina das marcas. Porém, na sua base esteve precisamente a Directiva 89/104/CEE. Acresce que o direito das marcas põe muitas questões às quais a lei — qualquer lei, seja ela nova ou velha — não dá resposta. Ora, algumas dessas questões (exemplificando: distinção entre marcas fortes e marcas fracas, conceito de afinidade dos produtos ou serviços, critérios da confundibilidade) estiveram, também elas, no centro da nossa investigação.

[1] Porque a capacidade distintiva é, por assim dizer, da essência da marca (... ou não fossem as marcas "meios de distinção"), ela funciona como *pressuposto* de registo, e, assim, se um sinal, *antes* do registo e *depois* do respectivo pedido, perder a sua capacidade distintiva, o registo deverá ser recusado, do mesmo jeito que se não pode efectuar o registo de um sinal que adquiriu capacidade distintiva *depois* do respectivo pedido de registo (sendo assim *de jure condito*, *poderá* passar a ser diferente *de jure condendo*, cfr. *infra*, n.º IV). De outra maneira, bem diferente, se haveriam de entender as coisas se a capacidade distintiva — *rectius*, a falta de capacidade distintiva — funcionasse como um *impedimento* ao registo. O que então relevaria seria a "situação do sinal" no *momento (da decisão)*

sam constituir marcas as *denominações genéricas* dos produtos. O empresário que, por exemplo, produz frigoríficos, quando decide adoptar uma marca, não pode ter em vista senão diferenciar os frigoríficos por si produzidos dos que são produzidos pelos seus concorrentes. Ora, se esse empresário adoptasse como marca a palavra "frigorífico", nome comum dos respectivos produtos, esse sinal não desempenharia essa função, exactamente porque o público o não compreenderia como marca, é dizer, como meio usado por um empresário para *individualizar* os seus produtos, assim os

---

do registo: não obstante o sinal não ter capacidade distintiva à data do pedido, ele podia ser registado, desde que tivesse essa capacidade no momento do registo (superação do impedimento), e, por outro lado, se o sinal, tendo capacidade distintiva à data do pedido, a perdesse antes do registo, este não poderia ser efectuado (superveniência do impedimento).

A capacidade distintiva, cuja exigência decorre do corpo do art. 79.º do actual Código da Propriedade Industrial (doravante, todos os artigos citados sem indicação do respectivo diploma pertencem a esse Código) — aí se diz, com efeito, que a marca, independentemente da forma por que seja composta, *há-de distinguir* os produtos aos quais se aplica de outros idênticos ou semelhantes —, não é, evidentemente, o único requisito de validade da marca (numa diferente perspectiva, os outros requisitos de validade da marca, a que aludiremos a seguir, traduzem, eles sim, outros tantos *impedimentos* ao registo de um sinal como marca). Como acontece com quaisquer outros actos ou factos, que aspirem à tutela jurídica, as marcas hão-de ser *lícitas.* É assim que no art. 93.º, n.º 9.º, se impõe a recusa do registo das marcas que, "em todos ou alguns dos seus elementos, contenham expressões ou figuras contrárias à moral ou ofensivas da lei ou da ordem pública". [Pense-se, por exemplo, em sinais contendo desenhos obscenos ou incitamentos à violência; na Suíça, segundo nos informa EUGEN MARBACH, *Die eintragungsfähige Marke,* Bern, 1984, p. 90, foi recusada protecção às marcas de registo internacional "Stimul'Eve", para preservativos, "Sexy", para vestuário, e "Week End Sex", para uma revista (sobre a admissibilidade do registo dos títulos de jornais e de revistas como marcas, cfr., entre nós, A. FERRER CORREIA e M. NOGUEIRA SERENS, "A tutela dos títulos de obras de engenho", in *RDE,* 13, 1987, p. 82 s.); nos Estados Unidos, cuja lei proíbe as marcas consideradas «imorais ou escandalosas»,

A "Vulgarização" da Marca na Directiva 89/104/CEE

aquela última marca foi, porém, considerada válida, o que não aconteceu com os nomes Madonna (Nossa Senhora) e Messias (O Redentor) para vinhos, e também com o *slogan* ONLY A BREAST IN THE MOUTH IS BETTER THAN A LEG IN THE HAND ("só um seio na boca é melhor do que uma perna na mão"), para diferenciar um serviço de restaurante (cfr. MCCARTHY, *Trademarks and Unfair Competition,* 3ª ed., New York, 1992, vol. II, § 19.27); na Alemanha, a utilização de nomes de santos católicos para diferenciar bebidas alcoólicas é, em regra, admitida, o que não acontece em relação a outro tipo de produtos — por exemplo, a figura do Apóstolo Paulo foi recusada como marca de produtos de beleza (cfr. BAUMBACH/HEFERMEHL, *Warenzeichenrecht,* 12ª ed., München, 1985, § 4, nota 130); em França, e como nos diz J. AZÉMA *(Lamy droit commercial,* Paris, 1993, p. 868), a marca "Opium", para perfumes, começou por ser rejeitada pela autoridade administrativa porque "présentait sous un jour favorable la drogue connue sous ce nom et incitait à l'usage de stupéfiants" — decisão, essa, que veio a ser anulada pelo acórdão da Cour de Paris, de 7 de Maio de 1979; entre nós, há uma marca, que é objecto de publicidade televisiva, e cuja legalidade nos parece muito duvidosa — referimo-nos à marca "Instituto Optico" que, sendo de uma empresa privada, denota ligação a um serviço público, exactamente por causa do uso da palavra "Instituto".]

Em certa medida reflexo do requisito (ou, como outros dizem, do princípio) da *licitude,* é a exigência da lei quanto à *veracidade* dos sinais. Todavia, e ao contrário do que acontece, por exemplo, em matéria de constituição de firmas e denominações, o *princípio da verdade* não tem, em relação à marca, manifestações positivas necessárias — a marca pode, de facto, apresentar um conteúdo puramente fantástico, sem qualquer referência, directa ou indirecta, às qualidades ou características *(lato sensu)* do respectivo produto. Por ser assim, pode dizer-se que a marca, para ser verdadeira, só precisa de não ser enganadora (cfr., entre nós, FERRER CORREIA, *Lições de Direito Comercial,* Lex, Lisboa, 1994, p. 189, OLIVEIRA ASCENSÃO, *Direito comercial (Direito industrial),* vol. II, Lisboa, 1988, p. 150; no que respeita aos requisitos de validade das marcas, em geral, para além de FERRER CORREIA, *ob. cit.,* p. 184 s., e de OLIVEIRA ASCENSÃO, *ob. cit.,* p. 149 s., vd. J. GABRIEL PINTO COELHO, *Lições de direito comercial,* vol. I, 3ª ed., Lisboa, 1957, p. 366 s., JUSTINO CRUZ, *Código da Propriedade Industrial,* 2ª ed., Coimbra, 1985, p. 165 s., e CARLOS OLAVO, "Propriedade Industrial", in *CJ,* ano XII, tomo II, p. 23 s.). O princípio da verdade, entendido daquele jeito (com um conteúdo puramente negativo, recorde-se), encontra expressão, desde logo, nos n.ºs 10.º e 11.º do art. 93.º. Nos termos destes preceitos, é proibido o registo como marcas dos sinais que, em todos ou alguns dos seus elementos, contenham: "falsas indicações sobre a natureza, qualidades ou utilidade dos produtos (...) (n.º 10.º); "falsas indicações de proveniência, quer do país, região ou localidade, quer de fábrica, propriedade, oficina ou estabelecimento" (n.º 11.º) (cfr. *infra*, nota 14). Por outro lado, e como também é sabido, a lei obriga a que os dizeres das marcas sejam redigidos em língua portuguesa (arts. 78.º e 203.º). Esta regra — que não vale para as marcas de produtos destinados somente a exportação (art. 78.º, § 2.º), nem para as marcas de registo internacional (art. 78.º, § 3.º) — não é senão um *desdobramento* ou *afloramento* do princípio da verdade. Ao proibir que o empresário português registe uma marca composta com palavras estrangeiras ou com feição estrangeira, o que o legislador tem em vista não é a defesa da língua pátria (se fosse esse o objectivo, não se compreenderia, é o mínimo que se pode dizer, aquela excepção aberta pelo § 2.º do art. 78.º ...); a *ratio* da proibição é outra: obstar a que o público seja induzido em erro sobre a *procedência* (que, sendo nacional, se julgaria estrangeira) dos produtos. De modo preventivo — e aqui a diferença entre a actual disciplina (arts. 78.º, §§ 1.º e 2.º e 201.º) e a que, a esse respeito, emergia da Lei da Propriedade Industrial, de 24 de Maio de 1896, cujo art. 201.º, n.º 7, considerava actos de concorrência desleal e, como tais puníveis, "aqueles em que o fabricante português punha nos seus produtos *nomes, ou marcas ou rótulos estrangeiros, verdadeiros ou fictícios, de forma a fazer acreditar que eram produtos estrangeiros*" (cfr. OLIVEIRA SIMÕES, *Propriedade Industrial*, 1912, p. 226) —, de modo preventivo, dizíamos, a lei obsta a que um empresário nacional adquira uma *vantagem desleal* em relação aos seus concorrentes, também nacionais, já se vê. E essa vantagem na concorrência seria desleal exactamente porque decorria de uma circunstância — criação da *(falsa)* aparência, através do recurso a uma marca constituída por palavras estrangeiras (ou com feição estrangeira), de ser o produto *(proveniente* do) estrangeiro — que, nada tendo a ver com a qualidade e/ou o preço da *prestação,* podia influenciar decisivamente a escolha dos consumidores. Adoptando esse comportamento — em concreto, a credibilidade da ocorrência desse comportamento é tanto maior quanto mais intensa for a apetência do público pelos produtos estrangeiros, o que, obviamente, varia de sector de actividade para sector de actividade —, o empresário mais hábil

(..."vendedor de fumo"), não apenas prejudicaria indevidamente os *concorrentes leais*, como ludibriaria os consumidores, levando-os a adquirir um produto português na suposição de que era estrangeiro. Claro está que a (eventual) boa qualidade desse produto português, mas adquirido como estrangeiro, não aproveitaria à indústria nacional; esta não retiraria, pois, prestígio das (eventuais) excelências dos artigos da sua produção.

Sobre o princípio da verdade das marcas, apenas mais duas notas. Em primeiro lugar, e como decorre do art. 122.º, 2.º, não cabe dúvida de que, se for efectuado o registo de uma marca enganosa, esse registo será *nulo* — nulidade *absoluta* e *insanável* (cfr. *infra*, n.º III). Mais duvidosa, no quadro do nosso actual direito, é a possibilidade de se "anular" (as aspas pretendem acentuar que se não trata de acção de anulação, mas sim de uma *acção de nulidade)* o registo de uma marca, que à data desse registo era verdadeira, mas que, posteriormente, na consequência, por exemplo, do uso que dela fez o respectivo titular (ou um seu licenciado, sobre o qual não foi exercido o devido *controlo),* se tornou enganosa. [Note-se que esta questão também se pode pôr, exactamente nos mesmos termos, em relação ao registo de uma marca que se *tornou* "contrária à moral ou ofensiva da lei ou da ordem pública".] Se for negada essa possibilidade, seria então pensável, o que nos parece mais curial, afirmar a *caducidade* do registo com base na *deceptividade superveniente.* Tenha-se, aliás, presente que o legislador, no art. 122.º, n.º 4.º, previu como causa de caducidade do registo o facto de a marca, sendo destinada somente a exportação e por isso redigida em língua estrangeira, ser usada em território nacional. Considerando que, como atrás dissemos, a obrigatoriedade do uso da língua portuguesa na composição das marcas é apenas um afloramento ou desdobramento do princípio da verdade, não nos parece ousado defender a aplicação daquele preceito a todos os casos de deceptividade superveniente da marca. [A dúvida que aqui levantamos deixará, dentro em breve, de ser pertinente. Na verdade, quando o nosso legislador proceder à transposição da Directiva 89/104/CEE (publicada no *JO* n.º L 40/1, de 11 de Fevereiro de 1989), não pode deixar de prever como causa de caducidade do registo da marca a *deceptividade superveniente* desta, no que concerne nomeadamente à natureza, qualidade e origem geográfica dos respectivos produtos ou serviços (cfr. art. 12.º, n.º 2, alínea *b); vd.* também *infra,* nota 47).

Para poderem constituir marcas, os sinais, que sejam *lícitos* e *verdadeiros,* carecem também de ser *novos.* Como decorre do art. 93.°, n.° 12.°, a circunstância de o sinal ser igual ou semelhante a outro anteriormente registado, como marca, por outrem, *não lhe retira novidade* — um sinal *só não é novo* se, a mais de se *confundir* (por ser igual ou semelhante) com as marcas pré-existentes, for aplicado no mesmo produto ou a produtos afins (cfr. *infra,* nesta nota); por conseguinte, o sinal, para ser considerado novo e, nessa medida, susceptível de registo como marca, também não carece de ser inédito ou, por outras palavras, não precisa de representar uma *criação* daquele que o adopta, uma invenção do (seu) espírito; como ensina ORLANDO DE CARVALHO, *Direito das coisas,* Coimbra, 1977, p. 190, nota (2), "há que distinguir entre os sinais distintivos (firma ou nome comercial, nome de estabelecimento, insígnia, marca), que são, fundamentalmente, 'colectores de clientela'(...) ou formas de descentralização da tutela da empresa (...), e as obras de engenho e as invenções industriais, que são, no seu cerne, ideias artísticas ou inventivas, protegidas pela sua originalidade criadora".

A exigência (ou requisito) da novidade dos sinais é, por assim dizer, um *correlato* do *princípio da especialidade* — com a exigência da *novidade* acentua-se uma característica do sinal que se pretende registar como marca, o que, em última instância, é condicionado pelo *modo* como a lei concebe a tutela da marca registada, sendo exactamente a este propósito (a propósito do modo como a lei concebe a tutela da marca, entenda-se) que se fala do *princípio da especialidade* (que, dizem alguns, como, por exemplo, GALGANO, "Il marchio nei sistemi produttivi integrati: subforniture, gruppi di società, licenze, 'merchandising'", in *Contratto e impresa,* 1987, p. 173 s., e ANNA MARIA TONI, "'Merchandising' e marchio celebre in Itália: affievolimento della funzione distintiva", *ivi,* 1990, p. 15 s., está em vias de se tornar obsoleto, exactamente por causa da *despecialização* do grande capital empresarial) (cfr. *infra,* nesta nota). Registando a sua marca, o empresário adquire o *direito de a usar para os produtos indicados no seu pedido de registo* — por isso que o registo é feito por produtos ou serviços (art. 90.°). Ao *lado* deste direito de uso, e com um *conteúdo mais extenso,* afirma-se, porém, o direito de o titular da marca proibir que outrem (use e/ou) registe, para produtos *iguais* ou *semelhantes* (idênticos, similares ou de afinidade manifesta) — tudo expressões utilizadas em vários preceitos do Código da Propriedade Industrial (cfr. JUSTINO CRUZ, *ob. cit.,* p. 206) —, uma marca *igual*

A "Vulgarização" da Marca na Directiva 89/104/CEE 7

ou confundível com a sua; imaginando o direito sobre o sinal como um *"círculo de poder" (permissão),* verificamos, pois, que à sua volta se forma um outro círculo, de maior perímetro, que circunscreve o *âmbito de proibição.* E como delimitar este âmbito ou se, preferirmos, este *"círculo de proibição"?*

Por um lado, é seguro que cai nesse âmbito o uso e/ou registo por terceiro de marca igual ou confundível com outra anteriormente registada para os *mesmos* produtos (art. 93.º, n.º 12.º). Seguro é também, por outro lado, e como decorre do referido princípio da especialidade, que, em regra — dizemos em regra, porquanto, como é sabido, há certas marcas (ditas *célebres* ou de *reputação excepcional)* que reivindicam protecção fora do quadro do princípio da especialidade (cfr. *infra,* nota 89) —, o registo da marca não impede que um terceiro registe marca igual ou confundível para *produtos diferentes,* i.é., *sem qualquer afinidade merceológica* [na terminologia da nossa lei, para produtos que, não sendo os "mesmos", não são tão-pouco "semelhantes" (art. 93.º, n.º 12.º), "similares" (art. 92.º) ou de "afinidade manifesta" (art. 94.º)]. Ambas as soluções se compreendem sem custo. Com a tutela da marca, por isso que é *um sinal distintivo,* tem-se em vista impedir que se criem no mercado riscos de confusão — a função originária da marca, e, por enquanto, a única juridicamente relevante, é a função distintiva (sobre as funções das marcas, no direito alemão, cfr. BEIER, "Die Funktionen der Marke", in *Markenrechtliche Abhandlungen,* München, 1986, p. 225 s., BEIER-KRIEGER, "Wirtschaftliche Bedeutung, Funktionen und Zweck der Marke"; in *GRUR-Int.,* 1976, p. 125 s., e BODE-WIG-KUR, *Marke und Verbraucher,* Band I, Weinheim, 1986, p. 221 s.; no direito francês, cfr. MARIE-ANGÈLE PEROT-MOREL, "La dégénérescence des marques par excès de notoriété", in *Mélanges en l'honneur de Daniel Bastian,* vol. II, p. 52; no direito dos países do Benelux, cfr. BRAUN, *Précis des marques de produits et de service,* Bruxelles, 1987, p. 18 s., e KAUFMANN, *Passing off and misappropriation,* Weinheim, 1986, p. 121 s.; no direito britânico, cfr W. R. CORNISH, *Intelectual property: Patents, Copyright, Trade Marks and Allied Rights,* 2ª ed., London, 1989, p. 391 s.; no direito espanhol, cfr. FERNÁNDEZ-NOVOA, *Fundamentos de derecho de marcas,* Madrid, 1984, p. 44 s., e *Derecho de marcas,* Madrid, 1990, p. 26 s.; no direito italiano, cfr. VANZETTI, "Funzione e natura giuridica del marchio", in *Problemi attuali del diritto industriale,* Milano, 1977, p. 116 s., e "Marchio (diritto commerciale)", in *Enciclopedia Giuridica Treccani,* Roma, 1990, p. 2,

Di Cataldo, *I segni distintivi*, 2ª ed., Milano, 1993, p. 19 s., e Leonini, *Marchi famosi e marchi evocativi*, Milano, 1991, p. 29 s.; no quadro do direito comunitário, cfr. as conclusões do Advogado Geral F. G. Jacobs no "caso HAG II" — acórdão do Tribunal de Justiça, de 17 de Outubro de 1990, Proc. 10/89, in *Colectânea*, 1990, p. 3731 s; entre nós, sobre as funções das marcas, cfr. Orlando de Carvalho, *Critério e estrutura do estabelecimento comercial*, Coimbra, 1967, p. 81, nota 48, Oliveira Ascensão, *ob. cit.*, p. 141 s., Carlos Olavo, "Propriedade Industrial", in *CJ*, cit., p. 21 s. e A. Ferrer-Correia e M. Nogueira Serens, "A composição da marca e o requisito do corpo do artigo 78.° e do § único do artigo 201.° do Código da Propriedade Industrial", in *RDE*, 16/17/18, 1990/92, p. 7 s.). Ora, se os sinais são iguais ou confundíveis e os produtos são os mesmos, haverá seguramente perigo de confundibilidade; mas se os sinais são iguais ou confundíveis, sendo porém *diferentes (não-afins)* os produtos, esse perigo de confundibilidade ficará afastado e, consequentemente, cessa a razão da tutela da marca, que só se afirma se e na medida em que aquele perigo existe.

Mas, aquela ideia, se leva a *excluir* do âmbito de proibição do direito à marca o uso e/ou registo por terceiro de marca igual ou confundível para produtos *diferentes*, justifica, assim se julga, ela própria, que nesse âmbito caiam outras hipóteses que não apenas aquelas em que o terceiro usa e/ou regista marca igual ou confundível para os *mesmos* produtos; o perigo de confundibilidade que a tutela jurídica da marca pretende eliminar, não existe quando os produtos são diferentes, embora os sinais sejam iguais ou confundíveis; mas esse perigo não existe apenas quando os produtos são os mesmos e as marcas são também iguais ou confundíveis — o perigo de confundibilidade e, nessa medida, a razão para a tutela da marca ocorre ainda noutras hipóteses. Em quais, perguntar-se-á agora. Vejamos.

Pelo legislador, ficamos a saber que essas outras hipóteses são aquelas em que o terceiro usa e/ou regista marca igual ou confundível para produtos "idênticos ou semelhantes" (arts. 93.°, n.° 12.°, 95.° e 122.°, n.° 4) ou para produtos de "afinidade manifesta" (art. 94.°), ou seja, pelo legislador, se ficamos a saber alguma coisa, não ficamos a saber o suficiente. Dizendo de outro modo, o legislador, embora nos informe que o âmbito da tutela da marca se não cinge ao género de produtos (ou serviços) indicados no respectivo pedido de registo, mas que se estende à categoria dos produtos afins ou similares, deixa em aberto o problema da individualização dos critérios que hão-de presidir à afirmação das *relações de afinidade* ou *similitude* entre os produtos. Para dar resposta a esse problema, dever-se-á partir da ideia de que a função distintiva, que todos assinalam à marca, se não esgota na individualização dos produtos ou serviços, *em si e por si*. Sem dúvida que a marca permite ao respectivo titular distinguir os seus produtos ou serviços de outros, mas a função distintiva do sinal não se reduz a isso — a marca, a mais de distinguir produtos ou serviços, *indica a proveniência desses mesmos produtos ou serviços,* ou seja, a empresa do titular do sinal *(Herkunfts-funktion)* (daí que, no texto, tivessemos dito que os sinais, para serem marcas, hão-de ter aptidão para distinguir um produto, que provém de uma fonte produtiva, dos produtos ou serviços provenientes de outras fontes produtivas). Talvez se pergunte é como é isso possível, pois que a marca pode ser *anónima,* isto é, pode não conter qualquer referência à pessoa (humana ou jurídica) do empresário. Mesmo nestas hipóteses, que são as mais numerosas, não há dúvida de que a marca garante ao comprador que todos os produtos que a ostentam provêm da mesma empresa — o consumidor pode não a conhecer, é certo, mas sabe que *só pode ser uma,* exactamente aquela que tem direito ao uso exclusivo do sinal (nas palavras de McCarthy, *ob. cit.,* vol. I, § 3.02[4]: "Seeing the same mark on goods merely identifies to the buyer the fact that all such goods come from a common, even though anonymous, source"). Vendo as coisas deste modo, a essência da tutela da marca — e assim se *alarga* o âmbito dessa tutela — vem a ser a protecção contra riscos de confusão não já (apenas) de produtos ou serviços, mas essencialmente sobre a origem desses produtos ou serviços *(fontes produtivas).* E porque assim é, a afinidade ou similitude entre os produtos ou serviços afirmar-se-á sempre que, pela sua significação económica, qualidade e modo de utilização, especialmente do ponto de vista dos seus lugares normais de produção e de venda, esses produtos (ou serviços) apresentem "pontos de contacto" tão estreitos que, aplicando-se-lhes a mesma marca, o consumidor médio os poderia razoavelmente atribuir à mesma fonte produtiva.

Temos, assim, que o juízo sobre a confundibilidade entre duas marcas não pode ser formulado em abstracto. Desde logo, urge ter em conta os produtos a que cada uma dessas marcas se destina. E isto porque se os produtos não forem iguais ou afins as marcas podem ser semelhantes — podem mesmo ser *iguais.* Por isso, e também porque, sendo os produtos afins, eles podem ser mais ou menos afins ou, dizendo de outra maneira, mais ou menos próximos, podendo inclusive ser os mesmos. Ora, diz a experiência que o risco de confusão entre duas marcas é tanto maior quanto maior for a afinidade dos respectivos produtos, o que significa que duas marcas, que seriam *confundíveis*, se fossem usadas para os *mesmos* produtos, podem ser *inconfundíveis*, quando usadas para produtos (apenas) *afins*. Por outro lado, desde há muito que se entende que as marcas não são todas iguais — umas são (mais) *fortes* outras são (mais) *fracas* —, exactamente porque não apresentam todas a mesma *capacidade de individua(liza)ção*, a qual, se pode estar ligada ao carácter intrínseco da marca, é, em última instância, reflexo do uso e/ou da publicidade de que essa marca é objecto; na verdade, uma marca *conceptualmente forte (marca de fantasia* ou *marca arbitrária*, cfr. *infra*, nota 24) pode apresentar-se *comercialmente fraca*, exactamente porque, sendo pouco usada e escassamente publicitada, é pouco conhecida no tráfico; ao invés, uma marca *conceptualmente fraca — (marca sugestiva*, cfr. *infra*, nota 24) pode tornar-se *comercialmente forte*, porque muito conhecida no tráfico, em consequência de largo uso e/ou de abundante publicidade. [Segundo McCarthy, *ob. cit.*, vol. I, § 11.25[2], será mesmo possível estabelecer analogia entre as marcas e as pessoas. Diz ele: "Some people are born as healthy, robust infants. But their environment is such that they do not realize their potential to become productive and well-known in the world. On the other hand, an infant may be born sickly and delicate. But, by dint of careful nurturing and personal effort, such a child may grow up to be strong, robust and famous. History is replete with examples of such persons, such as President Theodore Roosevelt. For example, marks such as American airlines, Payless drug stores, Ford autos and Kentucky Fried Chicken fast-food outlets would, at birth, have been characterized as inherently 'weak' terms. But they have all become famous and well recognized by the consuming public.»] Essa diferença entre as marcas reflecte-se no âmbito da respectiva tutela; e, assim, no conflito entre duas marcas, se a primeira(mente registada) for uma marca forte (por causa da sua peculiaridade e/ou notoriedade no tráfico), entende-se — entendimento que, diga-se, é comum à generalidade da doutrina norte-americana, italiana, francesa e alemã (cfr., respectivamente, McCarthy, *ob. cit.*, vol. I., § 11.24[1], Di Cataldo, *ob. cit.*, p. 75 s., Chavanne e Burst, *Droit de la propriété industrielle*, 4ª ed., Paris, 1993, p. 525, e Baumbach/ /Hefermhel, *ob. cit.*, § 31 *WZG*, notas 15 s.) — que, para evitar riscos de confusão entre ambas, a segunda há-de apresentar um *grau de dissemelhança* maior do que aquele que seria exigido se a marca anterior fosse fraca. [Não sem estranheza se há-de encarar esta solução. A generalidade do público recorda,

A "Vulgarização" da Marca na Directiva 89/104/CEE

decerto, melhor e mais intensamente uma marca muito conhecida no tráfico do que uma marca pouco conhecida, por conseguinte, será mais fácil confundir uma marca que se assemelha a outra, se esta outra for pouco conhecida do que se ela for muito conhecida. E, assim, na apreciação do risco de confusão entre duas marcas, tendo-se em conta o carácter forte ou fraco da marca cuja tutela está em causa, a solução lógica seria esta outra: se essa marca fosse forte, o grau de dissemelhança exigido à marca conflituante seria menor do que se essa marca fosse fraca. Sendo lógica, essa solução era também a mais conforme com os interesses dos consumidores. Contrariaria, porém, os interesses empresariais dominantes. E é fácil ver porquê. O *pequeno empresário* que adoptasse uma marca fortemente sugestiva (no limiar do descritivo, pois) e que, tendo pouca capacidade produtiva, a usasse pouco, e que, por falta de capacidade económico--financeira, a não publicitasse, invocando a titularidade de uma *marca (muito) fraca,* veria esta ser protegida de uma forma mais intensa do que o seria uma marca (de fantasia, arbitrária ou sugestiva) de um *grande empresário* (seu concorrente), que viesse a ser considerada *(muito) forte,* em consequência do seu largo uso (a quota de mercado do seu titular a isso levava) e da abundante publicidade de que era objecto (a capacidade económico-financeira do seu titular assim o permitia). Uma protecção diferenciada das marcas fortes e das marcas fracas, em termos de estas serem mais intensamente protegidas do que aquelas, levaria, pois, a este resultado: quanto mais *(economicamente) valiosa* fosse uma marca menor seria o seu âmbito de protecção. Ora, é precisamente este resultado que colide com os interesses empresariais dominantes. Daí que, contrariando a lógica e também os interesses dos consumidores, a partir da distinção entre marcas fortes e marcas fracas, se proceda às avessas, ou seja, não já para estreitar o âmbito de tutela das primeiras em relação às segundas, mas para o alargar. Procedendo-se deste jeito, era ainda assim possível não fazer discriminação entre pequenos e grandes empresários. Para o efeito, bastaria que, por um lado, as marcas *conceptualmente fracas* — marcas sugestivas e, como acontecerá em breve também entre nós (cfr. *infra,* n.º IV), marcas descritivas com *secondary meaning* — fossem consideradas como tal, para efeitos de tutela, não importando se muito ou pouco usadas e/ou publicitadas, e que, por outro lado, as marcas *conceptualmente fortes* (marcas arbitrárias ou de fantasia), para os mesmos efeitos, fossem assim consideradas, ainda que delas se não tivesse feito largo uso e/ou abundante publicidade. Assim fazendo, é claro que o pequeno empresário, que adoptava uma marca fraca, estaria em situação-de-igualdade com o grande empresário (seu concorrente) que adoptasse uma marca desse tipo, do mesmo jeito que entre eles não se geraria desigualdade se ambos adoptassem uma marca forte. Porém, e como já dissemos, não é assim que a doutrina e a jurisprudência estrangeiras fazem. Para efeitos de tutela, as *marcas fortes são as que, sendo conceptualmente fortes, também o são comercialmente,* em consequência do seu largo uso e/ou abundante publicidade; por outro lado, as *marcas fracas,* para esses mesmos efeitos, *são as que, sendo conceptualmente fracas, se não tornaram comercialmente fortes,* por terem sido escassamente usadas e pouco ou nada publicitadas. Na prática, isto significa que, para efeitos de tutela, a distinção entre marcas fortes e marcas fracas corresponde a esta outra: *marcas das grandes empresas e marcas das pequenas empresas* (convirá notar que marcas fortes e marcas fracas são apenas os pólos de uma escala contínua, do mesmo jeito que, na economia do nosso discurso, *grande* empresa e *pequena* empresa não são senão os extremos da dimensão empresarial). Na verdade, é a *grande empresa,* por força da sua dimensão, que tem condições para *tornar* uma marca comercialmente forte, seja ela conceptualmente forte ou fraca — e tem essas condições porque a sua capacidade produtiva lhe propicia um largo uso dessa marca, do mesmo passo que a sua capacidade económico-financeira lhe permite grandes investimentos em publicidade. O mesmo não acontece, é óbvio, em relação à *pequena empresa,* e, por isso, esta, para além de *não conseguir transformar uma marca conceptualmente fraca em comercialmente forte,* corre ainda o risco de *ver uma marca conceptualmente forte transformada em comercialmente fraca.*]

Mas se pode haver risco de confusão entre duas marcas (só) porque os produtos são os mesmos ou (só) porque a marca cuja tutela está em causa é uma marca forte, tem sentido que se pergunte: Dois produtos, que não seriam afins se fossem usadas duas marcas semelhantes, passam a ser afins se forem usadas duas marcas iguais? *E dois produtos, que não seriam afins se a marca cuja tutela está em causa fosse fraca, passam a ser afins (só) porque essa marca é forte?*

Responder afirmativamente aos dois quesitos significa, afinal, *relativizar* o conceito de afinidade (dos produtos e serviços), logrando-se, desse jeito, o *alargamento do âmbito merceológico da tutela de algumas marcas.* E é fácil ver de quais — as marcas mais usadas e mais *(sugestivamente)* publicitadas, pois claro, que são *comercialmente* as mais fortes, porque mais conhecidas no tráfico.

Esse "manuseamento" do conceito de afinidade leva naturalmente a uma *flexibilização* do princípio da especialidade. E, assim, sem pôr em causa este princípio e, por conseguinte, sem negar a relatividade da tutela da marca, que *(ainda)* é a pedra angular da respectiva disciplina, acaba por se conceder às marcas (mais) fortes — que, repete-se, são as marcas das grandes empresas — uma protecção *tendencialmente* absoluta. A este propósito, a evolução do direito norte-americano é deveras interessante. Num primeiro momento, ou seja, antes da promulgação do *Trademark Act* de 1905, prevaleceu o entendimento segundo o qual "could be no trademark infringement excepet by use of a similar mark *on goods directly competitive* whith the mark owner" (as palavras são de McCarthy, *ob. cit.,* vol. II, § 24.01[2], mas os sublinhados são nossos); exemplificativo, o caso *Borden Ice Cream v. Borden's Condensed Milk Co.,* 201 F. 510 (7th Cir. 1912): o uso da marca "Borden" para contradistinguir gelados não violava o direito do titular da marca "Borden" para contradistinguir leite. Com a promulgação do *Trademark Act* de 1905, o âmbito merceológico de tutela da marca deixou de se cingir aos "produtos directamente concorrentes", e passou a abarcar os produtos com "as mesmas propriedades descritivas" ("same descriptive properties"). Aplicando este critério, em 1941, o *Fourth Circuit* considerou que o titular da marca "Arrow", usada para diferenciar determinado tipo de *licor,* não podia impedir que outrem usasse a *mesma* marca para contradistinguir *cerveja* (caso *Arrow Distilleries, Inc. v. Globe Brewing Co.,* 117 F. 2d 347, 48 USPQ; cfr. McCarthy, *ob. cit.,* vol. II, § 24.03[1]). Ainda na vigência dessa lei de 1905, começou, porém, a afirmar-se uma corrente jurisprudencial, diríamos, *mais garantista,* e que considerava que o âmbito merceológico de tutela da marca não podia ser delimitado pelo critério dos "produtos directamente concorrentes" e tão-pouco por aqueloutro, mais flexível, e que era o da lei, dos produtos com as "mesmas propriedades descritivas"; aos olhos dessa jurisprudência, ambos os critérios apareciam como demasiado restritivos. Por exemplo, no caso *Yale Electric Corp. v. Robertson,* 26 F.2d 972 (2d Cir. 1928), o juiz Learned Hand considerou que o titular da "renomada marca" *("well-known mark")* "Yale", usada para diferenciar chaves e fechaduras, podia impedir que um terceiro usasse a *mesma* marca, para contradistinguir lanternas eléctricas e baterias *(flashlights and batteries);* embora se tivesse reconhecido que chaves e fechaduras, por um lado, e lanternas eléctricas e baterias, por outro, não eram produtos directamente concorrentes, nem produtos que apresentassem as mesmas propriedades descritivas — ao reconhecer-se isso, estava, afinal, a admitir-se que o uso da mesma marca por banda dos dois empresários, não provocaria qualquer desvio de clientela entre eles —, considerou-se que se tratava de *produtos afins ("related goods")*, exactamente porque o consumidor médio, ao confrontar-se no mercado com esses produtos, ostentando a mesma marca, poderia razoavelmente supor que eles provinham da mesma fonte produtiva. E, assim, o uso da marca "Yale" por banda do fabricante de lanternas eléctricas e baterias, embora não provocasse um desvio da clientela do fabricante de chaves e fechaduras "Yale", poderia ser prejudicial para este: a *(eventual)* má qualidade daqueles produtos, que podiam ser adquiridos na (errada) convicção de que eram fabricados pela mesma empresa que já produzia as chaves e fechaduras "Yale", acabaria por prejudicar a reputação desta marca. Para obstar a este resultado dever-se-ia, pois, alargar o âmbito merceológico da tutela da marca aos *produtos afins.* E foi, precisamente, este critério que acabou por obter consagração legal, aquando da promulgação da actual lei norte-americana sobre a marca — o *Lanham Act* de 1946; segundo esta lei, e como escreve McCARTHY (cfr. *ob. cit.,* vol. II, §24.01[2]), "trademark infringement could be found where the mark was used by another on *'related goods',* such that the ordinary buyer would be likely to think there was *some connection or sponsorship* between the producers or sellers of goods bearing a similar mark, even though the goods were non-competitive". Entre esta solução e aquela que era propugnada pelo juiz Learned Hand, no caso *Yale Electric* — julgado, repete-se, ainda na vigência da lei de 1905 —, subsiste, porém, uma diferença não despicienda; o juiz Hand considerava que o alargamento do âmbito de protecção da marca aos produtos afins ("related goods") decorria da necessidade de evitar riscos de confusão sobre a origem dos produtos — evitar que o consumidor, que adquiria um determinado produto, julgando-o proveniente de uma determinada empresa, adquirisse um produto que provinha de outra empresa *(risco de confusão em sentido estrito);* aplicando o *Lanham Act,* e como decorre já das palavras de McCARTHY, que há pouco transcrevemos, a jurisprudência norte-americana passou a considerar que importava também evitar *riscos de confusão em sentido amplo,* ou seja, para se conceder protecção à marca deixou de se exigir que o consumidor médio pudesse razoavelmente supor que os produtos, que ostentem uma marca igual ou confundível, provêm da mesma empresa *(trade identity confusion)* — essa protecção também se afirma nos casos em que o consumidor médio, não confundindo as empresas, é dizer, imputando a origem dos produtos a empresas diferentes, é levado a supor, por causa da similitude das marcas, que entre essas empresas existem especiais relações *económicas* ou estreitas *conexões organizatórias*. De novo nas palavras de McCarthy, *ob. cit.*, vol. II, § 24.03[2]: "Today [depois da promulgação do *Lanham Act,* entenda-se], the test of 'likelihood of confusion', encompasses *any type of confusion,* including: *confusion of source; confusion of sponsorship; confusion of affiliation;* or *confusion of connection"* (sublinhados acrescentados). [Na Alemanha, a par desta clássica distinção entre risco de confusão em sentido estrito *(Verwechslungsgefahr im engeren Sinne)* e risco de confusão em sentido amplo *(Verwechslungsgefahr im weiteren Sinne),* deparamos com esta outra: *risco de confusão directo* e *risco de confusão indirecto.* Trata--se de duas variantes do risco de confusão em sentido estrito (por via do qual, recorde-se, os círculos interessados do tráfico são levados a supor a *identidade* das empresas), mas que se distinguem do seguinte modo: Há risco de confusão directo *(unmittelbare Verwechslungsgefahr)* quando uma parte não insignificante dos círculos interessados do tráfico, por causa da confundibilidade dos sinais, é levada erradamente a supor que os produtos (ou serviços) que ostentam esses sinais provêm da mesma empresa; o risco de *confusão indirecto (mittelbare Verwechslungsgefahr),* por sua vez, afirma-se quando os círculos interessados, não confundindo os sinais, os entendem como uma simples *modificação* um do outro e, por isso, imputam os respectivos produtos ou serviços à mesma empresa. Esta segunda modalidade do risco de confusão em sentido estrito não pode ser dissociada do facto de muitas empresas (de maior dimensão), que produzem bens de tipo diferente, os contradistinguirem com marcas que são simples *modificações* de uma outra marca (assim dita) principal (fala-se, a este propósito, de "Serienzeichen"). Desta sorte, ao confrontar-se no mercado com marcas que se não confundem, mas que têm o *mesmo núcleo* (ou um *núcleo muito semelhante),* o público interessado, *assim se julga,* pode ser levado a supor que os respectivos produtos provêm da mesma empresa — da empresa que é titular da marca principal ou, se preferirmos, da "Serienzeichen"; sobre as várias modalidades do risco de confusão, no quadro da doutrina alemã, cfr., por todos, Baumbach/Hefermehl, *ob. cit.,* § 31 *WZG,* notas 22 s. e 78 s.; entre os autores austríacos, cfr. Hans-Georg Kopensteiner, *Wettbewerbsrecht,* Bd. 2, *Unlauter Wettbewerb,* 2 Aufl., Wien, 1987, p. 157.]

O alargamento do âmbito merceológico da tutela da marca, que decorre da introdução da regra dos *"produtos afins" ("related goods"),* é, pois, inquestionável. Se, como se referiu atrás, em 1941, o *Fourth Circuit*, aplicando o critério dos produtos com as *"mesmas propriedades, descritivas" ("same descriptive properties")*, que era o do *Trademark Act* de 1905, considerou que o titular da marca "Arrow", que contradistinguia um determinado tipo de licor, não podia impedir o uso dessa mesma marca, para contradistinguir cerveja, já em 1963, o *Ninth Circuit*, em aplicação do novo critério dos "produtos afins", introduzido pela *Lanham Act* de 1946, decidiu que o uso da marca "Black & White" para cerveja, *infringia* o direito do titular da marca "Black & White", usada para contradistinguir *scotch whisky*. Para ilustrar quão longe tem ido a jurisprudência norte--americana na protecção da marca, no quadro dos produtos afins, é dizer, sem pôr em causa *o princípio da especialidade*, citaremos apenas três casos: *(i)* a existência de uma revista com o título "Life" obstou ao uso da mesma palavra como título de um programa (ou série) de televisão, por se ter considerado que, "if one sees LIFE on television sets, he may be likely to think that LIFE magazine is somehow vouching for the quality of the TV sets" (*Time, Inc. v. Life Television Corp.* 123 F Supp. 470, 103 USPQ 131, D.C. Minn. 1954); *(ii)* a existência de uma revista com o título "Seventeen" obstou ao uso da expressão "Miss Seventeen", como marca de vestuário, por se ter considerado que, "if a teenage girl sees MISS SEVENTEEN on clothes, she may be likely to think that SEVENTEEN magazine is endorsing the quality of the goods" *(Triangle Publications, Inc. v. Rohrlich,* 167 F.2d 969, 77 USPQ 196 2d Circ. 1948); *(iii)* um empresário, que produzia cera insecticida para soalho, foi proibido de usar o slogan "Where There's Life ... There's Bugs" ("Onde há vida ... Há bicharada"), que era uma adaptação (satírica) do slogan do titular da marca de cerveja "Budweiser" ("Where there's Life ... There's Bud"), por se ter entendido que o uso desse slogan poderia causar confusão sobre a origem dos produtos; cera insecticida para soalho e cerveja foram, pois, considerados produtos afins (!) *(Chemical Corp. of America v. Anheuser-Busch, Inc.,* 306 F.2d 433, 134 USPQ 524, 2 A.L.R.3d, 5th Cir. 1962; todos estes casos são referidos por McCARTHY, *ob. cit.,* vol. II, §24.03[3] e § 24.18).

Estas três decisões, que são apresentadas de modo exemplificativo, evidenciam que, segundo a jurisprudência norte-americana, a afinidade entre dois produtos é exclusivamente determinada pela *concepção do tráfico*; e, assim, produtos, que não apresentam "any inherent common quality", ter-se-ão de considerar afins se os consumidores "are likely to believe that such goods, similarly marked, come from the same source, or are somehow connected with or sponsored by a common company" (cfr. McCarthy, *ob. cit.*, vol. II, §24.06[2] [a], e J. Gilson, *Trademark Protection and Practice*, Matthew Bender, 1992, vol. I, §5.05 [1]; um e outro com abundantes referências jurisprudenciais). Esta "probabilidade de confusão" *("likelihood of confusion")* do consumidor, que *torna* os produtos (ou serviços) afins, depende de um conjunto de factores, cada um dos quais não decisivo *per se*. No *Restatement (Third) of Unfair Competition* §§ 20-23 (Tentative Draft no. 2, 1990) encontramos uma enumeração de oito factores fundamentais, e que podem ser sumariados do seguinte modo: (1) o grau de semelhança entre as designações em conflito; (2) a similaridade dos métodos de *marketing* e dos canais de distribuição; (3) as características dos potenciais compradores e o grau de diligência que eles usam; (4) o grau de distintividade *(distinctiveness)* da marca pré-existente; (5) quando os produtos ou serviços não são concorrentes, a probabilidade de que os potenciais compradores possam esperar que o primeiro utente expanda a sua actividade para o sector merceológico no qual actua o posterior utente do sinal; (6) quando os produtos ou serviços são vendidos em áreas geográficas diferentes, o grau de conhecimento de que goza no território do posterior utente, a designação do primeiro utente; (7) a intenção do posterior utente; (8) a prova de efectiva confusão.

Temos, assim, que o grau de semelhança entre as marcas em conflito *(sub 1)* e o grau de distintividade (ou *capacidade de individualização)* da marca pré--existente *(sub 4)* são factores que terão de ser considerados quando se cuida de saber se a confusão — em sentido estrito ("confusion as to source") ou em sentido amplo ("confusion as to sponsorship") — é provável; condicionando a "probabilidade de confusão", a qual, por sua vez, torna os produtos afins, aqueles dois factores acabam obviamente por co-determinar o âmbito merceológico da tutela da marca. Ou seja, no actual direito norte-americano, o conceito de confundibilidade (entre as marcas) e o conceito de afinidade (entre os produtos) são ambos *relativos:*

a) o juízo sobre a confundibilidade entre duas marcas é *condicionado (i)* pelo (maior ou menor) grau de afinidade entre os produtos e *(ii)* pelo carácter (mais) forte ou (mais) fraco da marca pré-existente *(id est,* pelo seu grau de distintividade): duas marcas podem ser confundíveis (só) porque os produtos são os mesmos, e uma marca pode ser confundível com outra (só) porque esta é uma marca forte (como escreve CALLMANN, *Unfair Competition, Trademarks and Monopolies*, 4.ª ed., 1990, vol. 3A, § 20.58, p. 485, e §20.43, p. 345: (*i*) "the more closely related are the goods, the less similarity between the marks is required; and conversely, the more distantly related are the goods, the greater similarity between the marks is required to demonstrate a likelihood of confusion; (*ii*) the distinctiveness and reknown of a trademark determine its relative strength or weakness, which, in turn, defines the scope of protection to be accorded the mark against others which are confusingly similar");

b) por sua vez, a afinidade dos produtos *é condicionada* (*i*) pelo (maior ou menor) grau de semelhança entre as marcas em conflito e (*ii*) pelo carácter (mais) forte ou (mais) fraco da marca pré-existente: dois produtos que não seriam afins, se fossem usadas duas marcas menos semelhantes, passam a ser afins se forem usadas duas marcas iguais, do mesmo jeito que dois produtos, que não seriam afins se a marca cuja tutela está em causa fosse fraca, podem ser afins (só) porque essa marca é forte (quanto ao aspecto, *sub (i)*, de novo CALLMANN, *ob. cit.*, §20.58, p. 485: "'the degree of similarity in the goods of the parties need not be as great in proceedings ... where the marks are essentially identical, as contrasted to those situations in which there may be arguable differences between the marks ...', and in order to justify a conclusion that confusion is likely, the degree of similarity in the goods of the parties must be greater in proceedings where the marks do not bear such a strong resemblance to each other"; quanto ao aspecto *sub (ii)*, MCCAR-THY, *ob. cit.*, vol. II, §24.06[8], que escreve: "where strong and well--known marks are used by others, the scope of protection may extended far to other product fields"; segundo o Trademark Board, "a well known or famous mark is entitled to a broader scope of protection than one which is relatively unknown").

Como atrás dissemos, essa *relativização* do conceito de afinidade (dos produtos), pela qual se flexibiliza o princípio da especialidade, é altamente vantajosa para as grandes empresas; as suas marcas, que são as marcas mais fortes e renomadas, acabam por alcançar uma protecção *(tendencialmente)* absoluta, sem que, para o efeito, se tenha de arrostar com a postergação do princípio da

A "Vulgarização" da Marca na Directiva 89/104/CEE

relatividade da tutela do sinal, que (ainda) é a pedra angular da respectiva disciplina. A discriminação, que assim se engendra, entre pequenas/médias empresas, por um lado, e grandes empresas, por outro, para além de ser pouco consentânea (é o mínimo que se pode dizer) com os objectivos político-económicos subjacentes às chamadas "leis de defesa da concorrência", tem também um preço em termos de segurança jurídica. Com efeito, aceitando-se que o carácter (mais) forte ou (mais) fraco da marca, cuja tutela está em causa, condiciona a afinidade dos produtos, *não se pode excluir que dois produtos sejam considerados afins, num caso* (pré-existência de uma marca forte), *e não-afins, noutros* (pré-existência de uma marca fraca); aliás, na jurisprudência norte-americana, deparamos com situações desse tipo: *(i)* no caso *Schenley Distillers, Inc. v. General Cigar Co.*, 57 CCPA 1213, 427 F.2d 783, 166 USPQ 142 (1970), considerou-se que *tequila e charutos,* não sendo produtos (directamente) concorrentes, *não eram tão-pouco produtos afins,* e, assim, o uso da marca "Olé", para charutos, não violava o direito do titular da marca "Olé", para *tequila; (ii)* no caso *Companhia Insular Tabacalera, S.A. v. Maidstone Importers, Inc.*, 199, USPQ 238 (TTAB 1978), *esses mesmos produtos já foram considerados afins* e, por isso, o uso da marca "Don Diego" para charutos obstava ao uso da marca "Don Diego" para *tequila.* Por outro lado, dois produtos *muito distantes,* ou mesmo sem quaisquer "pontos de contacto", no que concerne, por exemplo, à sua significação económica, qualidade e modo de utilização, aos seus lugares normais de produção e de venda, podem ser considerados afins, ao passo que dois outros produtos, que, à luz desses mesmos critérios, estão bem *mais próximos,* podem ser considerados não afins. Com respeito a esta incongruência, a jurisprudência norte-americana é também elucidativa. Eis alguns exemplos: *a)* produtos considerados *afins* ou, como diz McCarthy, "so 'related' that use of similar trademarks was likely to cause customer confusion" (cfr. *ob. cit.,* vol. II, §24.10): *rum* e *jóias* (marca "Bacardi" — caso *Bacardi & Co. v. Bacardi Mfg. Jewelers Co.,* 174 USPQ 284, N.D. Ill. 1972); *esquis* e *cigarros com filtro* (marca "K2" — caso *K2 Corp. v. Philip Morris, Inc.,* 192 USPQ 174, TTAB 1976); *automóveis* e *água-de-colónia* (marca "Jaguar" — caso *Jaguar Cars, Ltd. v. Skandrani,* 18 USPQ2d 1626, S.D. Fla. 1991); *b)* produtos considerados *não-afins: vestuário de senhora* e *perfume* (marca "Notorious" — caso *Edison Bros. Stores, Inc. v. Cosmair, In.,* 651 F. Supp. 1547, 2 USPQ2d 1013, S.D.N.Y. 1987); *sapatos* e *roupa interior de homem* (marca "Players" — no caso *British Bulldog, Ltd.,* 224 USPQ 854, TTAB, 1984);

aparelhos eléctricos e *lâmpadas fluorescentes* (marca "Sunbeam" — caso *Sunbeam Lighting Co. v. Sunbeam Corp.*, 183 F.2d 969, 86 USPQ 240, 9th Cir. 1950). Finalmente, a insegurança jurídica, que decorre da relativização do conceito de afinidade (dos produtos), está ainda bem patente nestas outras decisões dos tribunais norte-americanos: *cerveja* e *cigarros* (marca "Black Label" — caso *Carling Brewing Co. v. Philip Morris, Inc.*, 277 F. Supp. 326, 156 USPQ 70, N.D. Ga. 1967) e *scotch whisky* e *cerveja* (marca "Black & White" — caso *Fleischmann Distilling Corp. v. Maier Brewing Co.*, 314 F.2d 149, 136 USPQ 508, 9th Cir. 1963), foram considerados *afins*, mas *refrigerantes (soft drink)* e *cigarros* (marca "Fifty Fifty" — caso *Cotton Club Bottling Co. v. American Brands, Inc.*, 174 USPQ 343, TTAB 1972) e *cerveja* e *refrigerantes* (marcas "Skol" e "Skola", respectivamente — caso *Swedish Beer Export Co. Aktielbolag v. Canada Dry Corp.*, 469 F.2d 1096, 176 USPQ 59, CCPA 1972) foram considerados *não-afins*.

O alargamento do âmbito merceológico da tutela das marcas mais fortes e renomadas, pela via da relativização do conceito de afinidade (dos produtos ou serviços), não é exclusivo do direito norte-americano. Também em *França,* e como escrevem CHAVANNE e BURST, *ob. cit.*, p. 541, "plus une marque est connue, plus les tribunaux ont tendance à étendre la protection à des secteurs voisins"; no que concerne, mais concretamente, às "marcas notórias" — note-se que, na doutrina e jurisprudência francesas, a expressão "marca notória" é frequentemente usada como sinónimo de "marca célebre" —, os tribunais franceses, quando não rompem com o princípio da especialidade, *"ont tendance à apprécier de manière plus large la similitude des produits ou services, étendant ainsi la protection"* (cfr. J. AZÉMA, *ob. cit.*, p. 879, S. DURRANDE, *Dalloz* 1986, p. 526, e I. FOREST, "La notion de similitude des produits en droit des marques", in *RIPIA* 1993, p. 273 s.). Em *Itália*, há igualmente um importante sector da doutrina e da jurisprudência que defende uma tutela merceologicamente mais ampla para as marcas renomadas, no quadro do princípio da especialidade; o conceituado V. MANGINI, por exemplo, escreve: "... il giudizio di affinità non dovrà essere effettuato secondo un criterio astratto di valutazione che attribuisca ai prodotti (e ai loro contrassegni) il significato di rigidi ed invalicabili dati oggettivi, ma dovrà tentare di adeguarsi al contesto concreto in cui i consumatori percepiscono il marchio e di corrispondere ad una realtà entro la quale anche *la maggiore o minore rinomanza* del segno può influenzare l'opinione del pubblico circa l'imputabilità dei prodotti ad una determinata fonte produttiva" (cfr. *Il marchio e gli altri segni distintivi*, in *Trattato di diritto commerciale e di diritto pubblico dell'economia*, vol. V, Padova, 1982, p. 271;

A "Vulgarização" da Marca na Directiva 89/104/CEE

no mesmo sentido, entre outros, cfr. FERNANDO LEONINI, *ob. cit.*, p. 19 s., e DI CATALDO, *ob. cit.*, p. 104). No quadro da jurisprudência, referência para a decisão da *Corte di Cassazione*, de 24 de Março de 1983 (cfr. *FI* 1983, col. 876 s.), que considerou afins *azeite* (marca "Sasso") e *bebidas gaseificadas*, e na qual se lê: *"la celebrità del marchio ... aumenterà il pericolo di confusione* ove altri utilizzi il medesimo marchio, perché il pubblico è indotto a ritenere come fabbricati dall'impresa titolare del marchio celebre (o quanto meno che vi siano legami tra le due imprese) *anche prodotti non merceologicamente affini*, in quanto convinto all'acquisto dalla fama del marchio"; as marcas célebres, portanto, "estendono il campo di produzione [*sic*] al di là dei prodotti uguali strettamente affini, secondo la nozione di affinità che interessa i marchi ordinari, *dovendo in materia accogliersi una nozione più ampia di affinità* che tenga conto del pericolo di confuzione in cui il consumatore medio può cadere, attribuendo al titolare del marchio celebre la fabbricazione di altri prodotti o ritenendo falsamente l'esistenza di legami giuridici ovvero economici fra le due imprese". Esta relativização do conceito de afinidade (dos produtos ou serviços) que a própria *Corte di Cassazione* voltou a subscrever na sua decisão de 21 de Outubro de 1988 (cfr. *FI* 1989, col. 784 s.), é também aceite pelos tribunais inferiores. Assim, por exemplo, *Corte d'Appello* de Milão: (*i*) *"La celebrità è un fattore che incide sulla determinazione dell'ambito merceologico di tutela del marchio ..."*; (*ii*) *"È il marchio che rende affini, ovviamente entro certi limiti, i prodotti sui quali è apposto anziché essere l'affinità un dato independente dal marchio, al contempo presupposto e limite della sua funzione distintiva"*. Estas duas máximas são extraídas de uma decisão daquele tribunal, proferida em 24 de Fevereiro de 1984 (cfr. *RDCiv.* 1986, II, p. 181 s., com nota crítica de G. OLIVIERI, sob o título "'Atenti a quel marchio!'—recenti sviluppi giurisprudenziali in materia di marchio celebre"), onde se concluiu pela afinidade entre produtos para fumadores (marca "John Player Special") e artigos de vestuário.

Em Portugal, deparamos igualmente com decisões jurisprudenciais que acolhem, de modo inequívoco, a relativização do conceito de afinidade dos produtos (ou serviços). A primeira dessas decisões é uma sentença proferida pelo 16.º Juízo da Comarca de Lisboa, em 5 de Março de 1981 (cfr. *BPI* n.º 10/1981, p. 1980 s.). Por despacho da autoridade administrativa competente, havia sido concedida protecção em Portugal à marca "Marlboro-Scotch Whisky", destinada a assinalar bebidas (*whisky*, incluído); apresentada a competente reclamação pelo titular da marca "Marlboro", anteriormente registada para *cigarros*, foi ela desatendida, tendo-se argumentado que "os produtos assinalados pelas marcas em conflito eram diferentes, não havendo qualquer afinidade". Opinião diferente veio, porém, a ser perfilhada pelo referido tribunal, ao qual coube apreciar o recurso de que foi objecto esse despacho. Reputando-se "do conhecimento geral que a expressão 'Marlboro' se refere a uma das marcas de cigarros *mais vendidas e publicitadas em todo o mundo*" (os sublinhados são nossos), logo se acrescentou que, "sendo assim, o aparecimento no mercado da marca recorrida *não deixará de induzir em erro e confusão o consumidor médio*, levando-o a supor erradamente que as bebidas *Marlboro* têm a mesma origem dos cigarros *Marlboro*". Estes dois trechos da motivação da sentença evidenciam que, para o tribunal — neste ponto, em total consonância com a orientação da jurisprudência norte-americana, francesa e italiana, atrás referida —, a afinidade dos produtos, que dá azo ao risco de confusão sobre a sua origem — supondo, é claro, que são usados dois sinais iguais ou confundíveis —, é *condicionada* pelo *maior ou menor renome* da marca cuja tutela está em causa. Embora relativize o conceito de afinidade, o tribunal não retira daí a conclusão que se teria por inevitável. Na verdade, em vez de se concluir pela não tutelabilidade em Portugal da marca "Marlboro-Scotch Whisky" com fundamento no registo anteriormente feito por outrem de marca igual, para contradistinguir produtos *afins* (art. 93.°, n.° 12.°), afirmando-se, assim, a tutela da marca recorrente no quadro do próprio direito sobre o sinal, é dizer, *sem postergação do princípio da especialidade*, invoca-se, para esse efeito, o art. 187.°, n.° 4, ou seja, a disciplina da concorrência desleal!

Uma outra decisão da jurisprudência portuguesa, na qual se volta a acolher a relativização do conceito de afinidade, invocando-se de seguida a disciplina da concorrência desleal para alargar o âmbito merceológico de tutela da marca de "excepcional renome", é o acórdão da Relação de Lisboa, de 3 de Julho de 1990 (cfr. *CJ* 1990, tomo IV, p. 119 s.). Contrariando a decisão da primeira instância, que havia confirmado o despacho da autoridade administrativa, a Relação de Lisboa concluiu, nesse acórdão, pela impossibilidade de conceder protecção em Portugal à marca "Coke", "destinada a assinalar produtos para limpeza, higiénicos e perfumaria"; essa marca era *igual* a outra anteriormente registada pela sociedade "The Coca-Cola Company" e "destinada a assinalar bebidas não alcoólicas sem malte e xaropes para preparar as mesmas bebidas". O conflito envolvia, pois, uma marca de uma *grande empresa*

— marca, essa, que o tribunal qualificou como sendo *"de excepcional renome, muito conhecida pelo público, afamada"* (sublinhados nossos). A partir deste pressuposto, alude-se à actual tendência das *grandes empresas* para diversificarem "a gama das mercadorias que produzem, todas sob a mesma marca", e, "por isso, o público consumidor não estranha que *mercadorias sem qualquer afinidade* lhe sejam apresentadas, identificadas pela mesma marca", "acreditando *convictamente* [!] que todas elas são produzidas pela mesma empresa, com idêntico nível de qualidade, todas merecedoras de igual confiança do consumidor". *"Desta sorte* — assim se continua a ler na motivação do acórdão —, *se uma empresa lança no mercado uma mercadoria sob a mesma marca de uma outra de nome afamado,* como é o caso da 'Riviera' [titular da marca recorrida] com o lançamento dos produtos com a marca 'Coke', *o público consumidor é induzido em erro, é levado a acreditar que o produto da 'Riviera' é fabricado pela 'Coca-Cola',* provém desta, oferece o mesmo nível de qualidade, credibilidade, garantia, que se habituou a atribuir aos produtos da 'Coca--Cola'" (também agora os sublinhados são nossos). Ou seja, na opinião do tribunal, *o risco de confusão sobre a origem dos produtos depende do maior o menor renome da marca cuja tutela está em causa.* Se esta, em vez de ser uma marca "de excepcional renome, muito conhecida pelo público, afamada", fosse uma *marca fraca (id est,* pouco usada e/ou escassamente publicitada e, por conseguinte, pouco conhecida, cfr. *supra),* registada para "bebidas não alcoólicos sem malte e xaropes para preparar as mesmas bebidas", já o seu titular não poderia obstar ao registo de uma *marca igual,* para "produtos de limpeza, higiénicos e perfumaria", pois que não haveria o risco de o consumidor médio imputar estes produtos à mesma empresa que produzia aqueloutros; neste caso, não haveria, pois, afinidade entre os produtos a que cada uma das marcas se destinava; mas, sendo a marca pré-existente "de excepcional renome", como (se disse que) acontecia no caso *sub-judice,* esses mesmos produtos já seriam afins. Em última instância, na opinião do tribunal, o maior ou menor renome da marca cuja tutela está em causa, porque condiciona o risco de confusão sobre a origem dos produtos, acaba por *(co)determinar* a própria afinidade desses mesmos produtos. Como atrás vimos, essa mesma opinião é também prevalecente no quadro da jurisprudência norte--americana, francesa e italiana. Porém, nas decisões dos tribunais destes países é, ainda assim, feita uma *reserva,* que não encontramos no referido acórdão da Relação de Lisboa. Por exemplo, na já citada decisão da *Corte di Cassazione,* de 24 de Março de 1983, houve o cuidado de observar que a possibilidade de o público ser induzido em erro sobre a origem dos produtos, por causa da celebridade da marca pré-existente, tem *limites,* diríamos, *objectivos.* Há produtos, *merceologicamente tão distantes* (doces e máquinas agrícolas, exemplifica a *Corte di Cassazione),* que o público não pode razoavelmente supor que eles provêm da mesma empresa ou de empresas (economica ou juridicamente) ligadas, por mais célebre que seja a marca que eles ostentem. Nesta linha, a decisão desse mesmo tribunal, de 21 de Outubro de 1988, em cujo sumário (cfr. *FI* 1989, col. 764) se lê: "O princípio da especialidade, que governa a tutela dos sinais distintivos, não consente proibir o uso da marca ou denominação [de origem] célebre de outrem para produtos que, por serem merceologicamente distintos quer dos objectos da produção originária, quer dos sectores de potencial expansão comercial do sinal imitado, não podem provocar no público qualquer confusão sobre a proveniência diferenciada dos produtos homónimos". A esta luz, a *Corte di Cassazione* considerou que os titulares das marcas "Veuve Cliquot Ponsardin", "Don Perignon" e "Munn Cordon Rouge", usadas para contradistinguir *vinho espumante* "Champagne", não podiam obstar ao uso, por banda de um terceiro, dessas mesmas marcas e também da marca "Champagne", para contradistinguir uma *espuma* (ou *gel) de banho,* que aliás era vendida num recipiente idêntico ao usado pelos produtores do vinho "Champagne" (cfr. R. FRANCESCHELLI, "È proprio vero che il nome Champagne è in Italia di libera appropriazione come marchio a designare qualunque prodotto che non sia vino spumante?" in *RDI* 1989, II, p. 21 s., RICOLFI, "Champagne e bagni schiuma: i limiti alla tutela allargata dei marchi celebri nella giurisprudenza della Cassazione", in *GI* 1989, I, 1, col. 1014, CARUSO, "Note sul marchio celebre di impresa monoproduttiva", in *GC* 1989, II, p. 681 s., e F. LEONINI, *ob. cit.,* p. 158 s.).

A ideia de que a celebridade da marca pré-existente não pode anular todas as distâncias merceológicas é também aceite pela jurisprudência norte-americana. Assim, por exemplo, no caso *McDonald's Corp. v. Arche Technologies,* 17 USPQ2d 1557 (N.D. Cal. 1990), considerou-se que, não obstante a celebridade de uma das marcas da McDonald's *(restaurante),* constituída por dois arcos dourados, o uso por banda de um terceiro da marca "Arche", cuja publicidade evidenciava, amiúde, um arco de cor dourada, para contradistinguir *computadores pessoais,* não era susceptível de provocar confusão quer em sentido estrito ("confusion of source"), quer em sentido amplo ("confusion of sponsorship or affiliation"). Naturalmente que, em tais casos, exactamente porque a marca, apesar da sua *celebridade,* não logra protecção no quarto do direito do sinal, logo se põe esta outra questão: deverá a marca célebre ser objecto de uma tutela, diríamos, *complementar,* e que prescinde da existência de qualquer risco de confusão quer em sentido estrito, quer em sentido amplo? E foi precisamente para responder a tal questão que a doutrina e a jurisprudência norte-americanas (na esteira de SCHECHTER, "The Rational Basis of Trademark Protection", in *Harvard L. R.* 1927, p. 813 s.) desenvolveu a chamada "dilution doctrine", hoje consagrada na legislação sobre marcas de, pelo menos, 26 países da União (cfr. MCCARTHY, *ob. cit.,* vol. II, § 24.14; sobre o ponto, desenvolvidamente, *infra,* nota 89).

Voltemos ao acórdão da Relação de Lisboa, de 3 de Julho de 1990. Dele decorre que, na opinião do tribunal, sendo a marca pré-existente de "excepcional renome, muito conhecida pelo público, afamada" (numa palavra: *célebre),* há *sempre* a possibilidade de o consumidor médio ser induzido em erro sobre a origem dos produtos ou serviços que a ostentem, por mais *diferentes* que eles sejam — o que significa admitir que a celebridade da marca pode anular toda e qualquer distância merceológica! No caso, tratava-se de "bebidas não alcoólicas" e de "produtos para limpeza, higiénicos e perfumaria" ... mas se em causa estivessem, por exemplo, *máquinas empilhadoras* e *cosméticos* ou *automóveis* e *peúgas,* e se a marca das máquinas ou a dos cosméticos fosse uma *marca célebre* pertencente a uma grande empresa, o tribunal, em consequência da sua própria argumentação, também haveria de concluir que o uso dessa marca, por banda do produtor de cosméticos ou do produtor de peúgas, induzia o consumidor médio em erro sobre a origem dos respectivos produtos.

A particularidade do referido acórdão, em relação à jurisprudência transalpina e norte-americana, não reside apenas no facto de os Senhores Desembargadores não afirmarem a existência de limites à possibilidade de o consumidor médio ser induzido em erro sobre a origem dos produtos, *(só)* por causa da celebridade da marca que ostentem. Como vimos, os tribunais italianos e norte--americanos, quando consideram que o uso de uma marca célebre ou, quando menos, renomada, por banda de um terceiro, é susceptível de provocar risco de confusão sobre a origem dos respectivos produtos ou serviços, proíbem esse uso com base no próprio direito sobre a marca. A coerência desta solução é inquestionável; aceitando-se que o direito ao uso exclusivo da marca se afirma (pelo menos) nos limites da possibilidade de confusão sobre a origem dos produtos ou serviços — limites que decorrem da função jurídica da marca, que é a de indicar a proveniência dos produtos ou serviços, assim os distinguindo dos que têm proveniência diferente —, se se considera que o uso de uma marca célebre, por banda de um terceiro, pode levar o consumidor médio a adquirir o respectivo produto ou serviço na errada convicção de que ele provém da empresa (já actuante no mercado) do titular dessa marca (risco de confusão em sentido restrito) ou de uma empresa (jurídica ou economicamente) a ele ligada (risco de confusão em sentido amplo), só resta então concluir pela violação desse mesmo direito, ou seja, pela existência de *contrafacção* da marca célebre. Aliás, se não fosse a vontade de lograr este resultado, que redunda, já o dissemos, no alargamento do âmbito merceológico de tutela das marcas mais afamadas, sem que, para o efeito, seja necessário abrir mão do princípio da especialidade, não se compreenderia a relativização do conceito de afinidade; na verdade, só tem sentido afirmar que a celebridade da marca torna afins, *dentro de certos limites,* os produtos que a ostentem, quando se quer concluir — e é assim que concluem a doutrina e a jurisprudência quer na Itália, quer nos Estados Unidos — pela protecção da marca célebre no quadro do próprio direito sobre o sinal, que, continuando a dizer-se um direito relativo, se torna, dessa forma, tendencialmente absoluto. Pois bem. No já tão referido acórdão da Relação de Lisboa, para além de se ter reconhecido que "a marca tem como função identificar a proveniência de um produto ou serviço relacionando-se com um determinado agente económico", conclui-se que o público consumidor, ao confrontar-se no mercado com os produtos de limpeza ostentando a marca "Coke", "seria induzido em erro, seria levado a acreditar que esses produtos eram fabricados pela 'Coca--Cola'", que já usava essa marca "de excepcional renome, muito conhecida pelo público, afamada", para diferenciar bebidas não alcoólicas; por sua vez, na sentença do 16.º Juízo Cível da Comarca de Lisboa, de 5 de Março de 1981, depois de se ter reputado "do conhecimento geral que a expressão 'Marlboro' se refere a uma das marcas de cigarros mais vendidos em todo o mundo", também se concluiu que "o aparecimento no mercado da marca recorrida [a marca 'Marlboro-Scotch Whisky', para diferenciar bebidas] não deixaria de induzir em erro e confusão o consumidor médio, levando-o a supor erradamente que as bebidas 'Marlboro' tinham a mesma origem dos cigarros 'Marlboro'"; em ambos os casos, *perante tais conclusões,* cuja bondade não interessa agora questionar, impunha-se que, para recusar o pedido de registo das marcas recorridas — lembre-se: a marca "Coke", para diferenciar *(inter alia)* produtos para

A "Vulgarização" da Marca na Directiva 89/104/CEE

diferenciando dos produtos dos seus concorrentes[2-3]. A insusceptibilidade de registo das denominações genéricas dos pro-

---

limpeza, e a marca "Marlboro-Scotch Whisky", para diferenciar bebidas — se invocasse o art. 93.º, n.º 12.º, aplicável *ex vi* do art. 113.º ("A protecção em território português a marcas do registo internacional será recusado quando se verifique qualquer dos fundamentos que podem motivar a recusa do registo nacional"). Daquela norma — que impõe, recorde-se, a recusa do registo de marca confundível com outra anteriormente registada por terceiro, para o mesmo produto ou produto semelhante, que possa induzir em erro ou confusão no mercado — decorre, com efeito, que o direito ao uso exclusivo da marca, exactamente porque o seu conteúdo se esgota na preservação da função distintiva do sinal, embora se não afirme fora dos limites da confundibilidade entre fontes produtivas, se afirma *sempre* dentro desses limites. Por outro lado, é também inquestionável que se não pode conceber a existência de confundibilidade entre fontes produtivas, decorrente do uso de marcas idênticas, e que seja juridicamente relevante, negando, do mesmo passo, a afinidade dos respectivos produtos.

[2] Como escreve, por exemplo, MCCARTHY, *ob. cit.,* vol. I, § 12.01 [1]: "The concepts of 'generic name' and 'trademark' are mutually exclusive. Thus, if, in fact, a given term is 'generic', it can never function as a mark to identify and distinguish the products of only one seller". Subjacente a esta asserção do conceituado autor norte-americano está, evidentemente, a ideia de que a função principal da marca é "identificar e distinguir os bens ou serviços de um vendedor daqueles que são vendidos por todos os outros" *(ob. cit., loc. cit.,* e, mais desenvolvidamente, § 3), o que não é pensável acontecer com as denominações genéricas. Estas — é ainda MCCARTHY quem o afirma — só podem responder à seguinte pergunta, que o potencial comprador pode dirigir ao produto: *"O que és?"* A esta pergunta, muitos produtos concorrentes podem dar a mesma resposta, independentemente da sua origem empresarial — por exemplo, *um computador, uma embalagem de detergente, um maço de cigarros;* as denominações genéricas dizem, pois, ao consumidor o que o produto *é* — e não de onde ele provém. Diversamente, a marca responde a estas outras perguntas, (mesmo inconscientemente) formuladas pelo potencial comprador do respectivo produto: *"Quem és?" "De onde provéns?" "Quem responde por ti?"* (*"Who are you?" "Where do you come from?" "Who vouches for you?"*). No quadro da jurisprudência norte-americana, a este propósito, referência para uma decisão de 1986 *(Liquid Controls*

Corp. v. Liquid Control Corp., 7th Cir. 1986), na qual se lê: "Unlike a trademark, which identifies the source of a product, a generic term merely identifies the genus of which the particular product is a species."

Na doutrina portuguesa, cfr., por todos, PINTO COELHO, *ob. cit.*, p. 374, que escreve: "O que é essencial (…) é (…) que a marca tenha eficácia distintiva. *Não a tem a denominação ou representação normal e necessária do produto ou da mercadoria, e por isso o seu nome usual ou vulgar não pode ser adoptado em marca"* (sublinhados nossos).

[3] A insusceptibilidade de registo das denominações genéricas, com fundamento na sua falta de capacidade distintiva, não se afirma apenas nos casos em que as marcas são (obrigatoriamente) redigidas em língua portuguesa. Como se observou *(supra*, nota 1), as marcas de registo internacional podem ser redigidas em língua estrangeira, e, por ser assim, não se pode excluir que um empresário português venha requerer o registo de uma marca exclusivamente composta por uma ou mais palavras que têm significado genérico na língua estrangeira usada, do mesmo jeito que não se pode excluir que um empresário de um país estrangeiro pretenda obter protecção em Portugal para uma marca que, sendo redigida na língua do respectivo país, tem significado genérico nessa mesma língua. Em tais hipóteses, se o consumidor médio português conhecer o significado lexical das palavras usadas, estando assim em condições de apreender o seu sentido *(genérico)*, a marca em causa é insusceptível de registo, por lhe faltar o requisito da capacidade distintiva. Pode, porém, deparar-se-nos uma outra situação, qual seja, a de o consumidor médio português, por não conhecer o significado lexical da(s) palavra(s) estrangeira(s) que compõe(m) a marca, a considerar uma *designação arbitrária* ou *de fantasia.* Embora tenha capacidade distintiva, essa marca não é, sem mais, registável. A este propósito, talvez se possa distinguir entre as línguas (vivas) estrangeiras mais difundidas e as línguas exóticas, que sejam efectivamente desconhecidas do público português; no primeiro caso, as exigências do comércio internacional, e também aquelas que, para Portugal, decorrem das normas do Tratado de Roma — para além, é claro, da crescente importância que, entre nós, vão assumindo os conhecimentos linguísticos —, impõem a recusa do registo como marcas das denominações genéricas próprias de uma dessas línguas (de grande difusão), ainda que o consumidor médio português lhes atribua significado arbitrário ou de fantasia; já se a marca for exclusivamente composta por uma denominação genérica própria de uma língua exótica, que

dutos[4] — das denominações que designam o género de produtos ou serviços a que pertence, como uma das suas espécies, o produto ou serviço que se pretende contradistinguir — não radica apenas na sua falta de capacidade distintiva[5]. Voltando a pensar no exemplo de há pouco, fácil é ver a enorme vantagem que teria o produtor de frigoríficos, no caso de lhe ser permitido registar como marca a palavra "frigorífico", e, correlativamente, a enorme desvantagem que daí adviria para todos os seus concorrentes. Estes, embora produzissem frigoríficos, não poderiam tão-pouco referir--se aos artigos da sua produção pelo seu nome comum, sem ficarem expostos ao risco de serem demandados por contrafacção da marca de outrem! Como há muito foi advertido por SRAFFA, se

---

não seja conhecida do público português, a solução pode ser mais duvidosa, sendo certo que, por nossa banda, nos repugna fazer a aludida distinção entre as línguas estrangeiras que gozam de maior difusão (em regra, línguas de países mais industrializados e, por isso mesmo, mais ricos) e aquelas que, se não são exóticas, são pouco ou nada difundidas (em regra, as línguas de países mais pobres).

[4] No quadro das *marcas figurativas,* à denominação genérica do produto corresponde a representação figurativa do género do produto com recurso à figura do próprio produto, no seu todo ou à parte mais significativa dele — por exemplo, o desenho de um frigorífico não pode constituir marca de frigoríficos, como o desenho de umas calças não pode constituir marca de calças. Refira-se, porém, que o desenho de um frigorífico ou de umas calças pode, através de uma *configuração singular* ou de uma *peculiar estilização,* resultar numa representação que não permita, sem mais, reconhecer o produto, adquirindo assim capacidade distintiva (neste sentido, entre nós, FERRER CORREIA, *ob. cit.,* p. 186, nota 2, e JUSTINO CRUZ, *ob. cit.,* p. 169, nota 1).

[5] Alguns autores estrangeiros (por exemplo, KASPAR SPOENDLIN, *Das Markenrecht im Lichte der schutzwürdigen Interessen,* Basel, 1974, p. 67 s., e FRANZ WUESTHOFF, "Was sind eintragbare Warenzeichen?", in GRUR 1955, p. 7 s.) chegam mesmo a defender que a falta de capacidade distintiva de um sinal, qualquer que ele seja, não pode, por si só, justificar a recusa do seu registo como marca; sobre esta posição doutrinal, cfr. *infra,* nota 13.

o nome do produto fosse admitido como marca, "dal *monopolio del segno distintivo* tipico — che la giuridica tutela del marchio costituisce ed ammette — si passerebbe, in linea di fatto, a fondare i pressuposti, in contrasto con i princìpi di libertà nel campo economico, di un antisociale ed antigiuridico *monopolio di fabbricazione*" [6].

I. A falta de capacidade distintiva, de que padecem as denominações genéricas, também atinge, as mais das vezes [7], as *indicações descritivas,* que encontramos referidas na 1ª parte do § 1.º do art. 79.º [8]. Pensemos também agora num exemplo. Suponhamos que *A,*

---

[6] Cfr. "Monopoli di segni distintivi o monopoli di fabbricazione?", in *RDC* 1930, II, p. 1 s. — transcrevemos de CASANOVA, *Impresa e azienda (Le imprese commerciali),* in *Trattato di diritto civile italiano (dir.* FILIPPO VASSALI), vol. X, tomo I, UTET, Torino, 1974, p. 472. Aliás, muito antes de SRAFFA, já AMAR havia escrito: "... devesi aver cura che il marchio medesimo non sia il mezzo *unico* per distinguere il prodotto, perchè altrimenti se verrebbe indirettamente ad attribuire a colui che lo adotta il monopolio pel prodotto medesimo" (cfr. *Manuale della Proprietà Industriale,* Milano, 1900, p. 179). No mesmo sentido, na doutrina estrangeira, mais recente, entre muitos outros, MCCARTHY, *ob. cit.,* § 12.01[2]: "To grant an exclusive right to one firm of use of the generic name of a product would be equivalent to creating a monopoly in that particular product, something that the trademark laws were never intended to accomplish". Entre as várias decisões dos tribunais norte-americanos, que são citadas por este autor, referência para a do 2d Cir. 1976, no caso *Abercrombie & Fitch Co. v. Hunting World, Inc.* ("to protect a generic name would be to confer a 'monopoly' on one seller in the sale of the named product"), e a do 3d Cir. 1986, no caso *A.J. Canfield Co. v. Honickman* ("The genericness doctrine prevents trademarks from serving as the substitutes for patents, and protects the public right to copy any non-patented, functional characteristic of a competitor's product").

Entre nós, a este propósito, cfr., por exemplo, PINTO COELHO, *ob. cit.,* p. 374: "Reconhecer a alguém o direito exclusivo de designar (no campo da marca nominativa) um produto por tal denominação [pela denominação usual do produto, entenda-se] seria (...) conferir-lhe *um privilégio inadmissível".*

[7] Cfr. *infra,* n.º II.

fabricante de portas-giratórias, pretendia registar como marca a expressão "Sempre Fechada". Trata-se, como é fácil de ver, de uma indicação descritiva do respectivo produto, a que o público não atribuirá (ou, melhor, comecerá por não atribuir[9]) outro significado que não seja o de o fabricante — *qualquer fabricante,* entenda-se — de portas-giratórias pretender evidenciar uma das características ou qualidades desses produtos. Vale isto por dizer que a expressão "Sempre Fechada"—, exactamente porque pode ser usada, *com esse objectivo de informação do público,* por todos os fabricantes dos referidos produtos, não tem (ou, melhor, começa por não ter[10]) aptidão para distinguir as portas-giratórias, que provêm de uma determinada empresa (no caso, a empresa de *A),* das portas-giratórias provenientes de outras empresas.

A recusa de registo como marcas das indicações descritivas pode, pois, fundamentar-se na sua falta de capacidade distintiva. De toda a maneira, as indicações desse tipo — e que são aquelas que têm a virtualidade de informar o público sobre as características, qualidades, funções, destinação, ingredientes, efeitos, proveniência geográfica ou outras propriedades do produto ou serviço correspondente[11] — também são insusceptíveis de apro-

---

[8] Nos termos dessa norma, são insusceptíveis de registo, "as marcas exclusivamente compostas por sinais ou indicações que possam servir no comércio para designar a espécie, a qualidade, a quantidade, o destino, o valor, o lugar de origem dos produtos ou a época da produção.

[9] Cfr. *infra,* n.° IV.

[10] Cfr. *infra,* n.° IV.

[11] Para determinar se uma palavra ou expressão tem carácter descritivo é, em regra, necessário atender aos produtos (ou serviços) para os quais se pretende registar essa palavra ou expressão como marca. Diz-se em regra, porque não se ignora a existência de certas palavras ou expressões, *auto-laudatórias,* que são *sempre* descritivas (por exemplo, "Extra", "Super", "De luxe" ou "Deluxe", "Bom", "Ideal") ou, por outras palavras, são descritivas de todos os géneros de produtos.

priação em exclusivo por razões de outra ordem, e que têm a ver com a ideia da *par conditio concurrentium* (situação-de-igualdade de todos os concorrentes na concorrência). Voltemos a pensar no exemplo, atrás figurado, do empresário *(A)* que pretendia registar como marca de portas-giratórias a expressão "Sempre Fechada", e também neste outro, que agora figuramos: o do empresário *(B)* que pretende registar como marca o adjectivo "Aromática", para diferenciar a *água de toilette* que produz. Se fosse acolhida a pretensão de *A* — e sem que agora interesse que essa pretensão sempre podia ser contrariada por estarmos em presença de uma indicação descritiva *sem capacidade distintiva* —, esse empresário poder-se-ia arrogar o direito de usar em exclusivo a expressão "Sempre Fechada" e, consequentemente, os seus concorrentes correriam o risco de serem por ele judicialmente demandados, por causa do uso que viessem a fazer dessa mesma expressão, sendo certo que esta, exactamente porque *descreve* uma das qualidades ou características do respectivo produto, *deveria estar disponível para ser usada por todos os concorrentes*. De igual modo, acolhendo-se a pretensão de *B,* teríamos que um qualquer dos seus concorrentes, que, por exemplo, usasse o *slogan* "Água de toilette *X*, docemente aromática", corria o risco de ser acusado de contrafacção da marca de outrem, sendo certo que, através daquele *slogan,* apenas se aludia a uma das características do respectivo produto — qualquer água de *toilette,* independentemente do empresário que a produza, é, necessariamente, aromática, podendo apenas variar o seu aroma.

Em consequência do registo como marcas desses sinais — desses, que são apenas exemplos, e de quaisquer outros que se devam considerar descritivos, por força da 1ª parte do §1.º do art. 79.º — criar-se-ia, pois, uma situação de *supremacia* ou de *(vantagem)* na concorrência a favor de *A* e *B,* que se traduziria, desde logo, na possibilidade que lhes era conferida de *cercearem a liberdade* de os seus concorrentes se servirem de termos do vocabulário geral, os quais, por serem descritivos, integram aquilo a que poderíamos chamar a "linguagem do comércio"; a mais disso, o uso de sinais daquele tipo como marcas, por banda de *A* e de *B,* significaria atribuir-lhes a titularidade de marcas particularmente vantajosas — essas marcas, em si mesmas, já *informavam directamente* o público sobre as características ou qualidades *(lato sensu)* dos respectivos produtos. Não sendo reflexo da dinâmica económica e, por isso, *não estando associado a qualquer esforço económico-financeiro* (ou de outra ordem) empreendido pelos titulares daquelas marcas, esse resultado é manifestamente incompatível com a ideia da situação-de-igualdade de todos os concorrentes na concorrência.

II. Do exposto no número anterior decorre que, em relação às indicações descritivas, podem existir dois motivos de recusa do seu registo como marcas: *(i)* a falta de capacidade distintiva dessas indicações *e (ii)* a necessidade de as preservar[12] ou, por outras palavras, a necessidade de as deixar à livre disponibilidade de todos os concorrentes. Mas não se julgue que é sempre assim. Suponha-se que *A,* fabricante de bicicletas, instala o seu estabelecimento numa determinada localidade, cujo nome é desconhecido, e pretende registar como marca dos seus produtos o topónimo em causa;

---

[12] De *"Freihaltebedürfnis"* fala a doutrina alemã, a propósito exactamente do § 4 Abs. 2 Nr. 1 Hs. 2 *WZG,* cuja redacção, por certo pela influência do art. 6.° *-quinquies,* alínea B), 2.°, da CUP é muito semelhante à do art. 79.°, § 1.°, 1ª parte, do nosso Código da Propriedade Industrial; cfr., por todos, PETER BEYERLE, *Unterscheidungskraft und Freihaltebedürfnis im deutschen Warenzeichenrecht,* München, 1988, p. 69 s., e BAUMBACH-HEFERMEHL, *ob. cit.,* § 4 *WZG,* notas 26 s. e 42.

Sobre a insusceptibilidade de registo como marcas das indicações descritivas, no direito francês, cfr., CHAVANNE/BURST, *ob. cit.,* p. 523 s. e JACQUES AZÉMA, *ob. cit.,* p. 872 s.; no direito italiano, CASANOVA, *ob. cit.,* p. 470 s., V. MANGINI, *ob. cit.,* p. 151 s., e VANZETTI, *La nuova legge marchi,* Giuffré, Milano, 1993, p. 89 s.; no direito norte-americano, McCARTHY, *ob. cit.,* § 11.05, e CALLMANN, *ob. cit.,* vol. III, § 18; no direito espanhol, FERNÁNDEZ NOVOA, *ob. cit.,* p. 69 s.

embora se esteja em presença de uma indicação descritiva — concretamente, a *indicação do lugar de origem dos produtos* —, a verdade é que a generalidade do público a não entenderia assim, mas antes como uma *designação arbitrária* ou *de fantasia,* exactamente porque o nome do lugar não era conhecido. Dizendo de outra maneira, ao confrontar-se no mercado com as bicicletas ostentando aquele sinal, a generalidade do público não seria levada a pensar que essas bicicletas tinham sido fabricadas em determinada localidade, mas que elas tinham sido fabricadas por um determinado empresário — o empresário que, sendo titular do sinal, o apusera nas bicicletas que fabricava para assim as *contradistinguir* das dos seus concorrentes. E isto, é claro, bastaria para atribuir *capacidade distintiva* ao topónimo em causa. Consequentemente, o seu registo como marca só poderia ser recusado com base no segundo dos motivos há pouco referidos, ou seja, se se verificasse a necessidade de manter o topónimo na livre disponibilidade dos concorrentes de *A,* como aconteceria se já houvesse outros fabricantes de bicicletas instaladas no lugar em causa *(concorrentes actuais)* ou, não os havendo, se não se pudesse liminarmente excluir a possibilidade de eles se virem aí a instalar *(concorrentes potenciais)* [13].

---

[13] Sabendo-se agora que um sinal, que tenha capacidade distintiva, pode, ainda assim, ser insusceptível de registo, por haver necessidade de deixar esse sinal à livre disponibilidade de todos os concorrentes *(necessidade de preservação),* cabe perguntar: Um sinal, em relação ao qual se não afirme essa necessidade, *e que não tenha capacidade distintiva,* será susceptível de registo?

A insusceptibilidade de registo de certos sinais, com fundamento na necessidade da sua preservação, e sem que importe se esses sinais têm ou não capacidade distintiva, obstando à desigualação-dos-concorrentes, é uma exigência da liberdade de concorrência; lembrem-se aqui as *vantagens,* em relação aos seus concorrentes, de que desfrutaria o empresário a quem fosse reconhecido o direito de registar a palavra *frigorífico* como marca de frigoríficos, ou aquele outro que conseguisse apropriar-se em exclusivo de uma qualquer indicação descritiva dos respectivos produtos (cfr. *supra,* n.° I). Pois bem. O que é que poderá justificar a insusceptibilidade de registo de um sinal, que não tenha capacidade distintiva, e em relação ao qual se não afirme a necessidade da sua preservação, exactamente por não se tratar de um sinal cujo uso deva ser livre, sob pena de se gerarem desigualdades entre os concorrentes? Formularemos o quesito de outra maneira, mais concreta: Em nome de que interesses se proíbe o registo de uma marca exclusivamente composta com um sinal gráfico indicativo de interrogação ou de admiração, ou com uma simples vírgula, ou com uma simples figura geométrica (por exemplo, um quadrado, um triângulo, um rectângulo, uma oval)?

Olharemos primeiro as coisas do ponto de vista dos concorrentes do empresário que obtivesse o registo de tais sinais (por comodidade de exposição, designá-lo-emos por empresário *A*); para eles, segundo um certo sector da doutrina, o que realmente importa é a preservação da sua liberdade de usar, sem qualquer tipo de constrangimento, o nome dos bens que colocam no mercado e de quaisquer outras indicações, sejam elas nominativas e/ou figurativas, que informam o público sobre as características ou qualidades *(lato sensu)* desses mesmos bens — importa-lhes isso, e já não que a marca do empresário *A* (seu concorrente) tenha ou não capacidade distintiva. Se algum interesse, a este respeito, esses concorrentes tivessem, é óbvio — diz-se (cfr., porém, *infra,* nesta nota) — que ele apontaria no sentido de *A* poder registar essas marcas sem capacidade distintiva, pois esta falta de capacidade as tornaria ineficazes no mercado. Quanto aos interesses da generalidade do público dos consumidores — sempre segundo a opinião desse mesmo sector da doutrina —, a susceptibilidade de registo dos sinais sem capacidade distintiva, e em relação aos quais se não afirma a necessidade da sua preservação, seria igualmente irrelevante. Ao confrontar-se no mercado, por exemplo, com um frigorífico que ostentava, em local bem visível, o desenho de uma simples linha — damos agora outro exemplo de um sinal sem capacidade distintiva, e que é referido por FERRER CORREIA, *ob. cit.,* p. 187 —, muito dificilmente (é o mínimo que se pode dizer), o *consumidor médio* compreenderia esse sinal como marca, é dizer, como um meio usado pelo empresário para *individualizar* os seus frigoríficos, assim os diferenciando dos frigoríficos produzidos por outras empresas — e o consumidor médio não compreenderia o sinal desse modo, exactamente porque a sua *banalidade* lhe retirava carácter *marcante* ou, se preferirmos, *sensibilizante [o que (nos) marca é obviamente o (que) nos sensibiliza].* Em boa verdade, e, por assim dizer, na pior das hipóteses, tudo se passaria como se o frigorífico em causa não ostentasse qualquer marca; mas esta é uma situação que a lei não posterga, pois que, na generalidade das ordens jurídicas (entre nós, art. 75.º), em princípio, nenhum empresário é obrigado a usar marcas (sobre o regime da facultatividade do uso das marcas, entre nós, cfr., por todos, FERRER CORREIA, *ob. cit.*, p. 183). Aliás, não é só esta circunstância de a lei não impedir a existência no mercado de produtos sem marca *(produtos brancos,* diríamos agora) que costuma ser aduzida para arredar a possibilidade de se invocarem os interesses dos consumidores, para justificar a insusceptibilidade de registo dos sinais sem capacidade distintiva. Na verdade, se um qualquer empresário insistisse na escolha de um desses sinais, não o *registando,* não se descortinaria meio de o impedir de usar o sinal em causa.

Na análise da questão da susceptibilidade de registo dos sinais sem a capacidade distintiva, a mais dos interesses dos concorrentes e dos consumidores, costuma também ser considerada a posição do (eventual) requerente do registo de um sinal desse tipo. O ponto de partida, para esse efeito, é o de considerar que a escolha desse empresário releva exclusivamente do seu *arbítrio.* Tratando-se de uma escolha arbitrária, não se vislumbraria qualquer razão para lhe negar validade, à luz dos interesses do seu autor. É certo que quem decide *requerer* o registo de um sinal como marca não terá interesse em investir tempo e dinheiro — e não se esqueça que o simples pedido de registo envolve o pagamento de taxas (cfr. a tabela n.º 6, anexa ao Código da Propriedade Industrial, aprovada pelo Decreto-Lei n.º 408/83, de 21 de Novembro) — num sinal *inepto* para esse efeito. Todavia, o risco de se investir tempo e dinheiro num sinal assim não existe apenas no caso de esse sinal não ter capacidade distintiva. Pois não é verdade que, feita a escolha de um qualquer sinal com capacidade distintiva, e requerido o respectivo registo — é dizer, depois de consumir tempo e dinheiro —, o seu requerente está sempre sujeito a que esse sinal seja considerado inepto, em consequência, por exemplo, da existência de um registo anterior de uma marca que veio a ser considerada *confundível,* pela autoridade administrativa e/ou pelos tribunais?

Por considerarem que a *opção* do empresário por um sinal sem capacidade distintiva não sacrifica interesses próprios, em cuja defesa a ordem jurídica deva intervir, e também não colide com os interesses dos concorrentes e dos consumidores, autores houve que procuraram a justificação para a insusceptibilidade de registo dos sinais desse tipo no próprio *interesse geral* em evitar (a realização de) *registos inúteis* (na Alemanha, neste sentido, cfr., por exemplo, RUDOLF

KRABER, «Beziehungen zwischen Eintragungswirkung und amtlicher Vorprüfung im Warenzeichenrecht», in GRUR 1977, p. 421 s.). Mas será que este interesse deve prevalecer sobre o do requerente do registo do sinal sem capacidade distintiva em lograr protecção para esse sinal? Respondendo a este quesito, BEYERLE, *ob. cit.,* p. 65, começa por observar que o objectivo da lei de marcas *(Warenzeichengesetz)* não é estorvar os interesses económicos do empresário, mas sim promovê-los, assim se favorecendo o próprio interesse geral; e é claro, logo se acrescenta, que uma interpretação liberal da característica da capacidade distintiva é a que melhor corresponde a esse objectivo — na matéria dever-se-ia, pois, aceitar o princípio (que também é referido por MONICA WENZ, "Die absolute Schutzfähigkeit von Warenzeichen", in GRUR 1981, p. 716 s.): "Im Zweifel für den Anmelder" ("Na dúvida pelo depositante") (criticamente sobre este "princípio", cfr. KLAUS SCHAWEL, "Unterscheidungskraft - abhängig vom Freihaltungsbedürfnis?", in *FS Zehn Jahre Bundespatentgericht,* 1971, p. 165, nota 91, que considera que "jede Monopolisierung für einen einzelnen gleichzeitig eine Einengung aller anderen bedeutet"). No caso de um empresário escolher um sinal, que é inepto ou que, não o sendo inteiramente, tem escassa capacidade para diferenciar os seus produtos dos de outrem, essa (má) escolha, que o contenta, é uma decisão empresarial sua (cfr. WENZ, "Die absolute ...", GRUR 1981, p. 720, e FRANZ WUESTHOFF, "Was sind eintragbare ...", GRUR 1955, p. 14). Aliás, tendo assim adquirido uma marca *conceptualmente fraca,* o empresário em causa poderá, porém, torná-la *comercialmente forte* — se dela fizer largo uso e/ou abundante publicidade, é claro (cfr. *supra,* nota 1); e se esse resultado, apesar dos esforços (inclusive financeiros) feitos nesse sentido, não vier a ser conseguido, há-de ser o titular dessa marca que, espontaneamente, a trocará por outra (cfr. BEYERLE, *ob. cit.,* p. 56, KASPAR SPOENDLIN, *ob. cit.,* p. 67, e ainda MONIKA WENZ, "Die absolute ...", GRUR 1981, loc. cit., que não resiste à ironia de comparar o comportamento da autoridade administrativa *(Patentamt),* quando recusa o registo das marcas com falta de capacidade distintiva, ao célebre dragão que guarda a caverna, na qual está a donzela ... só que o *Patentamt* guarda a caverna errada: a donzela nunca lá esteve). Nessa medida, o risco da inoportuna decisão empresarial, consubstanciada na escolha de um sinal sem capacidade distintiva como marca, não conseguindo esta superar a sua intrínseca debilidade, será suportado pelo próprio empresário; existe aqui, por conseguinte, um "espaço de liberdade", no qual a autoridade administrativa, em princípio, não deve intervir (FRANZ SCHLÜTER, "Schutzfähigkeit von ein Verfahren bezeichnenden Zeichenwörtern", in *MA* 1964, p. 205 s.; cfr. ainda BEYERLE, *ob. cit.*, p. 66).

Aqui chegados, pareceria não haver qualquer razão para não admitir o registo como marcas dos sinais sem capacidade distintiva, e em relação aos quais se não afirme a "necessidade da sua preservação". Aliás, e como decorre das referências doutrinais atrás feitas, quer na Suíça, quer na Alemanha, desde há muito que essa tese, diríamos, *radical* vem conquistando adeptos; naquele primeiro país, por exemplo, o já referido MARK SPOEDLIN, insurgindo-se contra a opinião dos clássicos E. MATTER *(Kommentar zum Bundesgesetz betreffend den Schutz der Fabrik-und Handelsmarken, der Herkunftsbezeichnungen von Waren und der gewerblichen Auszeichnungen,* Zürich, 1939, p. 45) e H. DAVID *(Kommentar zum Schweizerischen Markenschutzgesetz,* 2. Aufl., Basel/Stuttgart, 1960, art. 1, nota 11) — o primeiro destes autores exige "um mínimo de singularidade, que torne o sinal apto para individualizar a empresa", enquanto DAVID, por sua vez, diz que uma marca deve, "de uma qualquer maneira, ser singular ou apta para deixar no público uma recordação segura através de um efeito apelativo" — na Suíça, MARK SPOENDLIN, dizíamos, defende que, no quadro do processo de registo, só deve ser tida em conta a (eventual) necessidade de preservação do sinal registando, prescindindo-se da capacidade distintiva. [Esta posição de SPOEDLIN, ainda que fosse sustentável no quadro da Lei de 1890, não nos parece compatível com o teor do art. 1.º, n.º 1, da nova lei suíça sobre as marcas (e as indicações de proveniência), aprovada em 28 de Agosto de 1992; nos termos dessa norma, *"a marca é um sinal próprio para distinguir* os produtos ou os serviços de uma empresa dos de outras empresas". Por outro lado, o art. 2.º, alínea *a),* considera insusceptíveis de registo os sinais pertencentes ao domínio público, a não ser que se tenham imposto como marcas dos respectivos produtos ou serviços. Da conjugação destes dois preceitos resulta, *inter alia,* que a capacidade distintiva é considerada um *pressuposto* de registo — pressuposto e não impedimento, quer dizer, trata-se de uma "qualidade" que é definida pela *positiva* (o sinal *só* acede ao registo *se tiver* capacidade distintiva), e não pela *negativa* (o sinal *não acede ao registo* se lhe faltar a capacidade distintiva) —, ao passo que a necessidade de preservação de certos sinais (concretamente, os sinais que são *res communis omnium)* funciona como *impedimento* ao seu registo ou, se preferirmos, constitui motivo *(absoluto)* de recusa de registo. Esta distinção evidencia que a capacidade distintiva é, *do ponto de vista da lei,* da essência da marca — dizendo de outra maneira: a capacidade distintiva é inerente ao conceito de marca tal como a lei o "constrói", para efeitos da correspondente tutela —, ao passo que o impedimento de registo que atinge os sinais que são *res communis omnium* se afirma por razões político-económicas, associadas à defesa da liberdade de concorrência.] Na Alemanha, nesta mesma linha, poder-se-á ver, por exemplo, Franz Wuesthoff, "Was sind eintragbare...", *Grur* 1955, p. 7 s., segundo o qual a recusa de registo, no essencial, deve ocorrer em três casos: *(i)* em primeiro lugar, no *interesse dos concorrentes,* nos casos em que houver a necessidade de preservação do sinal; *(ii)* em segundo lugar, no *interesse dos compradores* havendo risco de engano — lembre-se que, em nossa opinião (cfr. *infra,* nota 47), a recusa de registo das marcas deceptivas responde, também ela, aos interesses *típicos* dos empresários(-concorrentes); *(iii)* por último, no *interesse geral,* nos casos em que os sinais sejam escandalosos. Quanto à falta de capacidade distintiva, Wuesthoff rejeita expressamente considerá-la como fundamento de recusa do registo. A maioria dos autores alemães afasta-se, porém, deste entendimento, considerando-o demasiado radical e incompatível com a letra da própria lei, já que, segundo o § 1 da *WZG,* é da essência da marca distinguir os produtos de um empresário dos de outrem ("Wer sich in seinem Geschäftsbetrieb zur *Unterscheidung* seiner waren von den Waren anderer eines warenzeichen bedienen will ...", assim reza o n.º 1 do referido parágrafo); neste sentido, para além de Beyerle, *ob. cit.,* p. 66, cfr. Gerhard Heil ("Die absolute Schutzfähigkeit bei Warenzeichen", in *Grur* 1981, p. 705), segundo o qual a necessidade da capacidade distintiva *("Unterscheidungskraft)* não está em causa, desde que o conceito seja usado no sentido de que um sinal tem de ser apto para desempenhar a função indicadora de proveniência da empresa do titular do sinal, ou seja, para *contradistinguir o produto segundo a sua origem.*

Embora critiquem o entendimento (radical) de Wuesthoff — que, repete-se, considera que a falta de capacidade distintiva do sinal não constitui (autónomo) fundamento de recusa do seu registo como marca —, muitos autores não o enjeitam por inteiro; o motivo de recusa de registo por falta de capacidade distintiva — dizem esses autores (por exemplo, Beyerle, *ob. cit.,* p. 66, e Monica Wenz, "Die absolute Schutzfähigkeit...", *Grur cit.,* p. 720, e Franz Schlüter, "Aus der Tätigkeit und den Erfahrungen des III. Warenzeichensenats des Bundespatentgerichts", in *Mitteilungen der Deutsche Patentamwälte* 1962, p. 61 s.)

— deve ser utilizado com muita moderação, e nos casos duvidosos de falta de capacidade distintiva dever-se-á decidir a favor do requerente do registo *("Im Zweifel für Anmelder"*, pois). Significa isto, afinal, que a recusa do registo de um sinal por falta de capacidade distintiva só deverá ocorrer em casos excepcionais, o que naturalmente postula um uso extremamente discreto desse fundamento (neste sentido, para além de BEYERLE, *ob. cit., loc. cit.,* entre muitos outros, E. HAÜßER, "Das deutsche Patentamt und das nationale Markenrecht", in *MA* 1979, p. 190 s., e K. BEIER, "Unterscheidungskraft und Freihaltebedürfuis", in *GRUR-Int* 1992, p. 243 s.). Este entendimento das coisas e mesmo aqueloutro, mais radical, que não considera a falta de capacidade distintiva como autónomo fundamento de recusa de registo do sinal como marca são, aliás, perfeitamente compatíveis com o art. 6.º *quinquies,* alínea B), n.º 2.º, CUP, que se refere à protecção da marca "telle quelle" (cfr. o nosso "Marcas de forma", in *CJ*, 1991, tomo IV, p. 68 s.); com efeito, segundo essa norma, se a marca *for desprovida de carácter distintivo* a autoridade do país de importação *não deve* recusar o seu registo, antes *pode* fazê-lo.

Em nossa opinião, o *liberalismo* de que dão mostras a doutrina suíça e alemã no que concerne à registabilidade dos sinais sem capacidade distintiva, e em relação aos quais se não afirme a necessidade da sua preservação, deve ser rejeitado. Quanto à tese mais radical(mente liberal) — que, recorde-se, não considera a falta de capacidade distintiva do sinal como (autónomo) fundamento de recusa do seu registo como marca —, a sua aceitação, entre nós, colidiria com o texto da lei — mais concretamente com o corpo do art. 79.º, no qual se lê: "A marca pode ser constituída por um sinal, ou conjunto de sinais nominativos, figurativos ou emblemáticos, que, aplicados por qualquer forma num produto ou no seu invólucro, *o façam distinguir de outros idênticos ou semelhantes".* De acordo com este preceito, um sinal sem capacidade distintiva deve ficar privado da protecção que decorre da lei das marcas, exactamente porque um sinal assim não pode desempenhar a função que essa lei lhes assinala (cfr. FERRER CORREIA, *ob. cit.,* p. 185). Até aqui, digamos assim, também a maioria dos autores alemães chega, usando, aliás, o mesmo argumento, extraído do § 1 da *WZG.* Porém, esses mesmos autores mostram-se (extremamente) *permeáveis* à argumentação aduzida por aquele outro sector da doutrina, que, fazendo tábua rasa da letra da lei, *não autonomiza* a falta de capacidade distintiva em relação à necessidade de preservação de certos sinais e que, por conseguinte, entende que aquela só releva *indirectamente,* precisamente nos casos (aliás muito frequentes) em que, afirmando-se a necessidade de preservação de um sinal, se conclui também pela falta de capacidade distintiva desse sinal (cfr. *supra,* n.º I). Como atrás vimos, essa argumentação, na sua essência, reconduz-se à ideia de que, não se afirmando a necessidade de deixar um determinado sinal à livre disponibilidade dos empresários de um certo sector merceológico *(Freihaltebedürfnis),* o registo desse sinal, ainda que lhe falte a capacidade distintiva, podendo aproveitar ao requerente do registo, não lesa interesses de terceiros — concretamente, os interesses dos concorrentes e os dos consumidores — e tão-pouco contraria o interesse geral. Nesta perspectiva o requisito da capacidade distintiva seria supérfluo e, mais do que isso, *pernicioso* para a liberdade de iniciativa económica (privada), que é a base do sistema de liberdade de concorrência. Será, na verdade, assim?

A resposta ao quesito pressupõe alguns esclarecimentos, que se prendem com o *carácter monopolista* ínsito na tutela da marca. Como escreve, por exemplo, KLAUS SCHAWEL, "Unterscheidungskraft... ", in *FS cit.,* p. 165, as palavras, como, aliás, os meios de expressão figurativos, devem ser acessíveis a todos — pertencem, por natureza, à comunidade. E se é verdade que cada um de nós, em função da sua maior ou menor "capacidade inventiva", tem liberdade para *engendrar* novas palavras ou novas figuras, certo é também que a atribuição de direitos exclusivos sobre tais palavras ou figuras significa uma restrição dos bens comuns e da liberdade dos outros. Ao registar como marca uma palavra e/ou uma figura — palavras e/ou figuras, essas, as mais das vezes, já existentes (e que, por isso mesmo, resultaram da "capacidade inventiva" de outrem, ao qual o anonimato não retira o mérito de ter contribuído para o enriquecimento do "património comum") e que são *arbitrariamente* utilizadas para contradistinguir um produto (ou serviço) *(marcas arbitrárias),* sendo certo que, igualmente frequente, é não se assumir sequer o risco dessa "transposição de sentido" do sinal, recorrendo-se antes a palavras e/ou figuras que, em si mesmas, sugerem ou mesmo indicam a natureza *(lato sensu)* dos respectivos produtos (ou serviços) *(marcas sugestivas e marcas descritivas)* —, o empresário (se empresário for ... e pode não o ser) obtém um direito que lhe permite proibir o uso dessa palavra e/ou figura a título de marca — e só a *título de marca,* é certo, mas, como veremos (cfr. *infra,* nesta nota), esse uso a título de marca é objecto de uma interpretação cada vez menos restritiva. Por outro lado, o âmbito de proibição do direito do titular da marca não se cinge à própria palavra e/ou figura registada, alargando-se, outrossim, a todas as palavras e/ou figuras que, fonética, gráfica ou conceitualmente, se reputem *confundíveis* com aquela que já foi objecto de monopolização; acresce que o âmbito de proibição desse direito não se refere apenas aos produtos (ou serviços) para os quais a palavra e/ou figura foi registada, e compreende um conjunto (bem) mais vasto de produtos (ou serviços) — mais precisamente, o conjunto dos produtos (ou serviços) que se considerem *afins,* sendo certo que, na generalidade das ordens jurídicas, os critérios da afinidade são cada vez mais flexíveis, o que redunda, como já vimos, no alargamento do âmbito merceológico de tutela da marca registada (cfr. *supra,* nota 1); finalmente, convirá ainda lembrar que, *espacialmente,* o direito que emerge do registo de uma palavra e/ou figura como marca, se não circunscreve à área de irradiação da empresa (... se empresa houver) do respectivo titular, antes se estende a todo o território da respectiva ordem jurídica, podendo mesmo lograr protecção internacional, que é susceptível de se afirmar quase no mundo inteiro — e se tudo isto começa por ser assim apenas pelo prazo de dez anos (entre nós, art. 125.°), dado que este prazo é indefinidamente renovável, o que o direito à marca configura é a situação de um extenso e eterno monopólio (sobre uma palavra e/ou figura), atribuído a um empresário (e não só) através de um simples registo (cfr., neste sentido, KLAUS SCHAWEL, "Unterscheidungskraft...", in *FS cit.,* p. 166).

Vistas assim as coisas, parece-nos capcioso dizer que o registo de um sinal sem capacidade distintiva — e *(cela va sans dire)* em relação ao qual se não afirme a necessidade da sua preservação —, por banda de um empresário, não afecta os interesses dos seus concorrentes. A obtenção de um monopólio sobre esse sinal tenha ou não capacidade distintiva, é sempre um *estorvo* à liberdade (de concorrência) dos concorrentes do empresário que desfruta desse monopólio e, nessa medida, é-lhes sempre prejudicial; convirá, aliás, acrescentar que a já tão falada *relativização* do princípio da especialidade alarga o círculo dos empresários que vêem a sua posição na concorrência afectada em consequência desse monopólio (o alargamento do âmbito merceológico da marca implica a *indisponibilidade* do mesmo sinal ou de sinal confundível em sectores merceológicos cada vez mais distantes; isto, é claro, para já não falar nas hipóteses em que, sendo a marca *célebre* ou (apenas) *reputada,* o correspondente monopólio não conhece quaisquer limites merceológicos — cfr. *infra,* nota 89). A opção do legislador pela tutela das marcas, que redundou na introdução de *momentos de exclusivismo* (ou de monopólio) num sistema que, dizendo-se de liberdade (-de-concorrência), os *repelia*, respondeu à necessidade, difusamente afirmada no último quartel do século passado, de os empresários retirarem a sua oferta do anonimato ou, por outras palavras, de *distinguirem* os bens que oferecem no mercado. Consequentemente, se o sinal que é objecto desse exclusivismo preenche essa função, e se em relação a esse mesmo sinal se não afirma a necessidade de o preservar, o correspondente monopólio é, por assim dizer, *inelutável* e tão-pouco carece de ser justificado; outrotanto não acontece, porém, no que concerne aos sinais que, sendo insusceptíveis de *(nos) marcar, não têm aptidão para desempenhar essa função distintiva* — a monopolização destes outros sinais, derramando sobre eles a tutela da marca, não tendo qualquer base legal, deverá, por isso mesmo, ser repelida.

Aliás, ao contrário do que afirmam os autores que defendem a registabilidade como marcas dos sinais sem capacidade distintiva, entre a situação que assim se criaria e aquela outra, que é a de, não havendo obrigatoriedade do uso de marcas, os consumidores se poderem confrontar no mercado com produtos ou serviços *sem* marca, não há qualquer analogia. Se um qualquer empresário decide lançar mão do registo de um sinal que, originariamente, não tem capacidade distintiva, não se pode obviamente excluir que esta situação venha a ser superada — a capacidade distintiva é uma realidade dinâmica e, por conseguinte, mesmo um sinal sem capacidade distintiva pode, por via de um (mais ou menos) prolongado uso no tráfico e também por efeito de intensas campanhas publicitárias, adquirir o significado secundário *(secondary meaning,* na terminologia anglo-saxónico) de sinal distintivo de determinados produtos ou serviços, ao ponto de se tornar uma marca (muito) forte ou mesmo célebre. Ora, numa tal hipótese, os interesses dos consumidores não ficariam imprejudicados, contrariamente ao que se verifica quando o empresário opta por apresentar os seus produtos ou serviços no mercado sem marca. Por um lado, num sistema, como é o nosso, no qual *a iniciativa económica se exerce livremente* (art. 61.º, n.º 1, da CRP), o *consumidor é também um concorrente potencial;* nesta sua outra dimensão, digamos assim, o consumidor é tão prejudicado pela atribuição de um direito exclusivo sobre uma palavra e/ou figura quanto o são os *concorrentes actuais* do empresário que desfruta do correspondente monopólio — e daí que, também à luz dos interesses dos concorrentes potenciais, que os consumidores (também) são, por lhe faltar base legal, se deva repelir a monopolização dos sinais sem capacidade distintiva, ainda que em relação a esses sinais se não afirme a necessidade da sua preservação. Por outro lado, se houve tempo em que a apropriação em exclusivo de um sinal como marca, por banda de um empresário, só obstava a que terceiros usassem esse mesmo sinal ou sinal confundível *a título de marca* — ou, de um modo mais geral, como sinal distintivo de comércio (firma e nome de estabelecimento incluídos, supondo é claro que o empresário que compõe a sua firma ou o nome do respectivo estabelecimento com a marca de outrem oferece no mercado os mesmos produtos ou produtos similares àqueles que a marca contradistingue (cfr., entre nós, o art. 144.º, e o art. 2.º, n.º 5 do DL n.º 42/89 de 3 de Fevereiro) — modernamente, essa é uma solução que, por ser considerada demasiado restritiva (aos olhos do titular da marca, é claro), já não é pacificamente aceite. Por exemplo, no quadro da lei uniforme dos países do Benelux, que entrou em vigor em 1 de Janeiro de 1971, o titular da marca pode opor-se a "tout emploi qui serait fait de la marque ou d'un signe ressemblant pour les produits pour lesquels la marque est enregistrée ou pour les produits similaires" (art. 13 A 1), e, a mais disso, pode opor-se a "tout autre emploi qui, *dans la vie des affaires et sans juste motif,* serait fait de la marque ou d'un signe ressemblant en des conditions susceptibles de ...[lui]... causer un préjudice" (art. 13 A 2). Segundo o "Gerechtshof te Amsterdan", no seu acórdão de 18 de Dezembro de 1975 (cfr. *GRUR Int.* 1980, p. 170 s.), qualquer utilização da marca (de outrem) que esteja ligada a uma actividade comercial tem de ser considerada como feita "dans la vie des affaires" — e daí que, nesse mesmo acórdão, o tribunal tenha considerado que o titular das marcas "Coca-Cola" e "Coke", que contradistiguem bebidas não alcóolicas, invocando o referido art. 13 A 2, se podia opor ao uso que era feito da garrafa da "Coca-Cola" (objecto de protecção como "marca de forma") por uma actriz de um filme pornográfico, uso esse que não pode ser agora descrito mais minuciosamente, mas que, de todo o modo, não era a título de marca (ou de qualquer outro sinal distintivo)... Interpretando assim o art. 13 A 2, atribuir-se-á ao titular da marca um direito exclusivo (um monopólio *hoc sensu)* quase ilimitado; "a exigência de um uso da marca na vida comercial ("vie des affaires") torna-se, com efeito, uma limitação sem grande importância: raras são as utilizações da marca pelos terceiros que não podem ser ligadas a uma actividade com carácter comercial" — cfr. M. DELIÈGE-SEQUARIS, "Der Schtuz der Marke gemäß Art. 13 A Benelux-Warenzeichengesetz", in *GRUR-Int.* 1980, p. 568 s. Desta mesma autora são ainda as seguintes palavras: "Qualquer menção de uma marca na imprensa escrita, num dicionário ou numa enciclopédia, num romance ou num filme, tornar-se-á assim num uso na vida comercial, submetido, em princípio, à autorização do titular, pois que estes instrumentos de informação ou de cultura são difundidos por empresas com carácter comercial" *(ob. cit.,* p. 577). No quadro da doutrina holandesa, mesmo os autores que se insurgiram contra a solução do referido acórdão do "Gerechtshof te Amsterdam" consideram que o terceiro que usa uma marca num filme ou num jornal, por exemplo, pode estar a usá-la na "vida comercial", havendo, por isso mesmo, aplicação do art. 13 A 2; diversa é a opinião da referida autora belga, segundo a qual os casos em que a marca de outrem é citada ou reproduzida por um terceiro no quadro de *uma informação* ou de *uma actividade cultural, entendidas em sentido amplo* — e é assim que as marcas aparecem frequentemente na imprensa de actualidade (jornais, radiodifusão, televisão), nas revistas, nos dicionários ou enciclopédias, nas obras literárias, teatrais, cinematográficas ou plásticas, nas publicações médicas ou jurídicas —, *escapam às prerrogativas que a lei uniforme confere ao titular da marca* (cfr. *ob. cit.,* p. 576 s.). Aquela orientação da doutrina holandesa transparece inequivocamente em PAUL J.M. STEINHAUSER, "Der Schutz der Marke nach Art. 13 A Benelux-Warenzeichengesetz", in GRUR *Int.* 1981, p. 546 s., que se socorre do seguinte exemplo: Se uma revista informa sobre uma catástrofe provocada pela "Shell", inserindo na primeira página, e em grandes caracteres, uma referência à marca "Shell", esta marca estaria a ser usada para chamar a atenção do público para a revista e a estimular a sua compra — uma acção da "Shell" contra esse uso, com base no art. 13 A 2, deveria, pois, ser julgada procedente; pelo menos, não deveria essa acção improceder com base na exigência do uso da marca na vida comercial *("Erfordernis der Benutzung im geschäftlichen Verkehr").* [O recurso de STEINHAUSER a este exemplo tem a ver com a decisão do "Arrondissements-Rechtbank te Amsterdam", de 18 de Janeiro de 1975, que considerou improcedente a acção intentada pelo titular da marca "Shell", com base no art. 13 A 2, contra o editor de um jornal, que publicara um artigo sobre o perigo de explosão de uma fábrica de etileno daquela empresa, e no qual se citava aquela marca; na opinião do tribunal, no caso, a marca "Shell" não tinha sido usada na vida comercial, não havendo tão-pouco violação do direito ao nome comercial do titular dessa marca; cfr. R. SACK, "Markenschutz außerhalb des Gleichartigkeitsbereich in der EG", in *RIW* 1985, p. 601).

A possibilidade de o titular da marca — tratando-se de uma marca célebre *(berühmte Marke)* — impedir a utilização do sinal noutra função que não a

A solução acabada de apontar é também a aplicável à hipótese de o empresário pretender registar como marca o nome de um

---

distintiva mereceu também o acolhimento da jurisprudência alemã. Paradigmática, a este propósito, a decisão do *BGH,* de 9 de Dezembro de 1983 (cfr. *NJW* 1983, p. 1431 s.). Eis os factos: uma agência de publicidade produzira um anúncio para um *whisky* (da marca "Jim Beam"), que apresentava dois homens, vestidos à maneira texana, sentados no guarda-lamas dianteiro de um "Rolls-Royce", vendo-se, em primeiro plano, uma garrafa com dois copos cheios; visível era também a parte do radiador da viatura e o emblema "RR". Reagindo contra o uso destas marcas, o seu titular (o fabricante dos automóveis "Rolls-Royce") intentou uma acção inibitória, que veio a ser julgada procedente pelo *Bundesgerichtshof;* embora tenha reconhecido a inexistência já de qualquer risco de confusão, já de um uso das referidas marcas com função distintiva, o mais alto tribunal alemão considerou que o comportamento do réu era contrário aos bons costumes, prefigurando, pois, uma violação do § 1 UWG: exploração da reputação de outrem com o objectivo de recomendar os produtos próprios (mais desenvolvidamente, cfr. *infra,* nota 89).

Porque o uso de uma marca de outrem — de qualquer marca, segundo a lei uniforme do Benelux (cfr. DELIÈGE-SEQUARIS, "Der Schutz...", GRUR Int. 1980, p. 575 s., que cita o acórdão do "Benelux-Gerischtshof", de 1 de Março de 1975, segundo o qual "as disposições do art. 13 da Lei não fazem qualquer distinção entre marcas 'célebres' e 'não célebres', e nem a exposição de motivos nem a *ratio* da norma justificam uma tal distinção... "), e, no quadro da jurisprudência alemã, de uma marca célebre *(berühmte Marke)* ou, pelo menos, de uma marca de prestígio *(bekannte Marke)* (é, aliás, à luz destas orientações que se há-de interpretar, desde logo, o art. 5.º, n.º 2, da Directiva — *infra,* nota 89) — *a outro título,* que não o de sinal distintivo de produtos, de empresas ou de empresários *pode não ser livre,* fácil é ver que a monopolização de quaisquer palavras e/ou figuras, independentemente de terem ou não capacidade distintiva, não afecta apenas os interesses dos *concorrentes actuais* do empresário que desfruta desse monopólio; se, como alguém disse, "consumidores somos todos nós", ter-se-á então que concluir que esse monopólio é susceptível de nos prejudicar a *todos,* não apenas enquanto concorrentes potenciais, mas também em muitas outras das nossas (eventuais) "dimensões": de cientistas, de artistas, de escritores, de jornalistas, etc. etc..

lugar, que não é o daquele onde se encontra estabelecido, supondo, é claro, que esse nome é *desconhecido*. Já no caso de o nome da localidade, que se pretende registar como marca, ser *conhecido* (da generalidade do público, entenda-se), e sem que importe se os produtos têm origem nessa localidade ou em localidade diferente, poderão existir dois motivos de recusa de registo: *(i)* a falta de capacidade distintiva — o conhecimento que o público tem do nome da localidade levá-lo-á a considerar esse nome como uma indicação de proveniência geográfica e não como uma indicação de proveniência empresarial — e *(ii)* a necessidade de preservar o nome da localidade em causa, deixando-o à livre disponibilidade de todos os empresários já instalados ou que se possam vir a instalar-se nessa localidade. Dever-se-á ainda ter presente que o limite que decorre da 1ª parte do § 1.° do art. 79.° à utilização dos nomes geográficos como marcas opera independentemente do *princípio da verdade*, que tem expressão no art. 93.°, n.° 11.° [14].

---

[14] Por força desse preceito, que impõe a recusa do registo de marcas que, em todos ou alguns dos seus elementos, contenham *falsas indicações de proveniência* do país, região ou localidade, não cabe dúvida de que um empresário não pode registar como marca *(individual)* o nome de um lugar, que não é aquele onde exerce a sua actividade, mas que seja um lugar *reputado* na produção dos artigos em causa *(indicação de proveniência* em sentido próprio). Mas será que o preceito proíbe só isso?

O sentido deste quesito alcançar-se-á sem custo se tivermos presente que o conhecimento que o público tem do nome de um lugar não tem que ser o resultado da reputação de que goza esse lugar na produção de determinados artigos. E, assim, o nome desse lugar, apesar de não poder ser considerado uma indicação de proveniência, quando usado como marca por um empresário que exerce a sua actividade em *lugar diferente,* pode induzir em erro sobre a origem geográfica dos produtos — exactamente porque o nome do lugar é conhecido, o facto de o lugar não ser reputado na produção dos artigos a que a marca se destina não exclui, sem mais, a possibilidade de os consumidores adquirirem esses produtos na *(errada)* convicção de que provêm do lugar cujo nome integra a marca. Será a proibição do art. 93.°, n.° 11.°, aplicável também nestes casos?

A questão divide a jurisprudência portuguesa. Em favor do alargamento do âmbito de aplicação da referida norma ou, dizendo de outra maneira, respondendo afirmativamente ao quesito formulado, e como exemplos, poder-se-ão referir: *(i)* sentença do 5.° Juízo Cível da Comarca de Lisboa, de 22 de Dezembro de 1962, que, confirmándo o despacho da autoridade administrativa, recusou o registo da marca "Arc de Triomphe", requerida por *empresário alemão,* para produtos de tabaco *(BPI* 1963, n.° 1, p. 7); *(ii)* sentença da 5ª vara Cível da Comarca de Lisboa, de 10 de Outubro de 1970, que anulou o registo da marca (internacional) "Helvetia", obtido por *empresário alemão,* para bebidas não alcoólicas, carne, peixe, doces e frutos, farinha de aveia, sêmola, etc. *(BPI* 1970, n.° 12, p. 2162 s.); *(iii)* sentença do 10.° Juízo Cível da Comarca de Lisboa, de 13 de Fevereiro de 1981, que, mantendo o despacho da autoridade administrativa, recusou protecção em Portugal à marca (de registo internacional) "Austria-Madison", pertencente a um *empresário alemão,* e "destinada a assinalar produtos de tabaco em/ou empregando tabacos americanos" *(BPI* 1987, n.° 18, p. 2231 s.); *(iv)* sentença do 2.° Juízo Cível da Comarca de Lisboa, de 22 de Outubro de 1982, que, confirmando o despacho da autoridade administrativa, recusou protecção em Portugal à marca de (registo internacional) "Bulgarie", pertencente a *cidadão italiano (BPI* 1986, n.° 11, p. 3493 s.); *(v)* sentença do 10.° Juízo Cível da Comarca de Lisboa, de 17 de Maio de 1983, que, confirmando o despacho da autoridade administrativa, recusou o registo da marca (nacional) "Bristol", requerido por um *empresário português,* e destinada a produtos medicinais e farmacêuticos *(BPI* 1988, n.° 7, p. 2616 s.; esta sentença, proficientemente fundamentada, acabou por ser revogada pelo acórdão da Relação de Lisboa, de 15 de Março de 1984, o qual veio a ser confirmado pelo acórdão do Supremo Tribunal de Justiça, de 30 de Janeiro de 1985).

Perfilhando um entendimento mais restritivo do art. 93.°, n.° 11.°, poder-se-ão ver, ainda como exemplos: *(i)* sentença do 7.° Juízo Cível da Comarca de Lisboa, de 12 de Fevereiro de 1951, que, revogando o despacho da autoridade administrativa, concedeu protecção em Portugal à marca (de registo internacional) "Bristol", pertencente a um *empresário alemão,* e destinada a produtos de tabaco *(BPI* 1961, n.° 5, p. 526 s.); *(ii)* sentença do 4.° Juízo Cível da Comarca de Lisboa, de 5 de Janeiro de 1963, que revogando o despacho da autoridade administrativa, concedeu protecção em Portugal à marca (de registo internacional) "Champs Elysées", pertencente a um *empresário alemão* e destinada a produtos de tabaco *(BPI* 1963, n.º 1, p. 6 s.); *(iii)* sentença do 9.º Juízo Cível da Comarca de Lisboa, de 20 de Janeiro de 1965, que, revogando o despacho da autoridade administrativa, ordenou o registo da marca (nacional) "Arc de Triomphe", requerido por *empresário alemão,* para produtos de tabaco *(Boletim,* 1965, n.º 2, p. 170 s.) *(iv)* sentença do 4.º Juízo Cível da Comarca de Lisboa, de 23 de Março de 1984, que, revogando o despacho da autoridade administrativa, ordenou o registo da marca (nacional) "Nordico" *(misspelling* de Nórdico, cfr. *infra,* nota 25), requerido por um *empresário português,* para "ventiladores, condicionadores de ar, termoblocos, climatizadores e torres de refrigeração *(BPI* 1986, n.º 4, p. 2055); *(v)* sentença do 9.º Juízo Cível da Comarca de Lisboa, de 15 de Maio de 1989, que, revogando o despacho da autoridade administrativa, concedeu protecção em Portugal à marca "Chesterfield", pertencente (ao que parece) a um *empresário francês,* e destinada a camisas, casacos, calças, saias e chapéus *(Boletim,* 1989, n.º 11, p. 5910); *(vi)* acórdão do Supremo Tribunal de Justiça, de 30 de Janeiro de 1985, que ordenou o registo da marca "Bristol", requerido por um *empresário português,* para produtos medicinais e farmacêuticos *(BPI* 1988, n.º 7, p. 2619 s.).

Essa diversidade de opiniões, que passa pela interpretação do art. 93.º, n.º 11.º, reconduz-se, afinal, a um diferente entendimento do princípio da verdade. Com efeito, para a segunda corrente jurisprudencial, que é predominante ao nível dos nossos tribunais superiores, a marca (individual) constituída por nomes geográficos *só não é verdadeira* se o lugar cujo nome a integra, não sendo aquele onde o empresário se encontra estabelecido, for *reputado* na produção dos produtos para os quais se pretende obter o registo do sinal. Esta é a doutrina do acórdão do Supremo Tribunal de Justiça, de 20 de Fevereiro de 1970, no qual se lê: "(…) para efeitos do n.º 11.º do art. 93.º do Código da Propriedade Industrial em vigor, as falsas indicações de proveniência só são relevantes à recusa do registo da marca quando haja um elemento valorativo de conexão do produto com a localidade ou região, e não uma mera referência à localidade ou região que, neste caso, é irrelevante, por não haver falsa indicação de proveniência" *(BMJ* 194.º, p. 263). Por nossa banda, cremos que é necessário ir mais longe (ou mais fundo) na proibição do engano, recusando o registo de marcas constituídas por nomes de lugares conhecidos (por exemplo, *Champs Elysées, Arc de Triomphe),* e destinados a contradistinguir produtos (por exemplo, *charutos, cigarros, cigarrilhas)* que, dada a sua natureza, os consumidores possam razoavelmente supor ou acreditar terem sido fabricados no lugar que é indicado (Paris e, de um modo geral, a França são, decerto, lugares de produção de charutos, cigarros e cigarrilhas). As marcas assim constituídas são, também elas, susceptíveis de induzir em erro os consumidores (com o consequente "falseamento do jogo da concorrência", que é precisamente o que se pretende evitar com a afirmação do princípio da verdade): aquisição de um produto, julgando que o lugar da sua produção é aquele que a marca indica, mas que, na realidade provém de um lugar diferente, sendo certo que, sem essa falsa aparência (obviamente com *impacto publicitário)* criada pela marca, a opção poderia bem ter sido por um produto concorrente. Na tentativa de "tornar" estas marcas, falaciosas em si mesmas, em marcas verdadeiras recorre-se, com frequência, a *aditamentos* que indicam a verdadeira proveniência do produto. Do mesmo modo que a marca, em si mesma verdadeira, não passa a ser considerada deceptiva por o seu titular a fazer acompanhar de indicações erróneas (por exemplo, na embalagem dos respectivos produtos) — assim ensina FERRER CORREIA, *ob. cit.,* p. 189, nota (3) —, também a marca, em si mesma deceptiva, não passa a ser verdadeira só porque aparece acompanhada de indicações verídicas.

O alargamento, que assim fazemos, da proibição das marcas (individuais) geográficas é, pois, um simples corolário do princípio da verdade. Por isso, ainda que se continue a entender, na esteira dos acórdãos do Supremo Tribunal de Justiça, de 20 de Fevereiro de 1970, e de 30 de Janeiro de 1985, que a norma do art. 93.º, n.º 11.º, só contempla a hipótese de a marca registanda conter o nome de um lugar que, por si, *caracteriza* e *recomenda* os produtos em causa aos olhos da clientela *(indicação de proveniência em sentido próprio),* sempre se terá de recusar o registo de marcas compostas por *nomes geográficos que, pelo seu impacto publicitário, recomendem os produtos* (embora os não caracterizem), como acontecerá se o nome geográfico em causa for (como tal) conhecido e se, dada a natureza dos produtos, os consumidores puderem razoavelmente supor que o seu lugar de produção é aquele que a marca indica. Sendo estas marcas um "instrumento" de *publicidade enganosa,* e porque esta não é proibida por causa do art. 93.º, n.º 11.º — ao invés, é o princípio da verdade *(na concorrência)* que justifica essa norma — é evidente que a proibição de tais marcas não pode ser prejudicada pela interpretação restritiva daquele preceito. Não se ignora, é claro, que a norma do n.º 6.º do art. 212.º só "tipifica" como acto de concorrência desleal o uso de "falsas indicações de proveniência, de localidade, região

III. A insusceptibilidade de registo das marcas genéricas e das marcas *exclusivamente* compostas por indicações descritivas, que já decorre do corpo do art. 79.° e da 1ª parte do seu §1.°, respectivamente, é claramente afirmada no corpo do art. 93.°;

---

ou território (…), seja qual for o modo adoptado". Dada a similitude entre esta norma e a do referido n.° 11 do art. 93.°, poder-se-á ser tentado a interpretar aquele preceito também de forma restritiva e, consequentemente, a defender que, à luz dele, só é proibido como *acto de concorrência desleal,* o uso de um nome geográfico que for considerado uma *indicação de proveniência em sentido próprio.* Isso não significa, porém, que tenhamos que concluir pela lealdade dessa conduta. A sua *deslealdade* ou, se preferirmos, a sua *ilicitude* fundar-se-á então na *cláusula geral* do próprio art. 212.° cujo conteúdo se não esgota nos actos de concorrência *expressamente proibidos* nos vários números desse artigo (sobre as consequências deste entendimento, cfr. ORLANDO DE CARVALHO, *ob. cit.,* p. 87, nota 48; convirá também notar que a possibilidade de recusa do registo de marcas com fundamento na disciplina da concorrência desleal está expressamente prevista no art. 187.°, n.° 4 — sobre o sentido deste preceito, cfr. FERRER CORREIA, "Propriedade Industrial. Registo de nome de estabelecimento. Concorrência desleal", in *Estudos de Direito Civil, Comercial e Criminal,* Almedina, Coimbra, 1985, p. 235 s.). Aliás, este alargamento do âmbito de proibição da publicidade enganosa pelo recurso à cláusula geral do art. 212.° pode ser hoje confortado com o disposto no art. 11.° do Código da Publicidade, aprovado pelo Decreto--lei n.° 330/90, de 23 de Outubro, que proíbe "toda a publicidade que, por qualquer forma, incluindo a sua apresentação, e devido ao seu carácter enganador, induza ou seja susceptível de induzir em erro os seus destinatários *ou possa prejudicar um concorrente»;* assim reza o n.° 1 do referido artigo. Mais significativo, para o caso que agora nos ocupa — uso de um nome geográfico que, pelo seu *impacto publicitário,* é susceptível de induzir em erro o consumidor sobre o lugar de produção dos produtos —, é, porém, o n.° 2, alínea *a):* "Para se determinar se uma mensagem é enganosa devem ter-se em conta todos os seus elementos e, nomeadamente, *todas as indicações que digam respeito* às características dos bens ou serviços, tais como a sua disponibilidade, natureza, execução, composição, modo e data de fabrico ou de prestação, sua adequação, utilizações, quantidade, especificações, *origem geográfica* ou comercial, resultados que podem ser esperados da utilização ou ainda resultados e características essenciais dos testes ou controlos efectuados sobre bens ou serviços".

aí se lê, com efeito, que deve ser recusado o registo das marcas que contrariem o disposto nos arts. 76.º a 79.º e seus parágrafos. Mas a lei não se limita a afirmar a insusceptibilidade de registo dessas marcas. Segundo o art. 122.º, 2.º, o registo da marca poderá ser anulado "se na concessão se houver infringido o disposto no artigo 93.º". Dado que o corpo desta norma, como se acabou de ver, refere expressamente o art. 79.º e os seus parágrafos, só resta concluir que o registo de marcas genéricas e de marcas exclusivamente compostas por indicações descritivas (marcas descritivas) está sujeito àquela mesma sanção.

Mas será que a nulidade que atinge o registo de tais marcas pode ser sanada pelo decurso do tempo? Perguntando de outro modo: Podem as marcas genéricas e as marcas descritivas, que tenham sido objecto de registo, tornar-se *incontestáveis?*

O Professor FERRER CORREIA, nas suas Lições de Direito Comercial, já se confrontou com esta questão, tendo escrito o seguinte: "O registo, apesar de constitutivo, não sana os vícios de que a marca porventura enferme. As acções de anulação, exceptuando o caso de má-fé, deverão ser intentadas (...) no prazo de três anos [hoje, 5 anos, por força da alteração introduzida no art. 123.º pelo Decreto-Lei n.º 27/84, de 18 de Janeiro[15]] a contar da data do despacho de concessão do registo". Isto dito, logo se acrescenta: *"Talvez deva entender-se, no entanto, que este prazo de caducidade é inaplicável ao registo de marcas que não preencham os requisitos de existência como sinais diferenciadores, nomeadamente o da eficácia distintiva.* Aqui, com efeito, não se trata em bom rigor de marcas irregularmente constituídas, mas antes de sinais que não chegam a preencher o conceito de marca. Ora não parece razoável que, passado o prazo de impugnação referido na lei, tais sinais devam ser protegidos como sinais distintivos, apesar de não terem a virtualidade sufi-

---

[15] Cfr. *infra*, nota 17.

ciente para distinguir os produtos a que se apliquem de outros do mesmo género ou semelhantes"[16].

O trecho transcrito dá conta da dúvida que o Mestre de Coimbra tinha sobre a aplicação do art. 123.°, § 1.°, às marcas genéricas e às marcas exclusivamente compostas por indicações descritivas. Para desfazer essa dúvida, urge começar pela análise da *(má)* história do art. 123.°. Como é sabido, o actual Código da Propriedade Industrial foi aprovado pelo Decreto n.° 30679, de 24 de Agosto de 1940, o qual veio regulamentar a Lei n.° 1972, de 21 de Junho de 1938, que estabeleceu as bases da Propriedade Industrial. No seu artigo 45.°, esta última lei dispõe o seguinte:

"Pode a requerimento do interessado ser recusado o pedido de registo ou *anulado o registo de marca* que, no todo ou em parte essencial, constitua reprodução, imitação ou tradução de outra notoriamente conhecida como pertencente a cidadão de outro país da União, se for aplicada a produtos idênticos ou semelhantes e com ela possa confundir-se.

§ 1.° *A anulação pode ser pedida dentro do prazo de três anos,* a contar da data do registo; mas o direito de pedir a anulação de marca registada de má-fé não prescreve.

§ 2.° Os interessados na recusa ou anulação das marcas a que se refere o presente artigo só poderão gozar dos benefícios nele consignados, quando provem ter requerido o registo da marca que dá origem à reclamação."

É claro, a todas as luzes, que este preceito, pelo qual o nosso legislador deu cumprimento ao disposto no art. 6.°-*bis* da Convenção de Paris para a Protecção da Propriedade Industrial, de 20 de Março de 1883[17], só é aplicável à hipótese de ter sido registada, em

---

[16] *Ob. cit.,* p. 202 (sublinhados acrescentados).

[17] Esse preceito dispõe, actualmente, o seguinte:

"1) Os países da União comprometem-se a recusar ou invalidar, quer oficiosamente, se a lei do país o permitir, quer a pedido de quem

Portugal, uma marca aqui notoriamente conhecida como pertencente a cidadão de outro país da União. E, por ser assim, bem se compreende que, para além do referido art. 45.º, haja um outro preceito na Lei n.º 1972 que se ocupa da nulidade do registo da marca, naturalmente aplicável às restantes hipóteses previstas nessa mesma Lei[18], em que o registo, devendo ser recusa-

nisso tiver interesse, o registo e a proibir o uso de marca de fábrica ou de comércio que constitua reprodução, imitação ou tradução, susceptíveis de estabelecer confusão, de uma marca que a autoridade competente do país do registo ou do uso considere que nele é notoriamente conhecida como sendo já marca de uma pessoa a quem a presente convenção aproveita e utilizada para produtos idênticos ou semelhantes. O mesmo sucederá quando a parte essencial da marca constituir reprodução de marca notoriamente conhecida ou imitação susceptível de constituir confusão com esta.

2) Deverá ser concedido um prazo mínimo de cinco anos, a contar da data do registo, para requerer a anulação do registo de tal marca. Os países da União têm a faculdade de prever um prazo dentro do qual deverá ser requerida a proibição de uso.

3) Não será fixado prazo para requerer a anulação ou a proibição de uso de marcas registadas ou utilizadas de má-fé."

Na sua versão originária, que era aquela que vigorava à data da promulgação da Lei n.º 1972, o prazo fixado na alínea 2) deste artigo da CUP era de 3 anos. Por conseguinte, era este o prazo que também era fixado no § 1.º do art. 45.º daquela Lei. Posteriormente (na reunião de Lisboa de 1958), o prazo da alínea 2) do art. 6.º-*bis* CUP foi alargado para 5 anos, o que motivou a alteração do art. 123.º, § 1.º.

[18] Desde logo, no § 1.º do art. 49.º, que reza: "Não satisfazem às condições deste artigo as marcas exclusivamente compostas de sinais ou indicações que possam servir no comércio para designar a espécie, a qualidade, a quantidade, o destino, o valor, o lugar de origem dos produtos ou a época da produção, ou que se tiverem tornado usuais na linguagem corrente ou nos hábitos leais e constantes do comércio". Dever-se-á notar que o § 1.º do art. 79.º reproduz, *ipsis verbis,* este texto, tal como o corpo desse artigo do Código reproduz o corpo do referido art. 49.º da Lei n.º 1972. Por outro lado, importa também ter presente que o art. 93.º é uma cópia do art. 50.º daquela mesma lei.

do, viesse a ser (indevidamente) concedido. Referimo-nos ao § 6.º do art. 48.º, no qual se lê: *"Durante a vigência do registo de qualquer marca, reconhecendo-se que este foi feito ilegalmente,* deverá a Repartição da Propriedade Industrial intentar acção anulatória por intermédio do Ministério Público, podendo as pessoas interessadas intervir como assistentes."* Cotejando este preceito com aqueloutro do art. 45.º, fácil se torna concluir que a doutrina de cada um deles é diferente, e até *antinómica.* O preceito do art. 45.º — que, repete-se, *só* é aplicável ao registo de marca notoriamente conhecida como pertencente a cidadão de outro país da União — admite que esse registo, se for obtido de boa-fé, começando por ser susceptível de anulação, se *convalide* (ou *consolide)* por efeito do decurso do tempo (três anos, na versão originária, cinco anos, depois da alteração introduzida no § 1.º do art. 123.º[19]). Por seu turno, o § 6.º do art. 48.º prevê, para as restantes hipóteses de concessão ilegal do registo, um regime de *nulidade absoluta e insanável,* por isso que a correspondente "acção anulatória" pode ser intentada sem limite de prazo, tão-pouco se tutelando a (eventual) boa-fé do registante.

Pois bem. Olhemos agora para o art. 123.º, cuja redacção é a seguinte:

"A nulidade do registo só pode resultar de sentença judicial, que será registada no Instituto Nacional da Propriedade Industrial, em presença de certidão junta ao processo pelo interessado e depois publicada no *Boletim.*

§ 1.º As acções competentes poderão ser propostas dentro do prazo de 5 anos a contar da data do despacho de concessão do registo por quem tiver interesse directo na sua anulação.

§ 2.º O direito de pedir a anulação de marca registada de má--fé não prescreve.

§ 3.º Durante a vigência do registo de qualquer marca, reconhecendo-se que este foi feito ilegalmente, deverá o Instituto Na-

---

[19] Cfr. *supra,* nota 17.

cional da Propriedade Industrial propor superiormente que se intente acção anulatória, por intermédio do Ministério Público, podendo as pessoas interessadas intervir com assistentes.

§ 4.° (...)".

Como é fácil de ver, o § 3.° deste artigo reproduz, no essencial, o § 6.° do art. 48.° da Lei n.° 1972. O que significa que o legislador, *ao regulamentar* aquela Lei, continuou a admitir que, em certos casos, o registo da marca, sendo feito ilegalmente, está sujeito a um regime de *nulidade absoluta e insanável* (cfr. *supra*, o que dissemos sobre a doutrina do referido § 6.° do art. 48.° da Lei n.° 1972). Esses casos são, precisamente, todos aqueles que, no quadro dessa mesma Lei, não estavam sujeitos ao regime especial de nulidade, fixado pelo seu art. 45.°. Ora, este preceito, como vimos, *só* estatuía para a hipótese de "registo de marca que, no todo ou em parte essencial, constitua reprodução, imitação ou tradução de outra notoriamente conhecida como pertencente a cidadão de outro país da União, se for aplicada a produtos idênticos ou semelhantes e com ela possa confundir-se". Deste modo, só resta concluir que os parágrafos 1.° e 2.° do art. 123.°, exactamente porque correspondem ao referido art. 45.°, *são apenas aplicáveis a essa mesma hipótese*[20].

---

[20] O entendimento da jurisprudência tem sido, porém, diferente; cfr., por exemplo, o acórdão do Supremo Tribunal de Justiça, de 27 de Março de 1953 *(BMJ,* n.° 36, p. 372 s.), os acórdãos da Relação de Lisboa, de 8 de Julho de 1959 *(JR,* ano 5.°, tomo I, p. 655), e de 10 de Fevereiro de 1960 *(JR,* ano 6.°, tomo I, p. 61 s.), e o acórdão da Relação do Porto, de 7 de Fevereiro de 1962 *(JR,* ano 8.°, tomo I, p. 141 s.). No mesmo sentido, e mais recentemente, pode ainda ver-se o acórdão do Supremo Tribunal de Justiça, de 27 de Maio de 1986 (cfr. *BMJ,* 357.°, p. 459 s); discutiu-se aí a validade de uma marca registada para "convectores de água quente, convectores a vapor, convectores eléctricos, irradiadores, humidificadores, termoventiladores e condicionadores de ar", e que era "constituída por um rectângulo de cor escura — normalmente vermelho — com as letras da palavra CLIMA, a branco, no seu interior". Seguindo a opinião das instâncias, o nosso mais alto Tribunal considerou que

aquela palavra "não deveria, nem poderia ser usada e apropriada como marca, e gozar da protecção da propriedade industrial". Isto porque se tratava de uma *indicação descritiva* — concretamente, sobre o *destino* (ou finalidade) dos respectivos produtos (que era o de "'climatização, de modo a condicionarem temperatura e humidade ambiente") — e, por conseguinte, insusceptível de registo, por força da 1ª parte do § 1.º do art. 79.º. Neste aspecto, o acórdão colhe o nosso aplauso; não deixaremos contudo de observar que aquela norma do Código da Propriedade Industrial só proíbe o registo das marcas *exclusivamente* compostas por indicações descritivas, sendo certo que, no caso *sub-judice,* a marca apresentava algo mais: um rectângulo de cor escura — normalmente vermelho —, no interior do qual aparecia a palavra CLIMA. Todavia como esse outro sinal (o rectângulo, entenda-se), *por si só,* não tem capacidade distintiva (cfr. *supra,* nota 13), o que relevava na marca era *apenas* a presença de uma indicação descritiva, insusceptível de apropriação em exclusivo por se afirmar a necessidade da sua preservação *("Freihaltebedürfnis")* — em certa medida a situação era análoga a esta outra: a de uma marca que integrasse uma *indicação descritiva,* por exemplo, o nome do lugar de produção dos respectivos produtos, acompanhada da *denominação genérica* dos mesmos. Feita a observação, importa continuar a análise do acórdão, mas agora para afirmarmos, muito respeitosamente, é claro, a nossa discordância em relação ao modo como o caso foi decidido. Depois de se ter concluído que a marca "Clima" era descritiva e que, por ser assim, na concessão do respectivo registo, se havia infringido o art. 93.º (que também remete para os parágrafos do art. 79.º), o Supremo não deixa de considerar a *invalidade* desse registo; porém, considera, outrossim, que o uso da respectiva acção anulatória já tinha *caducado* (cfr. a seguir, nesta nota), pelo decurso dos 5 anos do inerente prazo — artigo 123.º, § 3.º, do Código da Propriedade Industrial. [A referência ao § 3.º do art. 123.º, só pode ser entendida como um lapso; a norma que estabelece o prazo de "caducidade" para as acções anulatórias é, como todos sabemos, a do § 1.º desse mesmo artigo.] Ou seja, o Supremo defende a aplicabilidade dos parágrafos 1.º e 2.º do art. 123.º a todos os casos em que o registo seja feito ilegalmente e, nessa medida, também admite *a convalidação de todos os registos* que tenham sido obtidos com infracção ao disposto no art. 93.º (cfr. art. 122.º, 2.º)! Por nossa banda, entendemos que o âmbito de aplicação dos parágrafos 1.º e 2.º do art. 123.º é muito mais restrito — esses parágrafos só são aplicáveis à hipótese do n.º 4.º do art. 122.º, ou seja, à acção

Esta interpretação do art. 123.°, sendo imposta pela necessidade da sua *compatibilização* com a Lei n.° 1972 — tenha-se presente que, nos termos do art. 1.° desta Lei, o Governo, tendo ficado autorizado a elaborar e publicar o Código da Propriedade Industrial, *estava obrigado a fazê-lo de harmonia com as bases constantes*

---

de anulação do registo de uma marca que é notoriamente conhecida em Portugal como pertencente a cidadão de outro país da União (cfr. adiante, no texto, mais desenvolvidamente).

Aliás, os Senhores Conselheiros não deixaram de minorar os efeitos desse seu entendimento, que conduz à afirmação da *prescritibilidade* das acções de anulação dos registos de marcas descritivas (... e também, por exemplo, das marcas genéricas, das marcas deceptivas, das marcas contrárias à ordem pública); aceitando a convalidação do registo da marca (descritiva) "Clima" — em consequência, repete-se, da aplicação ao caso do § 1.° do art. 123.° —, consideraram, porém, que o seu titular estava impedido de invocar o correspondente direito para obstar ao *uso,* por banda de um seu concorrente, da denominação "Tep-Clima — Técnica de Indústrias Térmicas, SCRL", e da palavra CLIMA, que era apresentada "num rectângulo a cor escura — vermelho no seu interior —, separando as letras TEP, da denominação, da palavra CLIMA, encerrando a designação TEP dentro de um trapézio a preto". Para fundamentar essa solução, invocou-se o *abuso de direito* (art. 334.° do Código Civil). Autora e ré ficaram, assim, ambas a ganhar: a primeira manteve a titularidade do registo de uma marca, que deveria ter sido declarado nulo, nos termos do § 3.° do art. 123.° (cfr. a seguir no texto); a ré continuou a poder usar os seus sinais distintivos, sem constrangimento de qualquer espécie, mesmo aquele que se prende com a necessidade de evitar riscos de confusão com a actividade e/ou os produtos da autora. Mas, para que autora e ré ficassem a ganhar, os interesses dos consumidores, na medida em que a tutela contra riscos de confusão lhes aproveita, foram desprezados.

Sobre o presente acórdão do Supremo Tribunal de Justiça, apenas mais uma nota, que se prende com a *natureza* do prazo do § 1.° do art. 123.°. Quanto a este aspecto, o Supremo mantém-se fiel à sua anterior posição, expressa no acórdão de 9 de Fevereiro de 1981 *(BMJ,* n.° 204, p. 168 s.), considerando que se trata de um prazo de caducidade. Em anotação a este aresto, VAZ SERRA, por seu turno, parece entender que se trata de um prazo que tem uma *natureza mista* de prescricional e de caducidade (cfr. *RLJ,* ano 105.°, p. 25 s.).

dos vários artigos dessa mesma lei —, é também a única que obsta à insanável contradição entre os parágrafos 1.° e 2.°, por um lado, e o parágrafo 3.°, por outro lado. Imagine-se, por um instante, que o regime daqueles dois primeiros parágrafos era aplicável, por exemplo, ao caso do registo de uma marca que *imitava* outra *anteriormente registada, para produtos semelhantes.* Não havendo identidade total entre as duas marcas, nem total identidade merceológica, pois que os produtos não eram os mesmos, não se podia excluir a boa-fé do segundo registante. Na verdade, a *publicidade* a que a lei sujeita a concessão do registo da marca (cfr., nomeadamente, arts. 287.°, alínea *c)* e 238.°) só não permite hipotizar a boa-fé do titular do registo posterior quando a marca é totalmente idêntica a outra anteriormente registada, sendo os produtos os mesmos. Dizendo de outra maneira, se não existir total identidade dos sinais e dos âmbitos merceológicos, não se pode excluir que o segundo registante, embora não possa desconhecer o registo da marca anterior — a publicidade de que fora objecto a concessão desse registo obstaria a isso —, tenha requerido (e obtido) o registo da marca ignorando que, ao fazê-lo, estava a lesar um direito de outrem. Pois bem. Estando em causa um registo obtido de boa-fé, teríamos necessariamente que admitir a sua convalidação, nos termos do § 1.° do art. 123.°. Apesar de o registo se ter convalidado, a sua validade continuaria, ainda assim, a poder ser contestada! Na verdade, porque se tratava de um registo *feito ilegalmente* — concretamente, violação do art. 93.°, n.° 12.° —, *deveria* o Instituto Nacional da Propriedade Industrial propor superiormente que se intentasse a correspondente "acção anulatória", por intermédio do Ministério Público, *não havendo para o efeito qualquer prazo, e sem que importasse a boa-fé do registante da marca.* Tudo isto assim, por força do § 3.° do art. 123.°.

Contra o alargamento do regime de invalidade da marca, previsto no art. 123.°, parágrafos 1.° e 2.°, a todos os casos em que o respectivo registo foi feito ilegalmente, podem ainda ser invocadas razões de outra ordem. Como é sabido, a autoridade administrativa nacional, quando confrontada com um pedido de registo de marca confundível com outra notoriamente conhecida como pertencente a cidadão de outro país da União, e destinada a contradistinguir os mesmos produtos ou produtos afins, só pode recusar esse pedido de registo se houver um requerimento do interessado nesse sentido (art. 95.°). Na falta desse requerimento, a marca será, pois, registada a favor do terceiro — supondo, é claro, que não há qualquer outro motivo de recusa do registo —, não podendo, tão-pouco, falar-se, neste caso, de um registo feito ilegalmente, pois que não havia qualquer registo de marca anterior confundível.

Por outro lado, é também inquestionável que a autoridade administrativa nacional, porque não podia recusar *ex-officio* esse pedido de registo[21], uma vez feito o registo, também não tem competência para "propor superiormente que se intente acção

---

[21] A mais de não poder recusar oficiosamente o pedido de registo, a autoridade administrativa nacional, para o recusar, não se pode bastar com o requerimento nesse sentido, feito pelo "cidadão de outro país da União", ao qual pertence a marca notoriamente conhecida; nos termos do § único do art. 95.°, este último terá ainda de provar que já requereu o registo dessa marca em Portugal.

Como ensinava PINTO COELHO (cfr. *RLJ*, ano 84.°, p. 162 s.), a notoriedade, de que a marca há-de gozar em Portugal para lograr a protecção do art. 95.° (ou, se for esse o caso, do art. 122.°, n.° 4.°), não pressupõe o seu uso no mercado português, ou seja, a concretização de experiências aquisitivas dos produtos (ou serviços) que a marca contradistingue, pelos consumidores nacionais, nesse mesmo mercado; com efeito, essa notoriedade — que tem de ser apreciada a partir da opinião dos industriais e/ou comerciantes portugueses, que sejam concorrentes (directos ou indirectos) do titular da marca, e também da opinião dos consumidores nacionais dos respectivos produtos ou serviços (desses consumidores, e não da generalidade do público, como é exigido para que a marca possa ser considerada *célebre*; cfr. *infra*, nota 89) — pode ser alcançada, por assim dizer, de uma maneira indirecta: anúncios da marca, publicados em revistas e jornais estrangeiros, mas com grande divulgação em Portugal *(maxime* nos círculos que foram referidos); publicidade feita em

A "Vulgarização" da Marca na Directiva 89/104/CEE 61

televisões estrangeiras, cujas emissões são captadas entre nós; grandes competições desportivas ou de outra índole, realizadas no estrangeiro, e que são transmitidas pelas televisões portuguesas, etc.. A tutela da marca, nesta segunda hipótese, em que a sua notoriedade em Portugal não assenta no uso, colhe plena justificação. Desde logo, essa (espécie de) notoriedade não deixa de preencher um dos requisitos tidos em vista com a exigência do registo: impossibilidade de os terceiros invocarem desconhecimento da anterior apropriação do sinal. Acresce que, segundo a nossa lei, o registo é suficiente para a obtenção do direito sobre a marca; neste sentido, depõem, desde logo, os arts. 86.º e 87.º, dos quais resulta que o requerente do registo — que, aliás, pode não ser empresário (cfr. o corpo do art. 76.º, na redacção introduzida pelo Decreto-Lei n.º 40/87, de 27 de Fevereiro) — não tem que enviar *espécimes* dos produtos que pretende contradistinguir com a marca registanda; consequentemente, nada obsta a que um empresário português — ou qualquer outro cidadão nacional que, não sendo empresário, nisso tiver legítimo interesse (cfr. o referido art. 76.º) — obtenha o direito (e a consequente tutela) sobre uma marca *só* porque esta se tornou *conhecida pelo seu* (processo de) *registo,* é dizer, sem nunca dela ter feito uso, exactamente porque (ainda) não fabricou ou comercializou os bens para os quais solicitou esse registo (o único limite à possibilidade, que assim se abre, de "açambarcamento de marcas", digamos assim, que, sendo conhecidas, nunca foram nem viriam a ser usadas, encontramo-lo no art. 124.º, n.º 3 — caducidade do registo da marca por não uso durante três anos consecutivos, salvo caso de força maior devidamente justificado; cfr. também, hoje, os arts. 1.º e 2.º do Decreto--Lei n.º 176/80, de 30 de Maio, e, na doutrina, M. Oehen Mendes, "Breve apreciação e desenvolvimento do direito industrial em Portugal no último decénio", in *ADI*, 8, 1982, p. 95 s., e Oliveira Ascensão, *ob. cit.,* p. 180 s.). Desta sorte, poder-se-á mesmo dizer que uma interpretação restritiva do conceito de notoriedade, que condicionasse esta ao uso da marca em Portugal por banda do seu titular, redundaria numa violação do *princípio da igualdade de tratamento,* consagrado no art. 2.º da CUP. Por via de uma tal interpretação, vistas bem as coisas, o pressuposto de tutela da marca *não seria a notoriedade, mas o uso que dela fosse fonte* ou, dizendo de outra maneira, a marca do "cidadão de outro país da União" não seria protegida em Portugal por se haver tornado notoriamente conhecida no nosso país, mas por ter sido nele usada, ao ponto de adquirir esse estatuto de notoriedade; já quanto às marcas dos cidadãos nacionais, para que sejam protegidas, não se exige que tenham sido usadas, bastando que se tenham tornado conhecidas (através do registo, já se vê). A *discriminação* dos "cidadãos de outros países da União" face aos cidadãos nacionais, que assim seria criada, tão-pouco podia ser "compensada" com a *vantagem* que advém aos primeiros do facto de a nossa lei não proteger as marcas notoriamente conhecidas como pertencentes a cidadãos nacionais *("discrimination à rebours");* se a eliminação das discriminações deste segundo tipo é tarefa que o legislador nacional pode assumir sem constrangimentos, mormente do direito da Convenção, já por força deste mesmo direito está excluído que possam ser feitas discriminações dos "cidadãos de outros países da União" face aos nacionais.

Acolhendo-se um conceito amplo de notoriedade, que não supõe o uso da marca em Portugal por banda do seu *titular* — dizemos agora assim, para acentuar (na esteira, aliás, de J. PATRÍCIO PAÚL, *Concorrência desleal,* Coimbra, 1965, p. 59 s., JUSTINO CRUZ, *ob. cit.,* p. 255 s., e OLIVEIRA ASCENSÃO, *ob. cit.,* p. 169 s.) que o "cidadão unionista" só pode invocar a protecção para a marca que é notoriamente conhecida em Portugal como sua, nos termos do art. 95.º (e também do art. 122.º, n.º 4.º), se essa marca estiver registada no "país de origem", supondo, é claro, que neste país o registo funciona como condição da sua protecção (em sentido contrário, cfr. PINTO COELHO, *RLJ,* cit., p. 131 s.) —, bem se compreende que a autoridade administrativa nacional não possa recusar oficiosamente o pedido de registo, feito por terceiro (cidadão nacional, as mais das vezes), de marca igual ou confundível para contradistinguir os mesmos produtos ou produtos afins; se não fosse assim, correr-se-ia o risco de, em prejuízo dos empresários portugueses (e, reflexamente, da economia nacional), dispensar tutela a uma marca que, por *desinteresse do seu titular em relação ao mercado português,* nunca viria a ser usada em Portugal. Condicionando-se a recusa do pedido de registo, feito por terceiro, ao requerimento do titular da marca notoriamente conhecida, este está, pois, obrigado a manifestar o seu interesse em continuar ou, quando menos, em passar a usar — este segundo termo da alternativa tem obviamente a ver com a hipótese em que a notoriedade da marca não assenta no seu uso — essa marca no mercado português. A exigência da manifestação desse interesse não seria, contudo, suficiente para obstar a que a tutela da marca notoriamente conhecida ganhasse foros de "latifúndio mercantil, sem qualquer garantia de exploração efectiva e podendo estender-se 'per omnia saecula saeculorum'" — estas são palavras de ORLANDO DE CAR-VALHO, usadas na sua anotação ao acórdão do Supremo Tribunal de Justiça, de 11 de Dezembro de 1979, para criticar a opinião dos autores que, para a tutela do nome comercial estrangeiro em Portugal, se bastavam com o registo do sinal no país de origem (cfr. *RLJ,* ano 113.°, p. 291). Com efeito, depois de se ter oposto com êxito à concessão do registo pedido pelo terceiro (empresário nacional, as mais das vezes), o "cidadão unionista" poderia não concretizar o interesse que manifestara em passar (ou, se fosse esse o caso, em continuar) a usar a sua marca em Portugal, produzindo e/ou vendendo os respectivos produtos no mercado português. E é precisamente neste quadro que emerge a importância da outra condição de tutelabilidade da marca notoriamente conhecida como pertencente a cidadão de outro país da União, enunciada no § único do art. 95.° (e também no § único do art. 122.°); segundo este preceito, e como já se referiu, o titular dessa marca só pode opor-se ao pedido de registo de marca igual ou confundível para contradistinguir os mesmos produtos ou produtos afins, apresentado por terceiro, *se fizer prova de já ter requerido em Portugal o registo da marca que dá origem à reclamação.* Significa isto, afinal, que o "cidadão unionista", embora não tenha que ter a sua marca registada em Portugal no momento em que deduz oposição ao pedido de registo feito pelo terceiro — aliás, é essa circunstância que confere especificidade ao regime do art. 6.°-*bis* da CUP —, não pode dispensar-se de obter esse registo, sendo certo que, a partir do momento em que a marca notoriamente conhecida passa *(também)* a ser uma *marca registada,* o seu titular não pode permanecer eternamente "absentista", sem fruir da "reserva" que lhe foi assegurada (socorremo-nos de novo das palavras de ORLANDO DE CARVALHO, *RLJ cit., loc. cit.);* nos termos do art. 124.°, n.° 3.°, aplicado em conjugação com o disposto nos arts. 1.° e 2.° do Decreto-Lei n.° 176/80, de 30 de Maio, o não uso dessa marca (no mercado português, entenda-se), por banda do seu titular (ou por banda de um terceiro a quem conceda licença), durante três anos consecutivos, salvo caso de força maior devidamente justificado, implica a caducidade do respectivo registo, com a consequente perda do correspondente direito. [Note-se que a obrigatoriedade de o "cidadão unionista" obter o registo da sua marca em Portugal, para além de obstar a que se lhe atribua um *direito mais forte* do que aquele que emerge do próprio registo — e "direito mais forte", exactamente porque não estaria sujeito a qualquer "limite cronológico para o seu não uso ou abuso" (cfr. ORLANDO DE CARVALHO, *RLJ cit.,* p. 291) —, também arreda a possibilidade de se lhe atribuir um *direito menos oneroso:* não pagamento de quaisquer taxas de registo ou de renovação do mesmo (cfr. art. 124.°, n.° 2.°).]

Como é sabido, a circunstância de o titular da marca notoriamente conhecida não ter deduzido oposição ao pedido de registo feito por terceiro — por exemplo, porque dele não teve conhecimento, ou porque nesse momento (já ou ainda) não estava interessado no mercado português — ou, tendo deduzido essa oposição, não ter feito a prova de já ter requerido o registo dessa marca em Portugal, não significa que, obtido o registo, esse terceiro o obtenha de forma incontestável. E isto por força do já citado art. 122.º, n.º 4.º, que prevê a possibilidade de "ser anulado o registo de marca se esta, no todo ou em parte, constitui reprodução, imitação ou tradução de outra notoriamente conhecida como pertencendo a cidadão de outro país da União, se for aplicada a produtos idênticos ou semelhantes e com ela possa confundir-se." Para poder lançar mão deste outro meio (alternativo) de defesa da sua marca notoriamente conhecida em Portugal, o "cidadão unionista" está, também agora, obrigado a fazer a prova de que já requereu entre nós o registo dessa marca (cfr. § único do art. 122.º); repete-se, pois, a exigência do § único do art. 95.º — no quadro do § único do art. 122.º, essa exigência talvez deva mesmo ser entendida como uma *condição da acção* de anulação do registo feito por terceiro (sobre a distinção entre *condições da acção* e *pressupostos processuais,* cfr., entre nós, ANTUNES VARELA, MIGUEL BEZERRA e SAMPAIO E NORA, *Manual de Processo Civil,* Coimbra Editora, Coimbra, 1985, p. 104 s.) —, e, dessa forma, assegura-se que a marca notoriamente conhecida, cuja tutela deu azo à anulação de um registo anterior de marca confundível, passe a ser (também) uma marca registada, com as consequências que já foram referidas, e entre as quais avulta a obrigatoriedade do seu uso, sob pena de caducidade do respectivo registo.

Mas a similitude entre o art. 95.º e o art. 122.º, n.º 4.º, no que concerne às condições de tutelabilidade da marca notoriamente conhecida, não se cinge ao facto de, em ambos os casos, o seu titular estar obrigado a fazer a prova de já ter requerido o registo dessa marca em Portugal. Do mesmo jeito que a autoridade administrativa nacional, se não houver um requerimento nesse sentido do titular da marca notoriamente conhecida, não pode recusar o pedido de registo de marca confundível, está também excluído que essa mesma autoridade, feito esse registo, possa tomar a iniciativa de propor a sua anulação (cfr. o art. 123.º, § 3.º, v. tb. a seguir no texto). Na verdade, não faria sentido que, por um lado, para obstar ao registo de uma marca notoriamente conhecida, se não dispensasse o seu titular de manifestar o seu interesse no mercado português anulatória por intermédio do Ministério Público"[22] — e assim se afasta a possibilidade de aplicação do art. 123.°, § 3.°, ao registo de marca confundível com outra notoriamente conhecida. Essa acção — se a houver[23] —, e como decorre do § 1.° do art. 123.°, só pode ser intentada *por quem tiver interesse directo* na anulação do registo da marca confundível com outra notoriamente conhecida, ou seja, pelo titular desta marca. E isto é assim, independentemente da boa-fé ou da má-fé do registante. Porém, se o registo tiver sido obtido de boa-fé, a competente acção anulatória terá que ser interposta no prazo de cinco anos a contar da data do despacho da respectiva concessão (art. 123.°, § 1.°); já no caso de ter havido má--fé na obtenção do registo, o direito de pedir a sua anulação não prescreve (art. 123.°, § 2.°).

De outra maneira, bem diferente, se passam as coisas no caso de um pedido de registo de marca confundível com outra *anteriormente registada* para os mesmos produtos ou para produtos similares. Neste caso, e como decorre, desde logo, do art. 92.°, a autoridade administrativa *deverá recusar* esse novo registo, *sem estar condicionada pelo comportamento do titular da marca registada*. Se o registo, apesar de dever ter sido recusado (i.é., *oficiosamente recusado)*, tiver sido concedido, estaremos obviamente perante um *registo feito ilegalmente:* infracção ao disposto no art. 93.°, n.° 12.°, para o qual (também) se remete no art. 122.°, n.° 2. A invalidade desse registo é, pois, inquestionável, à luz do § 3.° do art. 123.°. E porque se trata de um registo que devia ter sido recusado pela autoridade administrativa

---

(cfr. *supra,* nesta nota), e, por outro lado, se aceitasse que, feito esse registo (a favor de um terceiro, entenda-se), a sua anulação não estava condicionada à manifestação desse mesmo interesse.

[22] Cfr. nota anterior.

[23] A existência ou inexistência dessa acção depende, de novo o dizemos, do interesse que o titular da marca notoriamente conhecida tenha no mercado português.

— *oficiosamente recusado,* entenda-se —, é essa mesma autoridade que *deve* propor superiormente que se intente a correspondente "acção anulatória" por intermédio do Ministério Público, podendo as pessoas interessadas intervir como assistentes.

Acrescente-se, a terminar este ponto, que o regime do § 3.º do art. 123.º é também aplicável — e nós já demonstrámos que, havendo lugar à aplicação desse regime, se não pode aplicar o dos parágrafos 1.º e 2.º do mesmo artigo — às restantes hipóteses em que o registo da marca, tendo sido concedido, devia ter sido recusado, por força do art. 93.º. Com efeito, também em todas essas hipóteses — incluindo, pois, aquela em que se registe uma *marca genérica* ou uma *marca descritiva* (cfr. o corpo do referido art. 93.º, e, *supra,* n.º III) — os registos serão feitos ilegalmente[24-25].

---

[24] A proibição de registo como marcas das denominações genéricas e das indicações descritivas, que se afirma no quadro do nosso actual direito, não significa, é claro, que as marcas, para serem válidas, tenham de ser constituídas por *denominações de fantasia* — palavras *engendradas* com o expresso propósito de serem usadas para contradistinguir produtos ou serviços (como exemplo conhecidos de todos, podem referir-se KODAK para artigos fotográficos, POLAROID para máquinas fotográficas e XEROX para fotocopiadores) —, ou por *denominações arbitrárias,* ou seja, por palavras de uso comum, mas que não têm qualquer relação, necessária ou normal, com os produtos que contradistinguem (referindo de novo apenas exemplos de marcas conhecidas: CAMEL/camelo para cigarros, SHELL/concha para combustíveis, APPLE/maçã para computadores pessoais). Entre essas duas situações extremas das marcas genéricas e das marcas descritivas, por um lado, e das marcas de fantasia e das marcas arbitrárias, por outro lado, depara-se-nos amiúde uma situação, diríamos, intermédia. Com efeito, é frequente os empresários recorrerem, para a composição das suas marcas, às chamadas *denominações sugestivas,* as quais, sem descrever o respectivo produto ou serviço, *sugerem* algumas das suas qualidades ou funções — fala-se então de *marcas sugestivas, significativas ou expressivas* (cfr., por ex., FERRER CORREIA, *ob. cit.,* p. 185 s.), que, em certos sectores merceológicos (por exemplo, produtos farmacêuticos), correspondem a uma prática maioritária.

É claro que é mais fácil distinguir as marcas sugestivas *(marcas falantes,* como alguns também dizem) das marcas genéricas do que das marcas descritivas; não sendo fácil, a distinção entre as marcas sugestivas e as marcas descritivas é, porém, de importância capital. As primeiras, como já vimos, são insusceptíveis de registo, sendo certo que, à luz do nosso direito actual, se for efectuado o registo de uma marca descritiva, a sua nulidade é absoluta e insanável. Quanto às marcas sugestivas — as mais das vezes constituídas a partir de indicações descritivas (ou mesmo de denominações genéricas), que aparecem mutiladas, ou que são objecto de outras modificações, através, por exemplo, de incorporação de sufixos ou prefixos —, a sua registabilidade não sofre contestação. Assim, pode dizer-se — aproveitando as palavras de um juiz norte-americano (concretamente, L. HAND, no caso *Franklin Knitting Mills, Inc. v. Fashionknitt Sweater Mills, Inc.,* S.D.N.Y. 1923, citado por McCARTHY, *ob. cit.,* vol. I, § 15.03) — que a validade da marca termina quando acaba a sugestão e começa a descrição. Mas como determinar esta fronteira? Para dar resposta a este quesito, a doutrina e a jurisprudência norte-americanas (cfr., por exemplo, McCARTHY, *ob. cit.,* § 11.05, e GILSON, *ob. cit.,* vol. I, vol. I, § 2.03, com abundantes referências jurisprudenciais) têm elaborado diversos critérios, que aqui apresentamos de modo sintético: *(i)* enquanto as denominações descritivas comunicam directamente ao consumidor as qualidades ou características do produto, as denominações sugestivas obrigam o consumidor a fazer uso da sua imaginação e da sua razão para relacionar a marca com o produto (na mesma linha, no que concerne ao direito alemão, cfr. BAUMBACH/HEFERMEHL, *ob. cit.,* § 4, *WZG,* nota 65, que dizem: "Sinais, que não descrevam directamente um produto, mas que só indirectamente aludem às suas qualidades ou destinação, podem ser susceptíveis de registo); *(ii)* uma denominação é descritiva de um produto, e não sugestiva, se os empresários do sector necessitam de a usar para descrever os seus produtos aos consumidores (cfr. *supra,* n.°s I e II); *(iii)* uma indicação é descritiva de um produto, e não sugestiva, se tem sido usada com frequência para designar produtos similares; *(iv)* de todo o modo, o carácter descritivo de uma denominação deve entender-se em sentido amplo».

Sendo hoje conhecida da generalidade das ordens jurídicas, a distinção entre marcas descritivas e marcas sugestivas — será agora o caso de lembrar que estas últimas, não obstante serem *conceptualmente fracas,* podem tornar-se *comercialmente fortes* (cfr. *supra,* nota 1) — representou, no quadro do direito norte-americano, uma resposta às *insuficiências* (do ponto de vista dos empresários, já se vê) do *Trademarke Act* de 1905. Segundo esta lei, só eram susceptíveis de registo as marcas *"inherently distinctive"*, ou seja, as marcas arbitrárias e as marcas de fantasia; proibido era, pois, o registo de marcas *"merely descriptive of the goods or their quality or character* ainda que, em consequência do seu uso, essas marcas tivessem adquirido *secondary meaning"* (cfr. McCARTHY, *ob. cit.*, vol. I, §§ 5.03 e 11.20 [2] sobre a teoria do *secondary meaning,* cfr. *infra,* n.° IV). Desta sorte — e como escreve McCARTHY, *ob.* e *loc. cits.* —, "when faced with marks that were on the bordeline between the descriptive and arbitrary categories, *the courts strained to uphold registrability by using the term 'suggestive'.* That is — acrescenta ainda o autor —, marks would be registered *as non- descriptive even if they were somewhat suggestive of some characteristic of the product"*. As insuficiências do *Trademark Act,* que estão na origem da *"descriptive-suggestive distinction"* — limitando o espectro dos sinais susceptíveis de monopolização, é óbvio que essa lei postergava o interesse *típico* dos empresários —, eram igualmente detectáveis no quadro do *common-law;* na verdade, em aplicação deste, só aos titulares das marcas "inherently distinctive" era concedida *"protection in an action for 'trademark infringement'"*, exactamente porque só as marcas desse tipo constituíam *"technical marks"*. "The protection of descriptive terms with secondary meaning — socorremo-nos de novo das palavras de McCARTHY, *ob. cit.*, vol. I. § 4.03[1] e § 11.20 [2] — was given under what was regarded *as a separate body of law — unfair competition — which was only gradually accepted later in time. Judges, straining to find tecnichal trademark infringement, had to have some label for marks that were not merely descriptive, but on the other hand, were not purely arbitrary or fanciful. Thus, the use of the term 'suggestive' arose"* (sublinhados acrescentados).

[25] O conceito de "marca genérica" não compreende apenas as denominações genéricas, diríamos, *puras;* nas palavras de McCARTHY, *ob. cit.*, vol. I, § 12.12 [2], "a misspelling of a generic name which does not change the generic significance to the buyer, is still generic". Eis alguns exemplos da jurisprudência norte-america (todos referidos por McCARTHY, *ob. cit., loc. cit.):* (i) o uso de "Al-kol on rubbing alcohol" foi considerado que não alterava a natureza genérica do termo *(American Druggists' Syndicate v. United States Industrial Alcohol Co.,* 55 App. D.C. 140, 2 F. 2d 942, 1924) *(ii)* SILVERBLU mink pelts (casacos de pele de marta) termo equivalente de "Silver Blue", um termo genérico no tráfico *(Midwest Fur Producers Assoc. v. Mutation Mink Breeders Assoc.,* 127 F. Supp. 217, 103 USPQ 389, 104 USPQ 144, D.C. Wis. 1955); *(iii)* SAFE T PLUG considerado o equivalente do termo genérico "safety plug" (tomada

de segurança) *(Harvey Hubbell, Inc. v. Dynamic Instrument Corp.,* 165 USPQ 412, TTAB 1970); *(iv)* LITE considerado o equivalente fonético do genérico "Ligth" para cerveja *(Miller Brewing Co. v. Heileman Brewing Co.,* 561 F.2d 75, 195 USPQ 281, 7th Cir. 1977); *(v)* GASKETAPE foi considerado equivalente do termo genérico "gasket tape" (fita de calafetagem?) *(In re sealol, Inc.,* 168 USPQ 320, TTAB 1970).

Por outro lado, convirá acentuar que as abreviaturas das denominações genéricas (e mesmo determinados acrónimos) podem igualmente ser insusceptíveis de registo. Com efeito, e como escreve McCARTHY, *ob. cit.,* vol. I, § 12.12 [1], "an abbreviation of a generic name which still conveys to the buyer the original generic connotation of the abbreviated name, is still 'generic'". Também a este propósito, a jurisprudência norte-americana oferece alguns exemplos deveras elucidativos: *(i)* a marca "B e B" ("B and B") para licor beneditino e *brandy* foi considerada descritiva e também uma abreviatura reconhecível da denominação genérica do licor *(Martell & Co. v. Société Anonyme de La Benedictine,* 28 CCPA 851, 116 F. 2d 516 48 USPQ 116, 1941); *(ii)* o termo "pvp" foi considerado ser a abreviatura reconhecível da denominação genérica "polyvinyl-pyrrolidone" *(In re General Aniline & Film Corp.,* 136 USPQ 306 TTAB, 1967); *(iii)* HOMO para leite homogeneizado foi considerado abreviatura da denominação genérica do produto *(Foremost Dairies, Inc. v. Borden Co.,* 156 USPQ 153 TTAB, 1967; *(iv)* o acrónimo MOGAS foi considerado genérico e, nessa medida, insusceptível de registo como marca para *"motor gasoline" (Exxon Corp. v. Motorgas Oil & Refining Corp.,* 219 USPQ 440, TTAB 1983). Uma abreviatura de uma denominação genérica (ou um acrónimo) pode, porém, ser susceptível de registo — sê-lo-á se assumir o carácter de um termo ou designação de fantasia, o que pressupõe, obviamente, que a abreviatura não seja reconhecível como tal (como abreviatura de uma denominação genérica, entenda--se); no caso *Anheuser-Busch, Inc. v. Stroh Brewery Co.* 750 F. 2d 631, 224 USPQ 657, 659 (decidido em 1984), "the Eighth Circuit", tendo considerado que "L.A." não era uma abreviatura genérica nem descritiva quando usada como sinal distintivo de *"low alcohol beer",* afirmou o seguinte: "The key issue, as the cases demonstrates, is the nature of the relationship or tie between the initials and the generic or descriptive phrase and the relationship or tie beween the ini-tials and the product ... [I]f some operation of the imagination is required to connect the initials with the product, the initials cannot be equated with the generic phrase but are suggestive in nature, thereby rendering them protectable". Numa decisão mais recente, um outro tribunal norte-americano — concretamente, "the Seventh Circuit" (no caso G. Heileman Brewing Co. v. Anheuser-Busch. Inc., 873 F. 2d 985, 10 USPQ2d 1801, 1989) — considerou que "'L.A' was a *descriptive abbreviation* for the descriptive words "Low alchol' for beer", tendo também observado: "Ordinarily, no flight of imagination or keen logical insight is required ... As a rule, no very extensive or complicated process of education or indoctrination is required to convey that initials stand for descriptive words ... [T]here is a heavy burden on a trademark claimant seeking to show an independent meaning of initials apart from the descriptive words which are their source ... [A]s a practical matter, initials do not usually differ significantly in their trademark role from the descriptive words that they represent" (cfr. McCARTHY, *ob. cit.*, vol. I, § 11.13). Neste quadro referência ainda para duas outras decisões de tribunais norte-americanas (entre as muitas que são citadas por McCARTHY, *ob. cit.*, vol. I, § 12.12 [1]: *(i)* "POLY not reconigzed abbreviation of polyethylene" *(Blisscraft of Hollywood v. United Plastics Co.,* 294 F. 2d 694, 131 USPQ 55, 2d Circ. 1961), *(ii)* "ALO is not the equivalent of the generic name ALOE for products made from the aloe plant" *(aloés* ou *azebres) (Aloe Creme Laboratories, Inc. v. Aloe 99, Inc.,* 188 USPQ 316 TTAB 1975).

As restrições postas à registabilidade das denominações genéricas, diríamos agora, *impuras (id est,* erradamente ortografadas) e das abreviaturas (e dos acrónimos) das próprias denominações genéricas, quando estas continuam a ser reconhecíveis, valem, *mutatis mutandis,* em relação às indicações descritivas. A casuística norte-americana é, também nesta matéria, deveras elucidativa. Numa sentença de 1911, que considerou a marca RUBEROID *(misspelling* de "Rubberoid") como descritiva para material de cobertura (de telhado?) *(roofing material),* a *Supreme Court* afirmou o seguinte: "The word, therefore is descriptive, not indicative of the origin or ownership of the goods; and being of that quality, we cannot admit that it loses such quality and becomes arbitrary by being misspeled. Bad orthography has not yet become so rare or so easily detected as to make a word the arbitrary sign of something else than its conventional meaning ..." Nesta mesma linha, poder-se-ão referir os seguintes casos de marcas consideradas descritivas: *(i)* DIOXOGEN (dioxygen) *(Oakland Chemical Co. v. Bookman,* 22 F2d 930, CCA2, 1927); *(ii)* EXTRORDINAIRE (extraordinaire) para preparados cosméticos *(Elizabeth Arden Sales Corp. v. Faberge, Inc.,* 304 F2d 891, CCPA,

A "Vulgarização" da Marca na Directiva 89/104/CEE   71

1962), *(iii)* JU-C e JU-SEE (juicy) para laranjas *(Penrith — Akers Mfg. Co. v. Ju-C Orange of America,* 182 F2d 211, CCPA 1950); *(iv)* LATHER KREEM (lather cream) para creme de barbear *(A. J. Krank Mfg. Co. v. Pabst,* 277 F 15, 18, CCA6, 1921), *(v)* LUSTA (Luster) para *Shampoo (Lusta-Foame Co. v. William Filene's Sons Co.,* 3 F2d 846, DC SNDY, 1923); *(vi)* RITE (write) para canetas e lápis *(Rite-Rite Mfg. Co. v. Rite Craft Co.,* 181 F2d 226, CCPA, 1950) (sobre estes e outros exemplos, cfr. CALMANN, *ob. cit.,* vol. III, § 18.06, p. 73 s.). Desta jurisprudência emerge a ideia segundo a qual as simples alterações gráficas, mais ou menos profundas das indicações descritivas são insusceptíveis, só por si, de as tornar susceptíveis de registo; exige-se que essas alterações tornem a respectiva indicação descritiva irreconhecível, o que pressupõe a inexistência de identidade ou semelhança fonética e também de sentido entre o termo assim "engendrado" e a própria indicação descritiva.

Na Alemanha, é também pacífico, desde há muito, que a proibição de registo das indicações descritivas e das denominações genéricas vale para os sinais imitantes de uma e outras *(angelehnte Zeichen;* cfr., por todos, BEYERLE, *ob. cit.,* p. 154 s.). Segundo a jurisprudência mais recente, dever-se-á, porém, distinguir entre os casos em que a *aproximação* do sinal a uma indicação descritiva (por comodidade de exposição deixaremos agora de lado as denominações genéricas) é casual ou fortuita e aqueloutros em que essa aproximção é, por assim dizer, pré-determinada, pois o sinal mais não é do que uma modificação *(Abwandlung)* da própria indicação descritiva. Nos casos do primeiro tipo, o sinal, apesar da sua semelhança gráfica e/ou fonética com uma qualquer indicação descritiva, não incorre na proibição de registo desta; assim, o *BGH,* na sua decisão de 23 de Maio de 1984 *(GRUR* 1984, p. 815 s.), considerou que a expressão "Indorektal", constituida pelas duas primeiras sílabas da palavra *"Indo*metacion" e pela palavra *"rektal",* era susceptível de registo — a sua semelhança (gráfica e fonética) com a expressão técnica "endorektal", que é descritiva, era meramente acidental. Cingindo a proibição de registo aos casos do segundo tipo, ou seja, aos casos de sinais que resultam de modificações de indicações descritivas, o *BGH* cuida, porém, de precisar que nem todos os sinais assim constituídos são insusceptíveis de registo; como se lê no acórdão de 18 de Abril de 1985 *(GRUR* 1985, p. 1053 s.), a proibição de registo das indicações descritivas é aplicável apenas *"ohne weiteres erkennbare, eng angelehnte Abwandlungen",* isto é, aos sinais, que são modificações de indicações descritivas, e nos quais o tráfico, sem qualquer reflexão, reconhece a própria indicação descritiva e que, portanto, são compreendidas como modificações dessa mesma indicação descritiva (cfr., por todos, BEYERLE, *ob. cit.*, p. 166 s.).

A registabilidade dos sinais que resultem de modificações de indicações descritivas, mas que, apresentando-se como delas distantes, têm suficiente particularidade e fantasia, por um lado, e dos sinais que, acidentalmente, se aproximam de uma indicação descritiva, por outro lado, não significa que os terceiros fiquem impedidos de usar essa mesma indicação descritiva. Segundo o § 16 *WZG*, o titular de uma marca, invocando o respectivo direito, só pode reagir contra o uso de uma indicação descrtiva com a qual a marca se confunde, se essa indicação descritiva for usada a título de marca *("warenzeichenmäßig")*. [Sabendo nós que, na Alemanha, em consequência da promulgação da Directiva 89/104/CEE, se prepara uma alteração à actual lei de marcas, julgamos que a solução do referido § 16 não transitará para a futura lei; o legislador teutónico há-de então *limitar* o direito à marca de outro modo *(mais vantajoso para o respectivo titular)*, em conformidade, aliás, com o art. 6.°, n.° 1, alínea *b)*, da Directiva, que dispõe: "O direito conferido pela marca não permite ao seu titular proibir a terceiros o uso, na vida comercial, de indicações relativas à espécie, à qualidade, à quantidade, ao destino, ao valor, à proveniência geográfica, à época de produção do produto ou da prestação do serviço ou a outras características dos produtos ou serviços, *desde que esse uso seja feito em conformidade com práticas honestas em matéria industrial ou comercial"*. Por força deste preceito, o terceiro que usa uma indicação descritiva a outro título que não de marca, ou, dizendo de outra maneira, que se socorre da indicação descritiva na função própria desta, poderá, ainda assim, ser proibido de a usar; para o efeito, bastará que esse uso seja susceptível de provocar risco de confusão com os produtos do titular da marca anteriormente registada, pois que, nesse caso, sempre se poderá dizer que a indicação descritiva *não é usada "em conformidade com [as] práticas honestas em matéria industrial ou comercial"*. Neste ponto reside, aliás, a diferença entre a doutrina do art. 6.°, n.° 1, alínea *b)*, da Directiva e a do § 16 da lei alemã, ainda em vigor (ao tempo em que escrevemos, note-se); este preceito só proibe aos terceiros o uso de uma indicação descritiva, igual ou confundível com uma marca anteriormente registada, se esse uso fosse *"warenzeichenmäßig"*; o art. 6.°, n.° 1, alínea *b)*, da Directiva vai mais longe (e, por isso, dissemos que ele é mais vantajoso para o titular da marca), visto que, em última instância, o que releva é a possibilidade

A "Vulgarização" da Marca na Directiva 89/104/CEE   73

de risco de confusão, e já não a que título é que o terceiro usa a indicação descritiva.]

Desconhecemos se os nossos tribunais já alguma vez foram confrontados com casos deste tipo. Ainda assim, permitimo-nos chamar a atenção para quatro marcas, que não sabemos se estão ou não registadas em Portugal e tão-pouco se, estando registadas, são de registo nacional ou internacional, mas que são objecto de publicidade no mercado português: a marca "GUD" para (concentrado de) sumo; a marca «VANTEC» para electrodomésticos; a marca "MILAGRO" para um produto de limpeza (de móveis); a marca "OQBOM" para refrigerantes.

Quanto à marca "Gud" trata-se, evidentemente, de um *misspelling* de *Good (Bom* em inglês). Ora, se fosse usada esta palavra portuguesa, estaríamos em presença de um termo *auto-laudatório,* i.é., de uma indicação descritiva (das qualidades ou excelências) de quaisquer produtos ou serviços (cfr. *supra,* nota 11) e, por isso mesmo, insusceptível de registo (cfr. art. 79.°, § 1.°, 1ª parte). E se, em vez da palavra *Bom,* fosse usado o seu equivalente em inglês, ou seja, a palavra *Good,* teríamos que chegar àquela mesma conclusão. E isto mesmo que aceitassemos que o consumidor médio português não conhece o significado lexical dessa palavra inglesa; numa tal hipótese, embora a marca assumisse carácter *arbitrário* ou *fantasioso,* tendo, pois, capacidade distintiva, sempre subsistiria o outro fundamento de recusa de registo das indicações descritivas — a necessidade da sua preservação, que, em casos como o descrito, tem a ver com as exigências do comércio internacional e, de uma forma mais precisa, com aqueles que para Portugal derivam das normas do Tratado de Roma (cfr. *supra,* nota 3). Assim sendo, a questão que agora se nos põe é a de saber se, em relação ao termo "Gud", é também essa a solução. Dada a *identidade fonética* entre "Gud" e a própria indicação descritiva, e sem que importe se esta é ou não reconhecível pelo consumidor médio português, parece-nos que as restrições postas ao registo da indicação descritiva "Good" como marca deveriam valer para aquela (sua) *corruptela* (ou *misspelling).*

Voltemos agora a nossa atenção para as outras três marcas que foram referidas. A marca "OQBOM" mais não é do que um *foneticismo* da expressão "Oh! Que bom". E porque esta, tendo carácter *auto-laudatório,* é insusceptível de apropriação em exclusivo no quadro do nosso actual direito, a referida marca também o é; entre a expressão "Oh! Que Bom" e a marca "OQBOM" há total *identidade fonética,* o que obsta a que esta marca seja compreendida como uma expressão *arbitrária* ou de *fantasia*. Quanto à marca "VANTEC", estamos em presença de um acrónimo formado por "VAN" que é a primeira sílaba da palavra *"Vantagem"*, e "TEC", as três primeiras letras da palavra *"Tecnológica"*. Acrescente-se que esta nossa conclusão não decorre da dissecação da marca; por esta via, poder-se-ia, na verdade, chegar a resultados os mais diversos — por exemplo, considerar que a marca em causa era constituída pelas primeiras quatro letras da palavra *"Vantagem"* e pelas duas primeiras da palavra *"eco*lógica", ou então que era constituída com letras dos nomes de alguns ou de todos os sócios da sociedade, que é a sua titular (imaginando, ao *V* de Vitor, juntavam-se as duas primeiras sílabas de *Ante*ro e o *C* de Carlos …). Significa isto, afinal, que a marca "VANTEC", usada para contraditinguir electrodmésticos, apresenta um suficiente grau de fantasia, que obstaria a que fosse compreendida como um simples acrónimo da indicação descritiva "Vantagem Tecnológica". Acontece, porém, que o titular dessa marca, preocupado em torná-la *falante,* cuida de explicitar o seu sentido; para o efeito, usa na publicidade, como *adjuvante,* a referida expressão descritiva. Ao fazer assim, é claro que a marca "VANTEC" assume ela própria *carácter descritivo,* exactamente porque a expressão "Vantagem Tecnológica" passa a ser imediatamente reconhecível. Em relação à marca "MILAGRO" é também a forma como ela é publicitada — na televisão, note-se — que reforça a ideia de que se trata de uma simples *corruptela* da palavra "Milagre". Recorre-se a uma senhora, vestida com o hábito de freira, a qual, após a utilização do produto, exclama: "Milagro!" (não tendo gravado este anúncio, não podemos asseverar se, realmente, é essa a palavra usada ou se é mesmo "Milagre"). Em nossa opinião, a palavra "Milagro" deve ser incluída no rol das expressões *auto-laudatórias,* que, por isso mesmo, são descritivas de todos os géneros de produto (cfr. *supra,* nota 11); com efeito, trata-se de uma palavra — pense-se, por exemplo, em *slogans* do tipo "produto *X,* um *milagre* da técnica" —, que urge deixar à livre disponibilidade de todos os empresários(-concorrentes). Esta necessidade de preservação da palavra "Milagre" estende-se à corruptela "Milagro", dado que não apresenta um suficiente grau de arbitrariedade, que torne irreconhecível aquela indicação descritiva — no caso, a forma como o titular da marca a publicita apenas reforça esta conclusão.

E se a autoridade administrativa, *como era seu dever,* não recusou esses registos, após a concessão destes, passará então a ser seu dever diligenciar sobre a propositura das correspondentes "acções anulatórias", nos termos do § 3.º do art. 123.º. Não se ignora, evidentemente, que a sujeição do registo da marca, obtido com infracção ao disposto no art. 93.º, àquele regime de nulidade — no qual avulta a imprescritibilidade da respectiva acção —, coloca o titular desse registo numa situação de grande insegurança jurídica. Para que não fosse assim, tornava-se, porém, necessário admitir a *convalidação de todos os registos feitos ilegalmente,* incluindo, pois, o registo de marcas contrárias à ordem pública (art. 93.º, n.º 9) e de marcas enganosas (art. 93.º, n.º 11)! [Note-se que o art. 122.º, n.º 2, prevê um *único* regime de invalidade para todos os registos de marcas que, segundo o art. 93.º, deviam ter sido recusados.] Por outras palavras, para dar guarida aos interesses do titular do *registo ilegal,* ter-se-ia que postergar o interesse público. Não pode ser.

IV. Nos termos do art. 2.º da Directiva 89/104/CEE, «podem constituir marcas todos os sinais susceptíveis de representação gráfica, nomeadamente as palavras, incluindo o nome de pessoas, desenhos, letras, números, a forma do produto ou da respectiva embalagem, *na condição de que tais sinais sejam adequados a distinguir os produtos ou serviços de uma empresa dos de outras empresas".* Este texto, extremamente liberal no modo como configurou o espectro dos sinais susceptíveis de constituir uma marca[26], refere

---

[26] Dever-se-á notar que, a mais dos sinais expressamente referidos na norma em causa, outros há que são susceptíveis de representação gráfica, podendo, por conseguinte, também eles constituir marcas. Nesse grupo estão incluídos os sons e também as combinações ou as tonalidades cromáticas. Já as "marcas olfáticas" e as "marcas gustativas" se têm de considerar irregistáveis, exactamente porque são insusceptíveis de representação gráfica.

explicitamente a capacidade distintiva como requisito essencial daquela (atente-se na parte final do preceito, que foi por nós sublinhada). E se isso já seria suficiente para fundamentar a recusa do registo como marcas dos sinais sem capacidade distintiva, a verdade é que o legislador comunitário não se dispensou de o dizer expressamente, estatuindo, outrossim, sobre o regime aplicável aos registos que possam vir a ser efectuados de tais sinais. Fê-lo precisamente no art. 3.º, n.º 1, alínea *b),* onde se lê: "Será recusado o registo ou ficarão sujeitos a declaração de nulidade, uma vez efectuados, os registos relativos às marcas desprovidas de carácter distintivo".

Esta proibição de registo dos sinais sem capacidade distintiva também atinge as *indicações descritivas* dos produtos ou serviços. Isto, é claro, nos casos em que tais indicações não preenchem esse requisito essencial da marca (cfr. *supra,* I). Todavia, como já vimos *(supra,* n.º II), nem sempre assim acontece. Há, com efeito, indicações descritivas que, não obstante terem capacidade distintiva, são insusceptíveis de registo, porque se impõe a *necessidade da sua preservação* ou, por outras palavras, a necessidade de as deixar à livre disponibilidade de todos os empresários(-concorrentes). A esta luz, bem se compreende que a Directiva se não limite a fixar a proibição de registo das "marcas desprovidas de carácter distintivo", e que, numa norma autónoma, se refira à proibição de registo das marcas descritivas. Essa norma é a alínea *c)* do n.º 1 do referido art. 3.º, que dispõe: "Será recusado o registo ou ficarão sujeitos a declaração de nulidade, uma vez efectuados, os registos relativos às marcas constituídas exclusivamente por sinais ou indicações que possam servir no comércio, para designar a espécie, a qualidade, a quantidade, o destino, o valor, a proveniência geográfica ou a época de produção do produto ou da prestação do serviço, ou outras características dos mesmos." As diferenças entre este preceito da Directiva e o art. 79.º, § 1.º, 1ª parte, são de escassa monta, o que bem se compreende se tivermos presente que ambos são tributários do art. 6.º *quinquies,* alínea B), n.º 2.º, CUP. Ainda assim refira-se que o art. 3.º, n.º 1, alínea *c)*, da Directiva alude expressamente às indicações descritivas de serviços, o que não acontece com o art. 79.º, § 1.º, 1ª parte — não acontece, nem podia acontecer, já que a tutela das marcas de serviços (na nossa ordem jurídica e não só) é uma realidade relativamente recente[27]; por outro lado, o preceito da Directiva afirma expressamente o carácter exemplificativo das indicações descritivas aí enumeradas — outro não é, obviamente, o sentido da parte final do preceito —, ao passo que, no quadro do referido artigo do nosso actual Código da Propriedade Industrial, só podemos chegar a essa solução, incontestavelmente a mais razoável, por via interpretativa.

Como já dissemos *(supra,* nota 1) a capacidade distintiva funciona, entre nós, como pressuposto de registo; por conseguinte, um sinal só pode ser registado como marca se tiver capacidade distintiva à data do pedido de registo, mantendo-a à data do próprio registo. Sabemos, por outro lado, que as *denominações genéricas* dos produtos ou serviços, a mais de lhes faltar capacidade distintiva, são também insusceptíveis de registo por causa da necessidade da sua preservação; já quanto às *indicações descritivas,* é sabido que podem ter ou não capacidade distintiva, sendo certo que, apresentando essa capacidade, tais indicações não podem ainda assim ser registadas, também agora por causa da necessidade de as deixar à livre disponibilidade de todos os concorrentes. Neste quadro podem suscitar-se algumas questões. Eis a primeira: Poderá uma *denominação genérica,* que é usada como marca por determinado empresário, adquirir capacidade distintiva e, em consequência disso, ser susceptível de registo, com prejuízo dos interesses dos concorrentes desse empresário que apontam inequivocamente no sentido da não-apropriação em exclusivo desse sinal? A segunda questão é a seguinte: O empresário, que usa como marca *uma indicação descritiva,* poderá, em consequência desse uso mais ou menos prolongado, fazer

---

[27] A tutela dessa nova categoria de marcas foi introduzida, entre nós, pelo Decreto-Lei n.º 176/80, de 30 de Maio.

prova da aquisição de capacidade distintiva dessa mesma indicação, supondo, é claro, que esta a não possuia, e, assim fazendo, obter o seu registo, também agora em prejuízo dos interesses dos seus concorrentes? Finalmente — e esta é a última questão —, poderá o empresário que utiliza uma indicação descritiva com capacidade distintiva, mas que era insusceptível de registo por causa da necessidade da sua preservação, ao fim de um certo tempo de uso dessa indicação como marca, obter o seu registo, restringindo assim a liberdade dos seus concorrentes quanto à utilização desse mesmo sinal?

Subjacente às duas primeiras questões está, é claro, a ideia de que um sinal, que não tinha capacidade distintiva, a poderá adquirir em consequência do seu uso mais ou menos prolongado no tráfico. Essa ideia reconduz-se, afinal, à teoria do *secondary meaning,* de origem anglo-saxónica, e que McCARTHY diz ser "the law's recognition of the psychological effect of trade symbols upon the buyer's mind"[28]. O exemplo figurado por aquele autor norte-americano, para ilustrar esta teoria, é o do uso da palavra BEST (= Melhor) para leite. "The word 'best' — transcrevemos McCARTHY — is well-known in the language and when applied to milk, connotes to buyers a laudatory, self-serving assertion of quality. This descriptive connotation is the 'primary' meaning of the word 'best'. Extensive advertising and sales, over a period of time, by the seller of

---

[28] Cfr. *ob. cit.,* vol. I, § 15.02[1]. Aliás, muito antes de McCARTHY, já o juiz Frankfurter havia dito: "The protection of trademarks is the law's recognition of the psychological function of symbols. If it is true that we live by symbols, it is not less true that we purchase goods by them ... The owner of a mark exploits this human propensity by making every effort to impregnate the atmosphere of the market with the drawing power of a congenial symbol ... If another poaches upon the commercial magnetism of the symbol he has created, the owner can obtain legal redress." *(Mishawaka Rubber & Woolen Mfg. Co. v. S.S. Kresge Co.,* 316 U.S. 203, 806 L. Ed. 1381, 62 S. Ct. 1022, 53 USPQ 323, 1942).

BEST milk, may give the word 'best' a new and different meaning to milk buyers. Assume that such a new meaning and association has developed in a substantial number of milk buyers. That is, milk buyers, when seeing the word BEST on a carton of milk, know that the word not only denotes the old, primary meaning of high-quality milk, but *also* has developed a new, 'secondary' meaning as a trademark. That is, BEST serves as a commercial symbol identifying the milk of one source and serving to distinguish that milk from milk sold by all other dairies. When the buyer sees a cartoon of milk whit BEST on the label, he or she automatically assumes that that carton comes from the same 'source' and is of equal quality, with all other milk carrying the BEST symbol. This new, trademark function of the descriptive word 'best' is called the 'secondary meaning' of 'best' in legal parlance. Since 'best' has achieved a new penumbra or fringe of meaning or secondary meaning to buyers, the word serves a trademark function not unlike the most imaginative and coined mark, such as KODAK, or EXXON. Another seller who comes along second in time and uses 'best' as its own indication of origin on quality, is a trademark infringer if his use of BEST is likely to cause confusion among buyers. The junior user is poaching upon the secondary meaning penumbra of the word BEST"[29]. Na sua essência, a teoria do *secondary meaning* significa, pois, que um sinal *(nominativo ou figurativo)*, que não era compreendido como marca ou, dizendo de outra maneira, que *não era associado* pelos círculos interessados do tráfico *a um determinado empresário*, sendo antes percebido no seu sentido originário *(primary meaning)* de denominação genérica ou de indicação descritiva acaba por *adquirir*, em consequência do uso que desse sinal é feito por esse mesmo empresário, *aquele outro sentido* — que se diz *secundário*, não por assumir menor importância, mas porque se afirma mais tarde

---

[29] Cfr. McCarthy, *ob. cit.*, vol. I, § 15.02[2].

no tempo. A associação de um sinal sem capacidade distintiva originária a *uma única fonte produtiva,* que é indispensável para estabelecer o *secondary meaning* desse sinal, não pressupõe que o comprador dos produtos em causa conheça a identidade do titular dessa fonte produtiva. Na doutrina e jurisprudência norte-americanas é clássico o entendimento de que "the term 'single source' must be modified to mean a *'single, though anonymous source"*[30].

Forjada no seio dos sistemas anglo-saxónicos, a referida teoria aflora, de modo inequívoco, no art. 6.°-*quinquies* alínea C)-1) da CUP, onde se lê: *"Para apreciar se a marca é susceptível de protecção deverão ter-se em conta todas as circunstâncias de facto, principalmente a duração do uso da marca".* Dever-se-á, aliás, acrescentar que este afloramento da teoria do *secondary meaning* no "direito unionista" foi bastante temporão, pois que a referida norma já vem desde a 2ª revisão do texto da Convenção, que ocorreu em Washington em 2 de Junho de 1911. Outrotanto acontece, aliás, e como bem se compreende, com a actual alínea B), n.° 2.° daquele mesmo artigo da Convenção (ao qual correspondia o art. 6.°, n.° 2.°, na revisão

---

[30] Cfr. McCARTHY, *ob. cit.,* vol. I, § 15.02[4]. No *Restatement (Third) of Unfair Competiton § 9, comment c (Tentative Draft No.2, 1990)* lê-se, a este propósito, o seguinte: "Trademarks serve as means of communication between otherwise unknown or anonymous producers and their prospective customers". Por sua vez, numa sentença de 1963 (caso *Fleischmann Distilling Corp. v. Maeir Brewing Co.,* 314 F. 2d 149, 136 USPQ 508, 9th Cir), com referência à marca de *whisky* "Black & White", diz-se: "Of course there may not be one in a hundred buyers who knows that it is made by Buchanan or wholesaled by Fleischmann. Probably all that such buyers know is that 'Black & White' Scotch whiskey has satisfied them in the past or that they have heard of it and the average purchaser would not doubt select for the use of his guests something with which he was familiar and thus purchase 'Black & White' Whiskey. What are we to say about the same purchaser who starts for home on a hot evening and decides to take home beer for refreshment? He stops at Ralph's and notes beer bearing the label 'Black & White' in that store's stock. We think it plain that the likelihood of confusion and mistake is present here ...".

de Washington), que estatui: *"Só poderá ser recusado ou anulado o registo das marcas* de fábrica ou de comércio mencionadas no presente artigo nos casos seguintes: (...) 2.° *Quando forem desprovidas de qualquer carácter distintivo ou então exclusivamente compostas por sinais ou indicações que possam servir no comércio para designar a espécie, a qualidade, a quantidade, o destino, o valor, o lugar de origem dos produtos ou a época da produção, ou que se tenham tornado usuais na linguagem corrente ou nos hábitos leais e constantes do comércio do país em que a protecção é requerida"*. STÉPHANE LADAS[31], que escrevia, note-se, em 1929, considerava que aquela primeira norma, que dissemos ser um afloramento da teoria do *secondary meaning*, apenas era aplicável às marcas do primeiro tipo, isto é, "às marcas desprovidas de qualquer carácter distintivo", e já não às *indicações descritivas* e aos chamados *"Freizeichen"*, umas e outros contemplados na 2ª parte da última norma transcrita. Porém, lamentava que assim fosse, exemplificando com uma decisão do *Patentamt* (alemão), de 11 de Novembro de 1912, que recusara "la marque 'Ideal' pour machines à ecrire, bien que ce mot commun eût acquis une valeur distinctive des produits du déposant"[32]. "Qu'importe qu'un mot ait — são ainda palavras de LADAS —, suivant le sens qui lui est attribué par le dictionnaire, la valeur d'une indication de la qualité, de la destination d'un produit, *si ce mot est devenu, grâce à son emploi prolongé et adroit de la part du propriétaire de la marque, le signe distinctif de ses produits,* en sorte qu'il fait partie de son achalandage? C'est la valeur que le mot a acquise dans le commerce, et non pas l'opinion du dictionnaire, qui devrait gouverner cette matière". Isto respondido, e depois de dar mais dois exemplos, através dos quais pretendia acentuar os inconvenientes da não aplicação da (actual) alínea C)-1) do art. 6.° -*quinquies* às indicações descritivas e aos

---

[31] *La protection internationale de la propriété industrielle,* p. 615.

[32] *Ob. cit.,* p. 615, nota 1.

Freizeichen[33], Ladas continuava nos seguintes termos: "La Convention se propose de permettre aux pays contractants de s'opposer à ce qu'un industriel ou un commerçant monopolise un mot que ses concurrents ont autant que lui le droit d'employer, mais non pas de le déposséder du résultat de ses longs efforts tendant à rendre distinctive une mention de nature descriptive qu'il a eu — le premier — l'idée d'adopter comme marque destinée à couvrir ses produits! *Il serait, certes, préférable d'exagérer dans le sens du monopole plutôt que dans le sens du domaine public, en ce qui concerne les marques de cette nature*"[34].

O acolhimento, logo no princípio do século, da teoria do *secondary meaning* pelo "direito unionista", ainda que apenas nos termos restritos que Ladas criticava, não terá tido o "efeito de propagação" que talvez se esperasse; ao que julgamos saber não terão sido, com efeito, muitos os países — *maxime* entre aqueles que nos são jurídico-culturalmente mais próximos — que, modificando as respectivas leis de marcas, acolheram expressamente essa teoria. A Alemanha surge, neste contexto, como uma excepção relevante. A partir de 1936 a lei de marcas desse país passou a permitir expressamente o registo dos sinais desprovidos de capacidade distintiva e das indicações descritivas (§ 4, alínea 2, n.° 1) que se tenham imposto no tráfico como sinais distintivos dos produtos do depositante (§ 4, alínea 3)[35]. No quadro desta

---

[33] "Le Ministère autrichien des Travaux publics prononça le 14 janvier 1918, et le Tribunal administratif suprême confirma le 21 de décembre 1918, que la marque américaine 'Paragon' est descriptive parce qu'elle signifie 'modèle' ou 'échantillon' et qu'elle désigne la qualité on la nature du produit. Cette marque fut refusée, bien que les cercles intéressés estimassent qu'elle avait acquis un caractère distinctif. Il en fut de même pour la marque 'Gold medal' que le très long emploi (pour dizaines d'années) avait sans doute rendue distinctive".

[34] *Ob. cit.*, p. 616 (sublinhados acrescentados).

[35] Cfr., por exemplo, Baumbach/Hefermehl, *ob. cit.*, § 4 *WZG*, notas 108 s., W. Althammer, *Warenzeichengesetz*, 3. Aufl., 1985, p. 86 s., e P. Ströbele, "Voraussetzungen und Nachweis der Verkehrsdurchsetzung nach §4 Abs. 3 WZG", in *GRUR* 1987, p. 75 s.

norma, a possibilidade de registo afirma-se em relação a quaisquer indicações descritivas. Vale isto por dizer que mesmo uma indicação descritiva, que tenha capacidade distintiva originária, mas que era insusceptível de registo por causa da necessidade da sua preservação *(Freihaltebedürfnis)*, poderá vir a ser registada. É claro que a argumentação aduzida para esse efeito já não pode ser aquela a que se costuma recorrer para justificar o registo das indicações descritivas sem capacidade distintiva originária ou, dizendo de uma maneira mais geral, dos sinais sem essa capacidade distintiva. Neste caso diz-se que, por força do uso mais ou menos prolongado de um sinal desse tipo, por banda de um determinado empresário, *esse sinal pode adquirir a capacidade distintiva que lhe faltava,* passando então a ser compreendido no tráfico como sinal distintivo *(id est,* como marca) dos produtos desse empresário. Tratando-se de uma indicação descritiva, que era insusceptível de registo apenas por causa da necessidade da sua preservação, só poderá argumentar-se deste outro modo: se foi possível a um determinado empresário *usar em exclusivo,* a título de marca, por um período mais ou menos longo, uma indicação descritiva, isso só pode significar que, em concreto, se não afirmava a necessidade de deixar esse sinal na livre disponibilidade de todos os concorrentes.

Olhando de novo para a Directiva 89/104/CEE, atentemos agora no seu art. 3.º, n.º 3. Por força da 1ª parte desta norma, deixa de ser possível aos Estados-membros recusarem o registo de marcas desprovidas de carácter distintivo e de marcas constituídas exclusivamente por indicações descritivas se tais marcas, *antes* do pedido de registo e após o uso que delas foi feito, tiverem adquirido "um carácter distintivo"; na hipótese de ter havido registo de uma marca, nessas mesmas condições, esse registo tem, é claro, de ser considerado válido. Aos Estados-membros, agora por força da 2ª parte da referida norma, é ainda dada a faculdade de admitirem o registo de marcas desprovidas de carácter distintivo e de marcas constituídas exclusivamente por indicações descritivas se estas, não tendo capacidade distintiva à data do pedido de registo, adquirirem esse carácter *após* esse mesmo pedido; fazendo-se esta opção, ter-se-á também que arredar a nulidade do registo da marca que não tinha "carácter distintivo" à data do pedido de registo, mas que adquiriu posteriormente esse carácter, em consequência do uso que dela foi feito. Finalmente, e ainda por força da 2ª parte do art. 3.°, n.° 3, da Directiva, os Estados-membros também podem arredar a nulidade do registo de uma marca que não tinha carácter distintivo à data do próprio registo, supondo, é claro, que essa marca veio posteriormente — posteriormente à data do registo, entenda-se — a adquirir esse carácter, em consequência do uso de que essa marca foi objecto.

Em resumo, no quadro da Directiva 89/104/CEE, há que distinguir entre as hipóteses em que um sinal genérico ou descritivo é compreendido no tráfico como marca dos produtos ou serviços de um determinado empresário à data do pedido de registo desse sinal e aquelas em que o tráfico ou, melhor, os círculos interessados deste, só passaram a compreender o sinal genérico ou descritivo dessa outra maneira após o pedido de registo ou após o próprio registo. Nas hipóteses do primeiro tipo, os Estados-membros estão obrigados a atribuir relevância a esse fenómeno de transformação de sentido do sinal e, por conseguinte, não podem recusar o seu registo como marca ou, havendo registo, não podem considerá-lo nulo; já nas hipóteses do segundo tipo, que são aquelas em que o sinal genérico ou descritivo adquiriu o (segundo) sentido de marca dos produtos ou serviços de um determinado empresário após o pedido de registo ou após o próprio registo, é deixada aos Estados-membros inteira liberdade e, assim, estes tanto podem atribuir como negar relevância a esse fenómeno de aquisição de um novo sentido por banda do sinal em causa. Qualquer que venha a ser a opção do nosso legislador sobre este ponto, uma coisa é já certa: no nosso futuro direito, ter-se-á de prever a possibilidade de um sinal, desprovido de carácter distintivo ou que era compreendido no tráfico como uma indicação descritiva, passar a ser aí compreendido como marca de produtos ou serviços de um determinado empresário, sendo, por isso, susceptível de registo se a aquisição deste novo sentido estiver consumada à data do respectivo pedido. Justifica-se, assim, que nos detenhamos um pouco sobre a norma do art. 3.º, n.º 3, da Directiva 89/104/CEE — *maxime* sobre a primeira parte dessa norma (que, repete-se, é obrigatória para os Estados-membros). Observe-se, a começar, que a teoria do *secondary meaning* é aí afirmada com referência aos sinais desprovidos de carácter distintivo (alínea *b)* do n.º 2 do referido artigo) e aos sinais exclusivamente compostos por indicações descritivas (alínea *c)* do n.º 2 desse mesmo artigo); consequentemente, o empresário que usa como marca um sinal exclusivamente composto por uma indicação descritiva, que era insusceptível de registo apenas por causa da necessidade da sua preservação — apenas por causa disso, e já não por lhe faltar capacidade distintiva —, pode acabar por se apropriar em exclusivo desse sinal, registando-o como marca. Como atrás dissemos, a propósito do direito alemão, nessa hipótese, a monopolização do sinal só pode ser "justificada" pela desnecessidade de o deixar à livre disponibilidade de todos os concorrentes — desnecessidade afirmada com base no facto de o sinal ter podido ser usado em exclusivo por um determinado empresário, a título de marca, durante um prazo mais ou menos longo. Desta forma, é claro que se alarga o âmbito da teoria do *secondary meaning.* Tendo sido pensada como forma de um sinal superar a falta de um *pressuposto* de registo (concretamente, a sua falta de capacidade distintiva), essa teoria recobre agora as hipóteses em que o sinal supera um impedimento ao seu registo (concretamente, o impedimento que decorre da necessidade de deixar esse sinal à livre disponibilidade de todos os concorrentes). E será que a teoria do *secondary meaning* recobre todas essas hipóteses? Pense-se nas *denominações genéricas* dos produtos ou serviços. Estas, já o sabemos (cfr. *supra,* n.º 1), são insusceptíveis de registo, já por lhes faltar capacidade distintiva, já pela necessidade da sua preservação. Ora, se se admite que o termo "Melhor" — que é uma indicação descritiva, sem capacidade distintiva — quando usado, por mais ou menos tempo, nas embalagens de leite, produzido ou comercializado por um determinado empresário, pode adquirir no tráfico o significado secundário da marca desse produto, não se vê como negar essa mesma possibilidade em relação à própria palavra "Leite"; por outras palavras, se as indicações descritivas, às quais faltava capacidade distintiva, podem adquirir o significado secundário de marcas dos produtos ou serviços a que são apostas, outrotanto acontece em relação às denominações genéricas. Reconhecer isto não significa, porém, que se tenha de aceitar o registo como marcas das denominações genéricas que adquiriram capacidade distintiva ou, se preferirmos, que adquiriram *secondary meaning*. Parece-nos, com efeito, que a necessidade de preservação das denominações genéricas — que é uma manifestação do princípio da liberdade de concorrência — se deve sempre sobrepor aos interesses dos empresários que se socorrem desses sinais para contradistinguir os respectivos produtos ou serviços. Consequentemente, o art. 3.º, n.º 3, da Directiva na parte em que se refere "às marcas desprovidas de carácter distintivo." (alínea *b)* do n.º 1 do mesmo artigo) deve ser entendido de forma restritiva. Ou seja, em nossa opinião, nem todas "as marcas desprovidas de carácter distintivo" são susceptíveis de registo por terem adquirido esse carácter — *só o serão "as marcas desprovidas de carácter distintivo" e em relação às quais se não afirme a necessidade da sua preservação.* As marcas deste tipo serão, por exemplo, aquelas que forem constituídas por uma simples figura geométrica (um quadrado, em rectângulo, uma oval) ou com o desenho de uma simples linha [36].

---

[36] Cfr. *supra,* nota 13. Note-se que não há contradição entre a opinião, defendida nessa nota, sobre a irregistabilidade de um sinal sem capacidade distintiva, e em relação ao qual se não afirme a necessidade da sua preservação,

Para se poder afirmar que uma indicação descritiva (art. 3.º, n.º 1, alínea *c)* da Directiva) ou um sinal desprovido de carácter distintivo (que não uma denominação genérica, repete-se) (art. 3.º, n.º 1, alínea *b)* da Directiva) adquiriu *secondary meaning* urge fazer a prova do seu prévio uso a título da marca. A questão de saber por quanto tempo é que esse uso se há-de prolongar não irá ser coisa pacífica. Nos Estados-Unidos, por exemplo, o legislador teve o cuidado de prever que o uso substancialmente exclusivo e contínuo durante os cinco anos anteriores ao pedido de registo da marca prova *prima facie* que esta adquiriu *secondary meaning* (art. 2, alínea *f)*, do *Lanham Act)*. A doutrina e a jurisprudência norte-americanas têm, porém, criticado essa norma, considerando-a arbitrária. Segundo McCARTHY, a economia moderna seria caracterizada, por um lado, pela existência de muitos produtos com uma vida muito curta e, por outro lado, pela utilização de meios publicitários, à cabeça dos quais se encontra a televisão, que permitem a um sinal adquirir *secondary meaning* em poucas semanas ou mesmo em poucos dias [37]. No que concerne à jurisprudência, ao lado de decisões que admitem que um sinal pode adquirir *secondary meaning* "quase imediatamente após o lançamento do respectivo produto" [38], outras há a considerar que só muito raramente o utente de um sinal poderá estabelecer *secondary meaning* com base em três anos de uso [39]. À semelhança do que se passa com o art. 3.º, n.º 3, da

---

e esta outra, que agora defendemos, sobre a registabilidade de um sinal desse tipo que, em consequência do uso que dele é feito, adquiriu capacidade distintiva. E é fácil ver porquê. Agora, do que se cuida é da registabilidade de um sinal com capacidade distintiva, enquanto na referida nota o que estava em causa era a possibilidade de registo de um sinal sem essa capacidade.

[37] *Ob. cit.,* vol. I, § 15.20[4].

[38] Neste sentido, uma sentença de 1959 do 2d. Circ. (caso *Speedry Products, Inc. v. Dri Mark Products, Inc.,* 271 F. 2d 646, 123 USPQ 368.

[39] Por exemplo, no caso *Fund of Funds, Ltd. v. First American Fund of Funds,* 274 F. Supp. 517, 150 USP 545 (S.D.N.Y. 1967).

Directiva, o § 4, alínea 3, da lei alemã guarda silêncio sobre a duração mínima do uso prévio. Por outro lado, a doutrina e a jurisprudência desse país não formulam qualquer exigência especial a esse respeito; limitam-se a acentuar a necessidade de o sinal mudar de sentido, é dizer, passar a ser compreendido no tráfico como sinal distintivo dos produtos ou serviços de um determinado empresário, o que pressupõe, é certo, o seu prévio uso, mas este não é quantificado. Aliás, mais importante do que o tempo por que o sinal foi usado é o modo como ele foi publicitado e também o volume de vendas dos respectivos produtos ou serviços[40]. Também por esta via se engendra uma clara discriminação entre grandes empresas e pequenas/médias empresas. As primeiras, pela sua capacidade económico-financeira, podem fazer grandes investimentos em publicidade, socorrendo-se dos meios mais eficazes (televisão incluída), que são também os mais dispendiosos, os quais são, por isso mesmo, inacessíveis às pequenas/médias empresas; por outro lado, as empresas deste tipo, tendo escassa capacidade técnico-produtiva, nunca podem lograr um volume de vendas muito elevado, o que não acontece com as grandes empresas[41].

2. O requisito da capacidade distintiva da marca não é apenas exigido com referência ao momento do registo, devendo,

---

[40] Cfr., por exemplo, BAUMBACH/HEFERMEHL, *ob. cit.*, § 4 *WZG*, nota 108.

[41] "The size of a company and its sales figures are relevant evidence from which to infer the existence of secondary meaning. The logical inference is this: The larger a company and the greater its sales, the greater the number of people who have been exposed to this symbol used as a trademark, and the greater the number of people who may associate this symbol with a company or source with which they should be familiarized. Therefore, it is a logical inference that these buyers associate the symbol with the company with which they are familiar". Estas são palavras de McCARTHY, *ob. cit.,* vol. I, § 15.17.

outrossim, perdurar por toda a vida da marca[42]. Por outro lado, é também inquestionável que a necessidade de obstar (no quadro de um sistema de liberdade de concorrência) a que, por via da tutela da marca, o respectivo titular obtenha o monopólio (indirecto) da produção e/ou da venda do respectivo produto, que tem de ser considerada aquando do registo do sinal, não deixa de se fazer sentir, e com a mesma intensidade, durante a vigência desse mesmo registo. A esta luz, bem se compreende que o direito sobre a marca *não possa subsistir* quando esta perde a sua capacidade distintiva, exactamente por se haver transformado em denominação genérica do respectivo produto, assim emergindo a referida necessidade de obstar a que, por via da titularidade da marca (agora nome do produto), se obtenha o monopólio (tendencialmente perpétuo) do produto[43].

---

[42] Nos termos do art. 125.º, "o registo da marca produz todos os efeitos, a contar da sua data, durante o período de 10 anos, que é indefinidamente renovável, se assim for requerido nos últimos 6 meses, ou, mediante o pagamento de sobretaxa até 6 meses após o seu termo".

[43] Se, por exemplo, a marca *Alfa* se transforma em denominação genérica do produto que tem o nome *Beta,* o consumidor, querendo adquirir este produto, solicitará ao comerciante (o produto) *Alfa,* que é agora o (novo) nome por que é designado (o produto) *Beta;* é claro que o comerciante pode não partilhar da ignorância do consumidor — adiante veremos que a transformação de uma marca em denominação genérica do produto para a generalidade do público dos consumidores não significa que essa marca não mantenha a sua capacidade distintiva nos círculos profissionais interessados (nos quais se incluem, obviamente, os comerciantes do produto em causa) — e, nessa medida, o pedido do consumidor será satisfeito com a entrega de um produto com essa marca *(Alfa),* sendo certo que esse pedido se reporta a um *género* de produtos cuja produção não é objecto de qualquer monopólio; mas, na realidade, tudo se passaria como se o fosse, pois que apenas se venderiam os produtos do titular da marca *(Alfa),* em detrimento, naturalmente, dos dos seus concorrentes.

2.1. No quadro do nosso actual direito, não há, porém, uma norma que preveja expressamente a caducidade do registo da marca quando esta se transforma em denominação genérica do produto ou, como também se costuma dizer *(maxime,* na doutrina e jurisprudência italianas), quando ocorre a sua *vulgarização.* De todo o modo, a circunstância de o nosso legislador (art. 79.º, § 1.º, 2ª parte), na esteira, aliás, do direito unionista (art. 6.º *quinquies, B),* 2.º, CUP), ter excluído do conceito de marca, por lhes faltar o requisito *(essencial)* da capacidade distintiva [44], os sinais ou indicações *"que se tiverem tornado usuais na linguagem corrente ou nos hábitos leais e constantes do comércio"* (os chamados "sinais francos", na terminologia alemã) pode, a nosso ver, ser invocada (quando menos) para *tornar inoperante* o direito sobre a marca que, tendo perdido a capacidade distintiva, se transforma em denominação genérica do produto; seria, na verdade, incoerente (é o mínimo que se pode dizer) proibir o registo de um sinal que se tornou usual na linguagem corrente, admitindo-se, ao mesmo tempo, que o titular da marca registada, depois da vulgarização desta, é dizer, depois de a marca se ter tornado usual na linguagem corrente, pudesse continuar a invocar o respectivo registo para impedir que os terceiros fizessem uso dessa marca (como denominação genérica dos seus próprios produtos). Para obstar a este resultado, são pensáveis duas soluções. A primeira é considerar que a marca transformada em denominação genérica do produto perde, *ipso facto,* a natureza jurídica de marca, afirmando-se, por conseguinte, a caducidade do respectivo registo, independentemente de ter havido ou não *abandono* (ou *renúncia tácita)* por banda do seu titular. Contra esta solução, que nos parece ser a mais correcta, talvez se venha argumentar com o facto de o art. 124.º não referir expressamente a perda da capacidade distintiva da marca *(id est,* a sua *vulgarização)*

---

[44] Cfr. FERRER CORREIA, *ob. cit.,* p. 186 s.

como causa de caducidade do registo[45]; acolhendo-se esse argumento, e não tendo havido abandono da marca, que fundamente a caducidade do registo, dever-se-á entender (e esta é, pois, a segunda solução) que o recurso a esse mesmo registo, por banda do seu titular, com vista à defesa da sua situação de exclusividade, deve ser sustado com base no *abuso de direito*[46]. Assim procedendo, não se pode tão-pouco falar do sacrifício de um interesse privado (o do titular da marca) em relação aos interesses dos seus concorrentes, que são, também eles, interesses privados; o sacrifício, que, na verdade, se afirma, é do interesse do titular do registo em relação ao *interesse geral* — disso aproveitando, é certo, outros interesses privados, mas só porque se mostram mais conformes com o interesse geral —, que é precisamente a situação de que o legislador partiu ao proibir o registo dos chamados "sinais francos" (art. 79.º, § 1.º, 2ª parte), para já não falar, é claro, da proibição de registo das próprias denominações genéricas, a qual decorre do corpo desse mesmo artigo (cfr. *supra,* n.º 1).

2.2 A possibilidade, assim afirmada, no quadro do nosso actual direito, de a marca que se transformou em denominação genérica do produto, em consequência da perda da sua capacidade distintiva, ser usada por *todos* os concorrentes talvez não deva ser aceite sem restrições. Estamos a pensar na hipótese de o público (dos consu-

---

[45] Assim argumentava, de facto, PINTO COELHO, "O problema da conversão da marca em denominação genérica", in *RLJ,* ano 93.º, p. 292, e, na esteira deste ilustre Professor, JUSTINO CRUZ, *ob. cit.,* p. 282.

[46] "É ilegítimo o exercício de um direito, quando o titular exceda manifestamente os limites impostos... *pelo fim social ou económico desse direito* " (art. 334.º do Código Civil); a mais desta norma, e para lograr o mesmo resultado, poder-se-ia também invocar a do art. 1.º do Código da Propriedade Industrial: "A propriedade industrial *desempenha a função social de garantir a lealdade da concorrência,* pela atribuição dos direitos privativos sobre os diversos processos técnicos de produção e desenvolvimento da riqueza".

midores) associar a marca, que se vulgarizou, a produtos com elevado padrão de qualidade; claro está que o uso dessa mesma marca, por banda de algum/alguns dos concorrentes, para produtos de qualidade inferior, redundará em prejuízo dos outros — mais precisamente, daqueles concorrentes que continuem a apresentar no mercado um produto com os padrões de qualidade a que público (dos consumidores) se havia habituado. E, por ser assim, o uso da marca, agora denominação genérica, para esses produtos de qualidade inferior, poderá prefigurar um acto de concorrência desleal — concretamente, uma *"falsa indicação sobre a qualidade dos produtos ou mercadorias"*, cuja proibição é afirmada no n.º 5.º do art. 212.º [47].

---

[47] Como se referiu *(supra,* nota 1), o art. 12.º, n.º 2, alínea *b),* da Directiva prevê como causa de caducidade da marca a sua *deceptividade superveniente* no que concerne *à qualidade* do produto ou do serviço para que foi registada. Em nossa opinião, esta norma não fornece qualquer argumento a favor da doutrina que atribui à marca uma função *jurídica* de garantia de qualidade (sobre essa doutrina, entre nós, cfr. CARLOS FERREIRA DE ALMEIDA, *Texto e enunciado na teoria do negócio jurídico,* vol. II, Almedina, Coimbra, 1992, p. 1064 s., que, aliás, a não rejeita em absoluto). Enquanto *fenómeno económico,* a marca — a marca individual, entenda-se — é susceptível de, *só por si,* captar e influenciar a preferência do público pelos respectivos produtos *(função sugestiva* ou *publicitária).* Essa *werbekraft* da marca, *num primeiro momento* — que é, precisamente o momento em que as *marcas só realizam a função da publicidade, e não são objecto desta* —, só pode resultar de dois factores, aliás, de natureza muito diferente. Em primeiro lugar, do *valor intrínseco* da marca, por exemplo, original força sugestiva dos elementos nominativos e/ou figurativos que a compõem, associação mental com eventos ou personagens históricos famosos, ou, como acontece mais recentemente, pelo recurso ao nome e/ou à imagem de personagens imaginários *(fictional characters,* na terminologia norte-americana) (por exemplo, heróis de banda desenhada e/ou de desenhos animados) e mesmo da vida real (do mundo do espectáculo, do desporto, da moda, etc.). Em segundo lugar, é também inquestionável que, sendo os *produtos de boa qualidade,* a marca que os contradistingue *ganhará força atractiva.* No que concerne a este último aspecto, suponha-se que *A,* que produz um tecido de lã, com elevado padrão de qualidade, adoptou para o contradistinguir a marca "Gato" — figuramos assim a hipótese para podermos

raciocinar na base de uma *marca arbitrária,* exactamente porque é composta com uma palavra de uso comum que não tem qualquer relação, necessária ou normal, com o produto que contradistingue (cfr. *supra,* nota 24). Antes de mais, essa marca permite ao respectivo titular *orientar a escolha* dos consumidores, reforçando assim a posição destes face aos comerciantes (cfr. o nosso "A proibição da publicidade enganosa: Defesa dos consumidores ou protecção (de alguns) dos concorrentes?", in *Boletim de Ciências Económicas da Faculdade de Direito de Coimbra,* vol. XXXVII, p. 77 s.): o consumidor, se alguma vez tiver adquirido o tecido de lã com aquela marca, poderá, com segurança, repetir essa experiência aquisitiva — com *segurança,* dizemos, pois que, dado o direito exclusivo de *A* ao uso do sinal, não há qualquer risco de o consumidor, ao pretender (voltar a) adquirir o tecido de lã "Gato", que é produzido por *A,* adquirir um outro tecido de lã, produzido por um outro empresário(-concorrente). Por outro lado, sucedendo-se essas experiências aquisitivas, a boa qualidade do produto acaba por reverter a favor (da «imagem») da marca, que passará a veicular, ela mesma, uma "mensagem de qualidade" e, por via disso, a *influenciar a escolha* dos consumidores. O que significa que o titular dessa marca passa a dispor de uma *vantagem-na-concorrência* em relação aos seus concorrentes, que, produzindo tecido de lã de qualidade inferior, não dispõem de marcas com (a mesma) capacidade atractiva; tratar-se-á, porém, de uma *vantagem legítima* ou, como também poderíamos dizer, de uma *vantagem leal,* exactamente porque é resultado do esforço feito pelo titular da marca no que concerne à qualidade dos respectivos produtos.

Imagine-se, agora, que o empresário *A* deixava, por qualquer razão, de ter acesso ao mercado onde adquiria a matéria-prima, cuja utilização estava na base do elevado padrão de qualidade do tecido de lã "Gato". Sendo esse empresário forçado a recorrer a outros mercados, podia bem acontecer que a matéria prima neles oferecida fosse de qualidade sensivelmente inferior, disso se ressentido, *e de forma igualmente sensível,* a qualidade do produto (acabado); numa tal hipótese, se este continuasse a ostentar a mesma marca, e se o titular desta *não advertisse o público* da alteração sensível, *e para pior,* da sua qualidade, correr-se-ia o risco de o consumidor manter a sua preferência por esse produto, apenas com base na "mensagem de qualidade" que a marca *(enganosamente)* continuava a veicular. Esse engano do consumidor poder-lhe-ia ou não causar prejuízo. Tudo dependeria de saber se os tecidos de lã, que eram produzidos pelos outros empresários, representavam ou não uma melhor oferta, em termos de qualidade e/ou de preço, do que aquela que passou a ser a de *A*. Necessariamente prejudicados seriam os concorrentes de *A*. E é fácil ver porquê. Produzindo um tecido de lã com um padrão de qualidade idêntico (ou mesmo com um padrão de qualidade superior) àquele que passara a ser o do tecido de lã "Gato", e, porventura, oferecendo-o a melhor preço, esses concorrentes continuavam, porém, a ver a sua oferta *preterida,* exactamente porque o consumidor, continuando a acreditar na "mensagem de qualidade" *(enganosamente)* veiculada pela marca de *A,* mantinha a sua preferência pelos produtos deste. A sanção da caducidade do registo da marca, numa tal hipótese, decorre, pois, da necessidade — que é primacialmente imposta pelos interesses dos concorrentes de *A* — de pôr cobro a essa situação de vantagem (ou supremacia) na concorrência por banda do titular do sinal; na medida em que essa situação de vantagem deixara de se fundamentar no esforço de *A* no que concerne à qualidade dos respectivos produtos, ela *torna-se ilegítima* ou, se preferirmos, *desleal.*

A *ratio* do art. 12.º, n.º 2, alínea *b),* da Directiva — que impõe a caducidade do registo da marca que, no seguimento do uso feito pelo seu titular, ou por um terceiro com o seu consentimento, "for propícia a induzir o público em erro, nomeadamente acerca da natureza, *qualidade* e origem geográfica dos produtos ou serviços" — é, afinal, a mesma da do art. 3.º, alínea *g),* do mesmo diploma: "Será recusado o registo ou ficarão sujeitos a declaração de nulidade, uma vez efectuados, os registos relativos às marcas que sejam susceptíveis de enganar o público, por exemplo no que respeita à natureza, *à qualidade* ou à proveniência geográfica do produto ou do serviço". Ambas as normas são expressão do mesmo princípio — o princípio da *verdade da marca,* cuja afirmação nada tem a ver com a necessidade de tutela dos interesses dos consumidores, como aconteceria com a atribuição à marca de uma função jurídica de garantia de qualidade do respectivo produto ou serviço. Com efeito, se a marca tem que ser verdadeira, não é para impedir que o consumidor seja *prejudicado* — acabamos de ver que, tornando-se a marca deceptiva no que concerne à qualidade do produto, a aquisição deste não redundava necessariamente num prejuízo para o consumidor —, mas para evitar o *benefício* que, por força do engano do consumidor, adviria para o titular da marca deceptiva — benefício esse que, naturalmente, redundará num prejuízo para os seus concorrentes. Voltemos a pensar

3. A caducidade do registo da marca, em consequência da transformação desta em denominação genérica do produto, obterá, dentro em pouco, consagração legal, (também) entre nós. Acontecerá assim, quando o nosso legislador proceder à transposição da

---

num exemplo. Suponhamos que um produtor de tecidos de fibra pretendia registar uma marca que integrava o desenho de uma ovelha; se fosse acolhida essa pretensão, teríamos que o consumidor, ao confrontar-se no mercado com essa marca, poderia ser levado a adquirir o respectivo produto por o julgar (exclusiva ou parcialmente) feito de lã. Dessa forma, enganando-se o consumidor, o titular da marca *avantajar-se-ia desleamente na concorrência,* necessariamente à custa dos seus concorrentes — dos concorrentes que produziam tecidos de lã, pois que uma parte da procura desses tecidos passaria a ser satisfeita com a aquisição de tecidos de fibra, e também dos concorrentes que produziam tecidos de fibra, que veriam o titular da marca *(deceptiva)* aumentar a sua quota de mercado, não obstante a oferta deste não apresentar qualquer vantagem (comparativa), em termos de qualidade e/ou de preço.

Claro está que se a lei se limitasse a proibir o registo das marcas deceptivas e, havendo registo, a afirmar a sua nulidade, o produtor de tecido de fibra, que é o nosso exemplo, poderia, ainda assim, avantajar-se na concorrência da *forma desleal* acabada de referir. Bastar-lhe-ia usar aquela mesma marca, não a registando, já se vê. Será lapalissiano dizer que, não havendo registo, se não podia afirmar a sua nulidade; para porem termo à conduta do usuário da marca, os seus concorrentes teriam então que se socorrer da norma do art. 212.º, n.º 5, que proíbe — exactamente com base na sua *deslealdade* — o uso de "falsas descrições ou indicações sobre a natureza, *qualidade* e utilidade dos produtos ou mercadorias". Neste ponto, emerge claramente o carácter complementar da disciplina da concorrência desleal — no caso, complementaridade em relação à disciplina das marcas —, podendo mesmo dizer-se que a exigência, posta pela lei das marcas, de estas não serem (*nem se tornarem*) deceptivas decorre da necessidade de salvaguardar a "lealdade da concorrência" (assim se defendendo os "interessi degli impreditori, presi in considerazione non singolarmente ma come categoria" — cfr. MANGINI, "Iniziativa economica pubblica e concorrenza sleale", in *RS* 1974, p. 472; *vd.* também o nosso "A proibição da publicidade enganosa ...", *cit.,* p. 82 s.).

referida Directiva (89/104/CEE) sobre marcas[48], cujo art. 12.º, n.º 2, alínea *a)* —, norma que os Estados-membros estão obrigados a adoptar —, estatui o seguinte: «O registo de uma marca fica igualmente passível de caducidade se, após a data em que o registo foi efectuado, como consequência da actividade ou inactividade do titular, a marca se tiver transformado na designação usual no comércio do produto ou serviço para que foi registada»[48a].

3.1. Dissemos já, e por várias vezes, que a vulgarização da marca é uma consequência da perda da sua capacidade distintiva, ou seja, uma consequência de a marca deixar de ter aptidão para distinguir um produto ou serviço, que provém de uma empresa (ou fonte produtiva), dos produtos ou serviços provenientes de outras empresas (ou fontes produtivas); por outro lado, ocorrendo a vulgarização da marca, exactamente porque esta passa então a ser a designação (corrente) de um "genus" de produtos cuja proveniência pode ser a mais diversa, a situação de exclusividade ou de monopólio ínsita na tutela da marca, atingindo o seu paroxismo, aparece como contrária aos princípios de liberdade de iniciativa económica e de concorrência, sendo, por isso mesmo, intolerável. Pois bem. Situemo-nos agora no momento do registo da marca que se veio a transformar em denominação genérica do produto. É evidente que essa marca, se foi (validamente) registada, é porque preenchia o requisito essencial da capacidade distintiva. E como foi

---

[48] Nos termos do art. 16.º, n.º 1, da Directiva, os Estados-membros estavam obrigados a fazer essa transposição até 31 de Dezembro de 1991; todavia, aproveitando a possibilidade que lhe era conferida pelo n.º 2 do mesmo artigo, o Conselho prorrogou essa data até 31 de Dezembro de 1992 (Decisão de 19 de Dezembro de 1991, JO n.º L 6, de 11 de Janeiro de 1992).

[48a] Este texto, como se previa, foi reproduzido pelo legislador nacional — cfr. o art. 216.º, n.º 2, alínea *a)*, do novo Código da Propriedade Industrial, aprovado pelo Decreto-Lei n.º 16/95, de 24 de Janeiro.

esta determinada? De um modo geral, e como ensina a melhor doutrina estrangeira[49], para recusar o registo de um sinal, seja ele composto por palavras *(marca nominativa)*, por figuras *(marca figurativa)* ou pela combinação de umas e outras *(marca mista* ou *emblemático--nominativa)*, não é suficiente que apenas uma parte insignificante da globabilidade do tráfico lhe não atribua essa mesma capacidade; a questão de saber se uma marca tem ou não capacidade distintiva deverá, pois, ser resolvida a partir da opinião do grupo de pessoas ao qual a marca se dirige, por conseguinte, e de um modo geral, a partir da opinião do público dos consumidores. Temos, assim, que uma marca — qualquer marca, portanto, mesmo aquela que depois se veio a transformar em denominação genérica do produto — pode aceder ao registo, apesar de alguns círculos interessados (indus-triais/concorrentes, comerciantes, etc.) lhe não atribuirem capa-cidade distintiva, é dizer, não a compreenderem como marca[50]. A esta luz, tem sentido que se ponha o seguinte quesito: Para se apurar se uma marca registada perdeu a sua capacidade distintiva, assim se vulgarizando, com a consequente caducidade do respecti-vo registo, dever-se-á ter em conta apenas (e só) a opinião do público dos consumidores — é dizer, apenas (e só) a opinião daquele círculo de pessoas que foi tida em conta para que a marca acedesse ao registo —, ou, para além da opinião desse grupo de pessoas, importará ter em conta a opinião de *todos* os outros cír-culos de interessados (industriais/concorrentes, comerciantes, etc.),

---

[49] Cfr., por exemplo, BAUMBACH-HEFERMEHL, *ob. cit.,* § 4 *WZG*, nota 63, e BEYERLE, *ob. cit.*, p. 31 s.

[50] Supondo, é claro, que se não trata de uma marca exclusivamente com-posta por sinais ou indicações insusceptíveis de apropriação em exclusivo, não já por lhes faltar capacidade distintiva, mas porque há necessidade da sua preser-vação ou, por outras palavras, porque há necessidade de deixar esses sinais à livre disponibilidade de todos os concorrentes; cfr. *supra,* n.º II.

a qual não teve que ser considerada quando se efectuou o registo dessa marca? O sentido deste quesito alcançar-se-á melhor, se se tiver presente que uma marca, do mesmo jeito que pode ter capacidade distintiva para os consumidores, não a tendo para os concorrentes do seu titular e/ou para os comerciantes do respectivo produto, pode perder essa mesma capacidade para aquele primeiro grupo de pessoas, e mantê-la no âmbito dos círculos profissionais que foram referidos.

3.2. Se a resposta ao quesito formulado for no sentido de nos bastarmos, para afirmar a perda da capacidade distintiva da marca, com a opinião do público dos consumidores, é claro que, assim, aumentarão as possibilidades de uma marca registada se transformar em denominação genérica do produto, com a consequente caducidade do respectivo registo; com efeito, se é perfeitamente plausível que uma marca fortemente publicitada *(scilicet:* uma *marca famosa)* passe a ser compreendida pela generalidade dos consumidores como uma denominação genérica do produto, já é pouco verosímil que o mesmo possa também acontecer com *todos* os outros interessados (industriais/concorrentes, comerciantes, etc.). Em relação a estes últimos, o titular da marca tem, aliás, a possibilidade de obstar a que, também para eles ou, se preferirmos, na linguagem deles — que é, afinal, a *linguagem do comércio* —, a marca passe a ser considerada a designação genérica do produto; bastar-lhe-á *não tolerar* o uso da marca por banda desses empresários, que são seus concorrentes (directos uns, indirectos outros), assim os dissuadindo de atribuir ao sinal o sentido de uma denominação genérica. De eficácia mais duvidosa são os meios a que o titular da marca pode lançar mão para impedir que o sinal passe, na linguagem da generalidade do público dos consumidores — que é a *linguagem corrente* —, a constituir o nome comum de um género de produtos. Antes de nos referirmos a esses meios, convirá lembrar que os empresários — todos os empresários — aspiram a ser titulares de marcas que, pela sua grande difusão junto do público, se *identifiquem* com o próprio produto, pois que isso lhes assegura uma posição privilegiada na concorrência. Daí que o objectivo da publicidade — *maxime* da "publicidade-espectáculo" dos nossos dias, veiculada pelos meios audiovisuais, e à qual, pelos seus custos, só podem recorrer as grandes empresas (oligopolistas) — não seja a (simples) informação sobre a existência dos produtos publicitados sob determinadas marcas, assim dando conta aos consumidores das várias possibilidades de escolha que o mercado lhes oferece; em última instância, a publicidade, por isso que é essencialmente *sugestiva,* o que visa é esta outra coisa: levar a que o consumidor altere o processo *(mental)* de escolha do produto, ou seja, que não parta da opção de compra de um produto, fazendo depois (num segundo momento, entenda-se) a escolha de uma das várias marcas existentes no mercado, antes comece pela opção por uma determinada marca quando pensa comprar o correspondente produto, ignorando assim as possibilidades de escolha que, em relação a esse mesmo produto, lhe são oferecidas pelo mercado. É claro que esta *subordinação* do produto à marca será tanto mais intensa quanto maior for a divulgação — e, por arrastamento, a popularidade e o êxito — da marca junto do público dos consumidores; há, porém, um limite — uma espécie de *dead-line* ou de *no return point* — que ao titular da marca não interessa ver ultrapassado (isto, é claro, se a lei e/ou os tribunais impuserem a caducidade do registo da marca, ocorrendo a perda da sua capacidade distintiva para a generalidade do público dos consumidores). E é precisamente para impedir — *rectius* para tentar impedir (cfr. a seguir no texto) — que esse limite seja ultrapassado, é dizer, para (tentar) esconjurar o perigo de a marca se transformar, para a generalidade do público dos consumidores, em denominação genérica do produto, que o respectivo titular passará a fazer a publicidade acompanhada de avisos (mais ou menos intimidatórios[51]) sobre a verdadeira natureza do sinal; a mais disso, por certo que se há-de mostrar atento a todas as referências, feitas na imprensa (jornais, revistas, etc.), que apresentem a marca como uma denominação genérica, como não deixará de reagir contra a reprodução do sinal, por exemplo, em dicionários ou em enciclopédias (de carácter cultural e/ou técnico- -científico), quando essa reprodução não seja acompanhada da advertência de que se trata de uma marca registada[52].

---

[51] A este propósito, o aviso da *Xerox Corporation,* publicado em revistas norte-americana (cfr. McCarthy, *ob. cit.*, vol. I, § 12.09 [1]), é bem elucidativo: "Our lawyers can present their entire case in 25 words or less.

Xerox is a registered trademark. It identifies our products. It shouldn't be used for anything anybody else makes.

Our lawyers figure 25 words or less to the wise should be sufficient."

[52] Na esteira das leis uniformes dos países encandinavos (cfr., A. Troller, *Immaterialgüterrecht,* Bd. I, 3ª ed., Basel, 1983, p. 303, M.A.-Perot- -Morel, *ob. cit.,* p. 53 e, entre nós, Pinto Coelho, "O problema da conversão ...", *RLJ cit.,* p. 325), e também da lei suíça de 28 de Agosto de 1992, o art. 10.º do Regulamento (CE) n.º 40/94 do Conselho, de 29 de Dezembro de 1993 (JO n.º L 11, de 14 de janeiro de 1994), dispõe o seguinte: "Quando a reprodução da marca comunitária em dicionários, enciclopédias ou obras de consulta semelhantes dê a impressão de que ela constitui o nome genérico dos produtos ou serviços para os quais foi registada, o editor da obra deve, a pedido do titular da marca comunitária, assegurar que a reprodução da marca seja, o mais tardar na próxima edição, acompanhada de uma referência indicando que se trata de uma marca registada".

Poucas são ainda as leis sobre a marca, mesmo no quadro dos países da União Europeia, que contêm uma norma desse tipo. E, quando é assim, o titular da marca não dispõe, no quadro do respectivo direito, de qualquer meio de tutela contra essas utilizações atípicas do sinal por banda de terceiros — utilizações *atípicas,* dizemos, exactamente porque a marca não é aí usada para contradistinguir produtos ou serviços ou, por outras palavras, não é usada *a título de marca.* Por outro lado, essas utilizações da marca, geralmente, não ocorrem no âmbito de uma relação concorrencial — geralmente, o titular da marca não será concorrente do editor das publicações (jornais, revistas, dicionários,

A "Vulgarização" da Marca na Directiva 89/104/CEE   101

4. Essa atitude de vigilância do titular da marca evidencia a sua vontade de conservar o respectivo direito e, do mesmo passo, contribui para que esse objectivo seja logrado. Todavia, não se pode excluir que, apesar desse empenho, a marca acabe por perder a capacidade distintiva para a generalidade do público dos consumidores; na verdade, se é possível exercer controlo sobre a linguagem escrita e, por essa via, condicionar a linguagem oral *(maxime* dos leitores), não há meio eficaz de fiscalizar esta segunda

enciclopédias, etc.) que apresentem a marca como denominação genérica do produto ou serviço; consequentemente, mesmo que se aceite que a tutela da marca, assim se alargando o conteúdo do respectivo direito, pode ser *complementada* pela disciplina da concorrência desleal, está excluído que esta disciplina possa ser invocada pelo titular da marca para pôr cobro às referidas utilizações do sinal.

As marcas são, como todos sabemos, valores do activo do estabelecimento ou empresa (sobre a equipolência destes dois termos, cfr. ORLANDO DE CARVALHO, *ob. cit.,* p. 7 s., nota 3, e FERRER CORREIA, "Reinvidicação do estabelecimento comercial como unidade jurídica", in *Estudos de Direito Civil, Comercial e Criminal,* 2ª ed., Coimbra, 1985, p. 255). E, assim, a caducidade do registo da marca, em consequência da sua transformação em denominação genérica, redunda necessariamente na diminuição do valor do próprio estabelecimento e, por conseguinte, num prejuízo para o respectivo titular. Ora, a utilização da marca como denominação genérica em jornais, revistas, dicionários, enciclopédias, etc., pode contribuir, ela própria, para a consumação desse fenómeno; impõe-se, por isso mesmo, que o titular da marca se possa opor a essa utilização atípica do sinal, por banda de terceiros, que não são seus concorrentes. O fundamento (jurídico) dessa oposição reside no próprio direito real absoluto ("a que parece convir o esquema da propriedade" — são palavras de FERRER CORREIA, "Sobre a projectada reforma da legislação comercial portuguesa", in *Temas de Direito Comercial e Direito Internacional Privado,* Coimbra, 1989, p. 49) sobre o estabelecimento — concebido como "um bem imaterial *encarnado, radicado* num lastro material ou corpóreo, que o concretiza e, concretizando-o, o sensibiliza" (ORLANDO DE CARVALHO, *Direito das Coisas,* Coimbra, 1977, p. 196, nota 2; no mesmo sentido, cfr. FERRER CORREIA, *ob. ult. cit.,* p. 47 s.) —, cujos produtos ou serviços a marca em causa contradistingue.

forma de linguagem (quer em relação aos leitores, quer, por maioria de razão, em relação aos não-leitores, que são sempre em maior número), sendo certo que, como escreve M.-A.-PEROT-MOREL, "l'usage généralisé d'une marque notoire comme désignation usuelle d'un produit est, le plus souvent, oral"[53]. Vale isto por dizer que, em relação à generalidade do público dos consumidores, a transformação da marca em denominação genérica do produto é um *fenómeno objectivo,* para cuja verificação se não pode atribuir qualquer relevo à vontade do titular da marca. E isto pela razão simples, mas decisiva, de que a perda da capacidade distintiva de uma marca, para a generalidade do público dos consumidores, pode ocorrer *mesmo contra a vontade do seu titular.* Já no que concerne à perda da capacidade distintiva de uma marca em relação aos círculos empresariais interessados (concorrentes directos e indirectos) e, por conseguinte, à sua transformação em denominação genérica do produto nesses mesmos círculos, as coisas têm de ser vistas a outra luz. Dispondo de meios eficazes para impedir que esses seus concorrentes façam uso da marca (a este mesmo título ou como denominação genérica), se o titular desta não lança mão desses meios, será essa sua *inacção* (em regra, imputável à sua vontade) que, afinal, motiva a perda da capacidade distintiva do sinal nesses círculos empresariais interessados; em consequência desse uso plúrimo — e que é feito, note-se, por empresários entre os quais não intercede qualquer relação económica e/ou contratual[54] —,

---

[53] "Ce caractère est, en particulier, prépondérant pour les biens de consommation courante, produits alimentaires par exemple. La vulgarisation est alors difficile à déceler; elle s'opère lentement et subrepticement et n'apparaît souvent au titulaire de la marque que lorsqu'il est trop tard. On détruit difficilement l'habitude prise par le public d'utiliser verbalement une désignation" *(ob. cit.,* p. 53).

[54] Como é sabido, é hoje comummente aceite a possibilidade de o titular de uma *marca individual,* conservando o respectivo direito, conceder a outro

A "Vulgarização" da Marca na Directiva 89/104/CEE   103

empresário o direito de utilizar o sinal para diferenciar produtos do mesmo género, e que serão produzidos ou comercializados por esse outro empresário. Estes contratos, ditos de licença — entre nós, nos começos dos anos sessenta, a admissibilidade de tais contratos era ainda contestada por PINTO COELHO (cfr. "O problema da admissibilidade da 'licença' em matéria de marcas", in *RLJ*, ano 94.º, p. 289 s.) —, distinguem-se dos chamados contratos de *merchandising*, através dos quais o titular de uma marca (em regra, famosa ou, quando menos, conhecida) usada num determinado sector merceológico (por exemplo, como sinal distintivo de cigarros) concede a outro empresário o direito de usar a marca para produtos de um outro género, completamente diferente (por exemplo, artigos de vestuário). Por outro lado, importa também ter presente que a existência de um contrato de licença não implica, necessariamente, uso plúrimo da marca. Há, de facto, que distinguir entre licenças exclusivas e licenças não exclusivas (sobre as várias classificações da licença de marca, cfr., entre nós, OLIVEIRA ASCENSÃO, *ob. cit.*, p. 164 s.). O titular da marca, que se vê forçado, por quaisquer razões, a suspender a produção dos bens diferenciados pelo sinal, mas que não exclui a hipótese de voltar a utilizar esse mesmo sinal num futuro mais ou menos próximo, pode conceder a outro empresário o direito de usar a marca por um certo período de tempo; evita, assim, quer a caducidade por falta de uso — "a utilização da marca feita pelo licenciado será considerada como feita pelo titular do registo" (transcrevemos a parte final do corpo do art. 119.º) —, quer a perda do valor de aviamento (ou *goodwill)* do sinal. Numa hipótese desse género, é normal a inclusão de uma *cláusula de exclusividade* a favor do licenciado, não havendo, por conseguinte, uso plúrimo da mesma marca. Dado que, entre nós, por força do art. 118.º, § 1.º, "a propriedade da marca registada é transmissível, independentemente do estabelecimento" (sistema de não-conexão), dever-se-á entender que o titular da marca, para ceder validamente a outrem o direito de usar *temporariamente* o sinal, não tem que transmitir (temporariamente) o estabelecimento no qual produzia (ou comercializava) os bens que a marca diferenciava (no mesmo sentido, pode ver-se OLIVEIRA ASCENSÃO, *ob. cit.*, p. 163). Isto, é claro, se essa dissociação entre a marca e o estabelecimento não for susceptível de "induzir o público em erro quanto à proveniência do produto ou do serviço ou aos caracteres essenciais para a sua apreciação" (sobre o sentido dessa ressalva, que aparece no § 1.º do art. 118.º e no art. 119.º, cfr. OLIVEIRA ASCENSÃO, *ob. cit.,*

p. 160 s., e "O confisco realizado no estrangeiro e a titularidade da marca registada em Portugal", in *CJ*, 1986, tomo II, p. 17s).

Modernamente, os contratos de licença mais frequentes são, porém, de outra espécie. Procurando alargar a presença da marca no mercado, o titular desta, sem suspender a sua própria actividade empresarial e, por conseguinte, sem deixar de usar a marca, autoriza que outros empresários, que actuam no mesmo sector merceológico, a utilizem para diferenciar os bens (produtos ou serviços) que eles próprios produzem. A validade destas licenças, ditas *não exclusivas,* não pode deixar de ser apreciada à luz da função originária da marca — a função distintiva. Dissemos atrás (nota 1) que a marca, a mais de distinguir produtos ou serviços, indica a *proveniência* desses mesmos produtos ou serviços, ou seja, a empresa do titular do sinal; por outro lado, também dissemos que esta função *(indicadora de origem* ou *proveniência* dos produtos ou serviços) não é prejudicada pelo facto de a marca ser *anónima,* i.é, não conter qualquer referência à pessoa (humana ou jurídica) do empresário — mesmo nestas hipóteses, que são as mais numerosas, não há dúvida de que a marca garante ao comprador que todos os produtos que a ostentam provêm da mesma empresa, que o consumidor pode não conhecer, é certo, mas que sabe que só pode ser uma, exactamente aquela que tem direito ao uso exclusivo do sinal (como escrevia PINTO COELHO, "O Problema da admissibilidade da 'licença'..., *RLJ* cit., p. 290, "ainda que a marca, pela sua constituição, seja puramente objectiva, consistindo numa simples designação de fantasia, ou numa figura emblemática, sem qualquer alusão ao estabelecimento ou à pessoa do seu proprietário ou criador, a verdade é que a marca importa sempre um vínculo entre o produto e o industrial ou comerciante que a adopta"). Pois bem. Sendo admitidas as licenças não exclusivas — no nosso direito actual, nesse sentido, poder-se-á ver o § 2.º do art. 119.º, sendo certo que a Directiva (art. 8.º, n.º 1) e o Regulamento da marca comunitária (art. 22.º, n.º 1) também admitem expressamente as licenças desse tipo —, dever-se-á fazer depender a sua validade da existência de condições que permitam afirmar que as várias empresas (a do titular da marca e as dos licenciados) constituem, pelo menos no que concerne à produção dos bens (produtos ou serviços) destinados a circular com a mesma marca, um *complexo substancialmente unitário* (a expressão é de DI CATALDO, *ob. cit.,* p. 148); só assim, na verdade, é que a marca pode continuar a desempenhar a sua função distintiva, no sentido de indicador de proveniência de uma única fonte produtiva. Segundo é claro que a marca acaba inevitavelmente por perder a sua capacidade distintiva também para a generalidade do público dos consumidores, de nada valendo então ao seu titular os esforços, eventual-

---

DI CATALDO, *ob. cit., loc. cit.*, as várias empresas (a do titular da marca e as dos licenciados) só podem ser consideradas uma fonte produtiva única ou, se preferirmos, "um complexo substancialmente unitário" quando subsistem três pressuposos: *a)* o titular da marca mantém a produção dos bens (produtos ou serviços) diferenciados pelo sinal; *b)* o contrato assegura ao titular da marca o poder de regulamentar quer o uso da marca por banda dos licenciados, quer a produção, por parte destes, dos bens que passam a ostentar a marca; *c)* o contrato assegura ao titular um poder de controlo sobre a actividade dos licenciados, com vista a garantir a observância das regras, por ele pré-estabelecidas, relativas à produção.

A admissibilidade das licenças não exclusivas, mesmo nos termos (restritivos) acabados de apontar, forçou a uma *revisão* das consequências do uso plúrimo da marca (será conveniente lembrar que o problema da transformação da marca em denominação genérica é muito anterior à admissibilidade das licenças desse tipo); nesse caso, para obstar à perda da capacidade distintiva da marca e, por conseguinte, à sua transformação em denominação genérica do produto, é mister evidenciar as relações contratuais intercedentes entre os vários empresários que usam a mesma marca, entendendo-se que, para o efeito, é suficiente uma referência ao contrato de licença, inscrita na embalagem do produto e/ou no (restante) material publicitário (cfr., neste sentido, BAUMBACH--HEFERMEHL, *ob. cit.,* § 8 Anh *WZG*, nota 25).

Uma outra situação, hoje igualmente muito frequente, em que a mesma marca é usada por vários empresários (juridicamente autónomos, mas economicamente dependentes), é a seguinte: uma sociedade *holding* (pura ou impura) obtém o registo de uma marca — no nosso direito actual, mesmo a *holding* pura, cuja actividade se não traduz na produção de bens (para o mercado), pode ser titular de marcas (cfr. o proémio do art. 76.º) —, que passará a ser usada (exclusivamente ou não) pelas várias empresas do grupo, as mais das vezes, dotado de uma direcção unitária (que cabe, precisamente, à sociedade *holding,* titular da marca). Também neste caso, se poderá falar de uma única fonte podutiva e, por outro lado, se for convenientemente evidenciada a relação económica (de grupo) intercedente entre as várias "empresas" que usam a marca, esta não perderá a sua capacidade distintiva.

mente feitos, para impedir que, também nesse âmbito, a marca passe a ser compreendida como denominação genérica do produto.

5. À luz do que se acaba de dizer, são possíveis duas conclusões. Eis a primeira. Se se fizer depender a caducidade do registo da marca da perda da sua capacidade distintiva *também* para os círculos profissionais interessados, é dizer, da sua transformação em denominação genérica do produto *também* nesses círculos, a perda do direito à marca, que assim se afirma, é, afinal, concebida como uma *sanção* para o comportamento, no mínimo negligente, do titular da marca na defesa desse mesmo direito. Ao invés — e já estamos a referir a segunda conclusão —, se, em coerência com a exigência feita para que o sinal aceda ao registo (cfr. *supra*, n.º 3.1.), a transformação da marca em denominação genérica do produto para a generalidade do público dos consumidores for considerada suficiente para afirmar a caducidade do registo da marca, a consequente perda do respectivo direito deixa de ter qualquer carácter sancionatório — a perda do direito é tão só a consequência da necessidade de *compatibilizar* a situação de exclusividade (de monopólio *hoc sensu),* ínsita na tutela da marca, com os princípios da liberdade de iniciativa económica e de concorrência[55]. Nesta perspectiva, será tão absurdo e tão injusto declarar extinto o direito à marca, com o simples fundamento de que a designação que a cons-

---

[55] Dessa forma, se responde ao quesito, formulado por PINTO COELHO, "O problema da conversão da marca ...", *RLJ cit.,* p. 313, e que era o seguinte: *"Em nome de que princípio* se atribui ao público o poder de despojar uma denominação do seu *valor jurídico* de MARCA, convertendo-a em simples vocábulo designativo do próprio produto, isto independentemente de qualquer demonstração de desinteresse ou de *abandono* por parte do titular da marca, que continua a prevalecer-se dos direitos que a lei lhe confere, e procura mantê-los, promovendo a renovação do registo e requerendo a protecção do seu exclusivo em diversos países, através do registo internacional?".

titui é correntemente usada pelo público como nome genérico do produto[56], quanto o é, com base precisamente nas chamadas *leis de defesa da concorrência*[57], proibir aos empresários a celebração dos contratos que julgam necessários para se defenderem da concorrência, ou não lhes permitir que realizem as operações de concentração que lhes aprouver, ou que sejam mesmo forçados a desmembrar as suas empresas quando estas atingem uma dimensão considerada incompatível com os princípios da liberdade de iniciativa económica e da livre concorrência. Por outro lado, é incontestável que quando a marca se transforma em denominação genérica do produto para a generalidade do público dos consumidores, ainda que mantenha o seu significado originário para os círculos empresariais interessados, logo emerge a situação de monopólio (indirecto) da produção e/ou do comércio do produto em causa, a favor do titular da marca[58]. E isto, é óbvio, independentemente do comportamento por este assumido, ou seja, independentemente da sua responsabilidade na ocorrência do fenómeno da transformação da marca em denominação genérica.

Tudo junto, podemos agora dizer que os dois referidos modos de conceber a perda do direito à marca, em consequência da sua transformação em denominação genérica do produto, são apenas reflexo de concepções diferentes sobre o sentido e o valor da liberdade da concorrência (que é, afinal, o aspecto dinâmico da liberdade de iniciativa económica). Para os defensores da *teoria subjectiva*

---

[56] São de novo palavras de PINTO COELHO, cfr. "O problema da conversão da marca ...", *RLJ cit.*, p. 292.

[57] Entre nós, Decreto-Lei n.º 371/93, de 29 de Outubro, arts. 85.º e 86.º do Tratado de Roma e Regulamento (CEE) n.º 4064/89 do Conselho, de 21 de Dezembro de 1989.

[58] Só não será assim, no caso de se tratar de produtos cuja escolha não é feita pelo consumidor, como acontece, por exemplo, com os medicamentos, que, a mais de não poderem ser objecto de publicidade dirigida ao público, só podem ser adquiridos mediante receita médica.

da vulgarização da marca — que, aliás, tem diferentes matizes, mas que é *(et pour cause)* a teoria predominante na generalidade dos países europeus desde o início do nosso século [59] — importa menos a concorrência do que os concorrentes, no sentido de que a *eventual* defesa daquela é sempre mediatizada e, por isso mesmo, *condicionada* pelos interesses (monopolistas) dos próprios concorrentes. Atitude diferente é a dos defensores da *teoria objectiva,* porquanto, embora não questionem os "momentos de monopólio" que a tutela das marcas introduz(iu) no sistema de liberdade de concorrência e, por conseguinte, contemporizando com a *concorrência monopolista,* não deixam de repudiar a "monopolização da concorrência" ou, se preferirmos, a sobreposição das condições-de-monopólio às condições-de-concorrência.

5.1. Paradigmático, a este propósito, é o exemplo da doutrina e da jurisprudência norte-americanas. Ao contrário do que sucedeu na generalidade dos países europeus, a preocupação do legislador norte-americano com a defesa da liberdade de concorrência remonta ao final de oitocentos — mais precisamente, a 1890, que foi o ano da promulgação do *Sherman Act,* cujo escopo, como foi acentuado pelo juiz STONE [60], era prevenir as restrições à liberdade de concorrência nos negócios e nas transacções comerciais, restrições que conduziam às limitações da produção, aos aumentos de preços ou, em qualquer caso, ao controlo do mercado

---

[59] Cfr. PINTO COELHO, «O problema da conversão da marca ...", *RLJ cit.,* p. 248 s. e 261 s., que refere várias decisões de tribunais franceses, belgas, suiços e alemães — decisões da primeira metade do nosso século, ou seja, de um período em que o legislador dos referidos países (como aliás, o de muitos outros países europeus, incluindo o nosso) não cuidava da defesa da liberdade de concorrência.

[60] Cfr. CALLMANN, *ob. cit.,* 4ª ed., vol. I, § 4.01, p. 4.

com desvantagem para os adquirentes. Não se ignora, evidentemente, que esse fervor *anti-monopolista* do legislador norte-americano[61], por razões as mais diversas, e que não interessa aqui desenvolver — lembraremos apenas a asserção de WIETHÖLTER: "... o legislador, só aparentemente omnipotente, pode decerto fazer tudo o que quer, mas não pode tudo querer" — acabou, na prática, por ficar muito aquém das expectativas[62]. De toda a maneira, deixou uma espécie de rasto ou de cultura favorável ao *free enterprise system* que, amiúde, condiciona as opções da doutrina e da jurisprudência desse país. É também assim na matéria que agora nos ocupa. A *section 45* do *Lanham Act* de 1946 define o *abandono ("abandonment")* da marca de forma a abranger a sua transformação em denominação genérica do produto (ou do serviço), se este desenvolvimento for causado ou agravado pela actividade ou inactividade do titular da marca *("by acts of commission or omission on the part of the tradmark owner"*. A circunstância de a lei só considerar a marca *abandonada,* ocorrendo a sua transformação em denominação genérica do produto, se esse resultado for imputável à vontade do respectivo titular, não significa, porém, que a doutrina e a jurisprudência não afirmem a perda do direito à marca transformada em denominação genérica, independentemente dessa vontade, e mesmo contra ela. CALMANN, por exemplo, depois de acentuar que, uma vez a marca introduzida no mercado, o seu titular assume o risco de ela se trans-

---

[61] "If we will not endure a king as a political power we should not endure a king over the production, transportation, and sale of any of the necessities of the life" — estas são palavras do Senador Sherman (cfr. TOLKSDORF, "Stand und Entwicklungstendenzen der Wettbewerbstheorie", in *WuW,* 1980, p. 787, nota 14).

[62] "Os autores da lei — escrevia MARNOCO E SOUSA, referindo-se à lei *Sherman* — vangloriavam-se de ter acabado duma vez para sempre com todos os ataques à livre concorrência, mas os factos vieram demonstrar a falsidade das suas previsões" (cfr. *A troca e o seu mecanismo,* Coimbra, 1904, p. 275).

formar em denominação genérica, logo acrescenta: "Whether a transformation to a generic or descriptive term has taken place *is a question of fact, and not intent*" [63]. Não é, pois, relevante — são ainda palavras de CALLMANN — "to probe deeply into the reason for the transformation, nor to allocate responsability therefor. *It is the mere existence of the transformation that is of prime significance*" [64]. No quadro da jurisprudência, e nesse mesmo sentido, avulta a decisão que invalidou a marca "Cellophane" (= Celofane [65]), em cuja motivação

---

[63] *Ob. cit.*, vol. III, § 18.25, p. 228. No mesmo sentido, MCCARTHY, *ob. cit.*, vol. I, § 17.02 [3], que escreve "... But no matter how hard the trademark owner may try, it may not be able to prevent the consuming public from adopting a certain term as a generic name for all products in a certain class. Thus, even though the trademark owner may not intend this result, and may not even be negligent for not tryng, usage of the public may end the trademark significance of what the first user considers to be a symbol of origin in one seller".

No quadro da jurisprudência, a este propósito, referência para uma decisão de 1975 *(E.I. DuPont de Nemours & C.° v. Yoshida International, Inc.)*, citada por CALLMANN, na qual se lê: "The basic question is ultimately one of the *fact* of transition — the *public's* reation to a word — not one of the owner's intent. Thus whether the transition is voluntary or involuntary ou [his] part is not controlling".

[64] Isto dito, CALLMANN logo acrescenta: "And it is equally irrelevant to direct the inquiry toward the reason for the plaintiff's failure to maintain the trademark; whether it was due to economic instability, the standard of the law of unfair competition, a government decree, a change of law, or the use of the mark for a different purpose, are questions which do not affect the legal principle" *(ob. cit.,* vol. III, § 18.25, p. 229).

[65] «Transparent glycerinated cellulose hydrate regenerated from viscose» (= "hidrato de celulose glicerinado transparente, proveniente da viscose") — este era o nome do produto para o qual se havia adoptado a marca "Cellophane" (= Celofane). Desconhecemos se há registo desta marca em Portugal. Porém, temos à mão um dicionário (concretamente, o *Dicionário da Língua Portuguesa*, 6.ª ed., Porto Editora), que inclui a palavra CELOFANE (sem indicação de que se trata de uma marca registada), e que se diz ser: "*(substantivo masculino)* material plástico, de origem celulósica (viscose prensada), que se emprega geralmente em folhas muito finas de perfeita transparência, como invólucro impermeável e para outros fins. (Do francês *cellophane*, 'idem', de *cellu[lose] + [dia] phane)*".

se lê: "...O Tribunal de distrito [tribunal *a quo*, entenda-se] errou quando concluiu que a marca 'cellophane' existe independentemente daquilo que o termo representa no espírito dos consumidores ... Não interessa o dinheiro ou os esforços dispendidos pela Companhia Du Pont [a autora] com vista a persuadir o público de que 'cellophane' significa um artigo da sua produção; uma vez que não conseguiu verdadeiramente converter o mundo ao seu evangelho não pode ter protecção" *(so far as it did not succeed in actually converting the world to its gospel it can have no relief)* [66]. Perfilhando a *teoria objectiva*, esta decisão pronuncia-se, outrossim, no sentido de considerar suficiente, para afirmar a *vulgarização* da marca, o facto de a generalidade do público dos consumidores a ter passado a considerar como uma denominação genérica do produto. Porém, a este respeito, serão porventura ainda mais significativas as decisões respeitantes às marcas "Aspirin" (= "Aspirina") [67] e "Thermos" [68] (= Termo [69]); neste último caso, o tribunal reconheceu que a marca "Thermos", quando usada para diferenciar "garrafas térmicas" *("vacuum-insulated containers"),* havia perdido a sua capacidade distintiva para a grande maioria do público dos consumidores, tendo, por isso, caído no domínio público — e isto, note-se, apesar de se haver expressamente reconhecido que, para os concorrentes do titular da marca, esta não se tinha podido transformar em deno-

---

[66] CALLMANN, *ob. cit.,* vol. III, § 18.25, p. 229.

[67] *The Bayer Company, Inc. v. United Drug Co.,* 272 F 505 (SDNY, 1921), in 11 *T.M. Reporter,* p. 178 s.

[68] Casos *American Thermos Products Co. v. Aladdin Industries, Inc.,* 207 F Supp 9 (D Conn, 1962), e *King-Seeley Thermos Co. v. Aladdin Industries, Inc.,* 321 F 2d 577 (CA2, 1963); ambos citados por CALLMANN, *ob. cit.,* vol. III, § 18.25, p. 234, nota 11.

[69] Palavra incluída no já referido "Dicionário da Porto Editora", sem indicação de que se trata de uma marca registada, e que se diz ser: *"(substantivo masculino)* recipiente destinado a manter a temperatura do conteúdo; o mesmo que *garrafa-termo."*

minação genérica, exactamente porque se tratava de uma marca muito conhecida que eles não podiam ignorar[70]. O caso *Bayer Co. v. United Drug Co.* oferece-nos ainda outra particularidade: o réu foi autorizado a continuar a vender *directamente* aos consumidores os comprimidos de "ácido acetilsalicílico" sob a palavra "Aspirin" (= "Aspirina"), exactamente porque se havia demonstrado que, nesse círculo de interessados, essa palavra passara a ser compreendida "as referring to the product, and not to its manufacturer"[71]; porém, nas vendas feitas a farmacêuticos, droguistas e médicos, o réu continuou impedido de usar essa mesma palavra por se ter considerado que "those purchasers (...) had been educated to accept the word 'Aspirin' as a synonym for the plaintiff's product"[72]. Sendo apenas possível em relação a alguns produtos, esta distinção pode, ao fim e ao cabo, provocar a perda da capacidade distintiva da marca no segmento do mercado em que ela ainda existe.

5.2. Aceite sem contestação nos Estados-Unidos da América, a *teoria objectiva* da vulgarização da marca acabou também por se impor em Itália, na vigência da Lei de 1942, cujo art. 41, alínea 1),

---

[70] Tendo afirmado que a marca "Thermos" caira no domínio público, o tribunal pôs, ainda assim, algumas limitações ao seu uso por banda da ré. Esta não poderia usar a palavra com o "T" maiúsculo e devê-la-ia fazer preceder da expressão "Aladdin's", sendo-lhe também vedado o uso de palavras como "original", "genuíno", ou outras semelhantes. Isto porque se considerou que um segmento do público consumidor, que, sendo minoritário, não era negligenciável, continuava a considerar a palavra "Thermos" como marca da autora — por isso, e não por se tratar de uma marca muito conhecida, que os concorrentes do seu titular não podiam ignorar. As referidas restrições ao uso da marca "Thermos" por banda da ré, que tinham em vista evitar riscos de confusão, vieram a ser levantadas em 1970, "because, after eight years of widespread use, the word 'thermos' had become a generic term" (CALLMANN, *ob. cit.,* vol. III, § 18.25, p. 234, nota 11).

[71] CALLMANN, *ob. cit.,* vol. III, § 18.25, p. 227.

[72] CALLMANN, *ob. cit., ibidem.*

estatuía[73]: "Il brevetto per marchio d'impresa decade *se il marchio sia divenuto denominazione generica di un prodotto o merce"*. Perante este texto, e numa primeira (longa) fase, a *Corte di Cassazione* manteve-se fiel à ideia (afirmada no quadro da lei de marcas de 1868, que não referia a vulgarização da marca como causa de caducidade do respectivo registo), segundo a qual a extinção do direito à marca, em consequência da sua vulgarização, não era uma questão objectiva, mas uma questão de vontade do respectivo titular. Num primeiro acórdão, de 30 de Janeiro de 1946 (marca "Thermos")[74], lê-se de facto o seguinte: "A vulgarização da marca não produz a caducidade do direito ... o direito exclusivo da marca ... pode perder-se *somente com renúncia expressa ou tácita*. A renúncia tácita dever-se-á reconhecer pelo prolongado não uso por muitos anos e pela tolerância consciente do titular do direito perante o uso da mesma marca por banda de outros produtores. Nestes casos existe *abandono* do direito exclusivo que legitima o uso que outras empresas dele façam." Nesta mesma linha, um outro acórdão da *Corte di Cassazione*, de 22 de Março de 1967 *(caffé Hag)*, onde se lê: "Não constitui vulgarização da marca o uso, ainda que largamente estabelecido, de designar com um certo nome quer o produto a que esse nome respeita, quer os produtos similares. O direito sobre a denominação e sobre a marca só pode esvanecer-se por uma causa prevista na lei e não pela popularidade que deriva da grande difusão do produto. *A vulgarização não pode verificar-se contra a vontade do titular da marca*, isto é, quando falte um comportamento que possa ser interpretado como aquiescência ao uso por banda de ter-

---

[73] Essa lei foi recentemente objecto de várias alterações, que resultaram da necessidade da sua adaptação à Directiva. A actual redacção do referido art. 41, 1, alínea *a)*, é a seguinte: "Il marchio d'impresa decade *se il marchio sia divenuto nel commercio, per il fatto dell'attività o dell' inattività del suo titolare, denominazione generica del prodotto o del servizio"*.

[74] *FI*, 1944-46, p. 582 s.

ceiros ou então como renúncia a valer-se da prerrogativa de uso exclusivo"[75].

Essa orientação jurisprudencial — que, aliás, foi sofrendo algumas "correzioni di tiro"[76] ao longo dos tempos — nunca colheu, porém, o aplauso da maioria da doutrina[77], para a qual o facto de uma marca chegar ao ponto de não ser mais o sinal distintivo de um produto, antes se tratar, por efeito do êxito e da difusão alcançados junto do público, da denominação comum de uma categoria de produtos homogéneos, presentes no mercado, não é reconduzível a um acto volitivo do titular do sinal[78], mais ou

---

[75] Transcrevemos de R. FRANCESCHELLI, *Sui marchi di impresa*, 4ª ed., Milano, 1988, p. 446 s., nota 13.

[76] A expressão é de V. MANGINI, *ob. cit.*, p. 335; cfr. *infra*, nota 84.

[77] Cfr. FERRARA J.ᵒʳ, *La teoria giuridica dell'azienda*, Firenze, 1945, p. 275 s.; FRANSCESCHELLI, "Leggi del linguaggio e volgarizzazione di marchi", in *RDI*, 1953, II, p. 293 s = *Studi riuniti di diritto industriale*, Milano, 1972, p. 345 s.; ID., "Ancora sulle leggi del linguaggio e sulla volgarizzazione dei nomi usati come marchi", in *RDI*, 1956, II, p. 387 s = *Studi riuniti, cit.*, p. 359 s.; ID, *Sui marchi, cit.*, p. 441 s.; ASCARELLI, *Teoria della concorrenza e dei beni immateriali*, 3ª ed., Milano, 1960, p. 467 s.; JAEGER, "Sulla volgarizzazione del marchio", in *RDI*, 1960, II, p. 331 s.; T. RAVÀ, *Diritto industriale*, vol. I, 2ª ed., Torino, 1981, p. 140 s.; P. VERCELLONE, *La ditta, l'insegna e il marchio*, in *Trattato di Diritto Privato* (dirigido por RESCIGNO), Torino, 1983, vol. 18, p. 116 s.; MANGINI, *ob. cit.*, p. 334 s.; CRUGNOLA, "Sulla decadenza del marchio per volgarizzazione", in *RDI*, 1988, II, p. 39 s.

[78] Nas palavras de R. CORRADO, *I marchi dei prodotti e dei servizi*, Torino, 1972, p. 370: " ... volgarizzazione del marchio e rinunzia al relativo diritto sono fenomeni del tutto distinti e non assimilabili, come ormai è riconosciuto sullo stesso piano normativo con la previsione da parte di norme distinte (art. 41, 1 e art. 4, comma 6), sicché non è dato più riconoscere una dichiarazione abdicativa in un comportamento del tutto passivo per giustificare un fenomeno che in realtà deve essere inferito al 'fatto di terzi'".

menos atento à conservação da capacidade distintiva deste, *"ma dipende dalla circostanza obiettiva dell'essere il marchio entrato nel linguaggio corrente[79] come nome comune di un genere di prodotti"*[80]. Perante este fenómeno — dizia incisivamente FRANCESCHELLI — "o titular da marca nada pode fazer." "Não estamos no terreno das sanções de um comportamento *contra legem* ou, de qualquer forma, negligente e pouco precavido dos próprios interesses — são ainda palavras de FRANCESCHELLI —, mas no terreno da observância de uma necessidade de carácter social e popular, que implica ineluctavelmente a extinção da função individuante da marca — neste sentido, pode, pois, falar-se de 'leis fatais da linguagem'..."[81]. Em

---

[79] "La trasformazione del significato del contenuto del marchio da denominazione di tipo a denominazione di genere deve essere accertata presso il pubblico dei consumatori (caduta in pubblico dominio, volgarizzazione) e non anche dei produttori e dei commercianti, in quanto il marchio è destinato ai consumatori e il linguaggio dei consumatori è il linguaggio propria della collettività" (CORRADO, *ob. cit.,* p. 379); "... è pacifico che questa trasformazione del significato della parola dev'essere avvenuta *nel pubblico dei consumatori,* perchè a questo il marchio è destinato" (FERRARA J.[or], *ob. cit., p.* 275); "...perchè la volgarizzazione abbia luogo è necessario che il segno, da segno distintivo di prodotto di un imprenditore, passi ad indicare *nell' effettivo uso dei consumatori* — dei consumatori e non anche dei produttori, come invece è stato preteso da un' autorevole dottrina, dimenticando che è appunto ai consumatori che si deve aver riguardo per giudicare dell'efficacia distintiva — un genere di prodotti (...) e così prodotti di imprenditori diversi in relazione a comuni caratterische generiche (...), venendo allora usato come denominazione generica per indicare tutti i prodotti appartenenti al genere e non potendo pertanto più costituire marchio (...)" (ASCARELLI, *ob. cit.,* p. 468).

[80] Cfr. P. FRASSI, "Riflessioni sul fenomeno della volgarizzazione del marchio", in *RDI,* 1990, I, p. 406.

[81] Cfr. "Ancora sulle leggi del linguaggio ...", in *Studi riuniti, cit.,* p. 366; "insomma, la logica delle leggi sulla formazione del linguaggio è più forte della logica formale e dei sofismi, al riparo dei quali si celano, non di rado, colossali e ingiustificate interessi di monopolio" (estas são também palavras de FRANCESCHELLI, *Sui marchi, cit.,* p. 446).

favor deste entendimento da vulgarização da marca como fenómeno objectivo, também se argumentava com o art. 18, alínea 2), da lei de marcas, segundo o qual não podiam "costituire oggetto di brevetto, per l'uso esclusivo come marchi, *le denominazione generiche di prodotti o merci*"[82]. Como acentuava JAEGER, a *ratio* do referido art. 41, alínea 1), da lei não diferia da desse outro preceito; "se una denominazione generica non può costituir marchio, quando una denominazione specifica divenga generica essa non è più idonea ad essere usata come segno distintivo"[83].

Começando por fazer as tais *"correzioni di tiro"* a que há pouco aludimos (citando MANGINI) — e, desse jeito, abandonando a tese rigorosamente "subjectiva", dos primeiros tempos, em favor de soluções intermédias[84] —, a *Corte di Cassazione* acabou, também ela,

---

[82] Segundo a actual redacção do art. 18, n. 1, alínea *b*), "non possono costituire oggetto di registrazione come marchio d'impresa, oltre ai segni diversi da quelli indicati all'art. 16, *i segni costituiti esclusivamente dalle denominazioni generiche di prodotti o servizi ...*".

[83] Cfr. "Sulla volgarizzazione del marchio", *RDI* cit., p. 333.

[84] Que podemos sintetizar do seguinte modo:

— a generalização na linguagem dos consumidores não é suficiente para declarar a vulgarização da marca; a *fattispecie,* na verdade, não visa apenas tutelar o interesse do público e dos concorrentes à livre utilização da marca, mas pretende reprimir uma eventual inércia abusiva do titular, na defesa da sua marca contra as usurpações dos outros concorrentes;

— daí que, para decidir sobre a generalização de um sinal, seja necessário considerar qual a percepção que têm da marca, não só os consumidores, mas, sobretudo, os empresários concorrentes; quando o titular do sinal tivesse tido um comportamento de activa defesa do seu direito e não de inércia abusiva, a generalização entre os concorrentes não poderia ter ocorrido e o registo da marca deveria continuar válido (neste sentido, VANZETTI, "Volgarizzazione del marchio ed uso del marchio altrui in funzione descrittiva», in *RDI,* 1962, I, p. 20 s., AULETTA, "Estinzione del diritto al marchio per caduta in dominio pubblico e per rinunzia", in *GI,* 1947, I, 1, p. 97 s., ASQUINI, "Volgarizzazione e pseudo-vulgarizzazione del marchio", in *RDComm.,*

por abraçar a teoria objectiva da vulgarização da marca, no seu acórdão de 11 de Dezembro de 1978 (caso *Cellophane)* cujo sumário reza assim: "Per accertare l'avvenuta decadenza per volgarizzazione del diritto al marchio, *deve aversi esclusivamente riguardo alla circostanza obiettiva del significato assunto dalla denominazione presso il pubblico dei consumatori, a nulla rilevando il comportamento soggettivo dell'antico titolare"* [85].

6. Depois deste excurso, olhemos agora mais de perto para o art. 12.º, n.º 2, alínea *a),* da Directiva (que será, afinal, o nosso direito futuro). Recorde-se, a começar, o quesito acima formulado: Para se apurar se uma marca registada perdeu a sua capacidade distintiva, assim se vulgarizando, com a consequente caducidade do respectivo registo, dever-se-á ter em conta apenas (e só) a opinião da generalidade do público dos consumidores, ou *também* deverá ser tida em conta a opinião dos outros círculos de interessados (industriais/concorrentes, comerciantes, etc.)? Acabámos de ver que a doutrina e a jurisprudência dos Estados Unidos e da Itália[86], assumindo uma atitude claramente anti-monopolista, respondem a este quesito no sentido de se bastarem, para afirmar a perda da capacidade distintiva e a consequente extinção do respectivo direito, com a opinião da generalidade do público dos consumidores, abstraindo por inteiro, na apreciação desse fenómeno, do comportamento do titular do sinal. Quanto ao legislador comunitário, a

---

1955, II, p. 43 s., e SATTA, *"Nuove idee sula 'volgarizzazione' dei marchi",* in *FI,* 1955, I, p. 124 s.).

[85] *GI,* 1979, I, 1, p. 378 s.; cfr. ainda FRANCESCHELLI, "La Cassazione italiana sposa, sulla volgarizzazione del marchio, la teoria oggettiva", in *RDI,* 1979, II, p. 392 s.

[86] Convirá notar que, neste último país, dada a recente alteração do art. 41 da lei de marcas (cfr., *supra,* nota 73), a chamada "teoria objectiva da vulgarização" pertence já à história.

simples leitura do referido preceito da Directiva evidencia que a sua resposta a esse mesmo quesito foi em sentido diferente. Na verdade, a caducidade do direito à marca é aí subordinada a dois requisitos: (*i*) a transformação da marca na *designação usual no comércio* do respectivo produto ou serviço, (*ii*) em consequência da *actividade* ou *inactividade* do respectivo titular.

6.1. Por força daquele primeiro requisito, não cabe dúvida de que uma marca que perdeu a capacidade distintiva para a generalidade do público dos consumidores — ou, se preferirmos, que, na *linguagem corrente,* se transformou em denominação genérica do produto ou serviço — não deixará, por esse facto, de ser objecto de protecção; a opinião desse conjunto de participantes *(passivos)* no mercado, por si só, é irrelevante, pois que se exige que a marca se haja transformado *"na designação usual no comércio do produto ou serviço* para que foi registada" — ou, por outras palavras, exige-se a transformação da marca em denominação genérica na *linguagem do comércio* (não na linguagem de todo o comércio, acentue-se, mas apenas na linguagem daquele sector em que intervém o titular da marca[87]) —, o que significa que se faz depender a caducidade do registo da marca da perda da sua capacidade distintiva no âmbito dos *círculos profissionais interessados (id est,* produtores e comerciantes dos mesmos produtos ou de produtos similares àqueles para que a marca foi registada). O *sentido restritivo,* que assim atribuímos à expressão «designação usual no comércio do produto ou serviço» resultará ainda mais evidente, se tivermos presente a norma do art. 3.º, n.º 1, alínea *d),* da Directiva; nos termos desta norma, "será recusado o registo ou ficarão sujeitos a declaração de nulidade, uma vez efectuados, os registos relativos às marcas constituídas exclusi-

---

[87] Os empresários (industriais ou comerciantes), que actuam num sector merceológico diferente do do titular da marca, integram, pois, o conjunto do público dos consumidores.

vamente por sinais ou indicações que se *tenham tornado usuais na linguagem corrente ou nos hábitos leais e constantes do comércio"*. A circunstância de o legislador comunitário atribuir relevância, para a registabilidade de um sinal como marca, à *linguagem corrente,* que é, naturalmente, a linguagem da generalidade do público dos consumidores (do vulgo, *hoc sensu),* e não se lhe referir no art. 12.°, n.° 2, alínea *a),* evidencia claramente a sua intenção; retenha-se, aliás, a incoerência: por um lado, impõe-se a recusa do registo dos sinais ou indicações que se tiverem *tornado* usuais na linguagem corrente — e, havendo registo, afirma-se a sua nulidade —, por outro lado, arreda-se a caducidade do registo da marca transformada em denominação genérica do produto *(apenas)* para a generalidade do público dos consumidores, ou seja, transformada em denominação genérica *(apenas)* na linguagem corrente. Esta incoerência do legislador comunitário é tanto mais flagrante quanto é certo que, como é da natureza das coisas, os sinais ou indicações que se *tornaram* usuais na linguagem corrente *só podem ser aqueles que antes o não eram.* Ora, não se vê bem que outros sinais possam ser estes, para além daqueles que começaram por ser usados (inclusive *a título de marca)* pelos empresários para diferenciar os respectivos produtos, e que depois perderam a capacidade distintiva, tornando-se assim *res communis omnium.*

Subordinando-se a caducidade do registo da marca à perda da sua capacidade distintiva nos círculos profissionais interessados, delimitados da maneira restritiva que se apontou, obviamente que o uso de uma marca como denominação genérica em dicionários, enciclopédias, manuais, livros científicos ou técnicos, ou quaisquer outras publicações, não constitui qualquer prova da perda da sua capacidade distintiva; o uso que assim é feito da marca ocorre *fora dos círculos relevantes* ou, dizendo de outra maneira, não ocorre "no comércio do produto ou serviço para que foi registada" e, por conseguinte, à semelhança do que sucede quando a generalidade do público se serve da marca para designar o produto, esse uso da marca *só prova a sua validade no tráfico* (a sua *Verkehrsgeltung,* na terminologia alemã). Embora lhe aproveite de sobremaneira, pela publicidade *(gratuita)* que assim é feita à marca, o titular desta não pode comprazer-se com essa prática, pois que não pode excluir a possibilidade (naturalmente *remota)* de, por essa via, os tais círculos interessados, que também integram o conjunto do público leitor, passarem a atribuir ao sinal o sentido de uma denominação genérica — e isto em resultado do comportamento *(omissivo)* do respectivo titular, consubstanciado no seu comprazimento perante as referidas utilizações da marca[88].

6.2. Olhemos agora para o segundo requisito a que o art. 12.º, n.º 2, alínea *a),* da Directiva subordina a caducidade do registo da marca. Observe-se, a começar, que é muito pouco credível que uma marca se transforme "na designação usual no comércio do produto ou serviço para que foi registada", ou seja, se transforme em denominação genérica do produto ou serviço nos círculos profissionais interessados, por razões outras que não sejam a *actividade* ou a *inactividade* do respectivo titular. O legislador comunitário teve, porém, o cuidado (tornando assim ainda mais evidente o seu *garantismo*[89]) de especificar que, numa tal hipótese, a tutela da

---

[88] Cfr. *supra,* nota 52.

[89] E a opção do legislador comunitário é *garantista* exactamente porque é favorável aos interesses *(monopolistas)* dos concorrentes — naturalmente, mais aos interesses dos grandes do que aos dos pequenos, já que são aqueles que, em regra, são os titulares das marcas (mais) famosas, sendo certo que é em relação a tais marcas que primacialmente se põe o problema da sua (eventual) transformação em denominação genérica do produto ou do serviço.

Aliás, o favor às grandes empresas, subjacente ao modo como o legislador comunitário concebeu o fenómeno da vulgarização da marca — dado o teor do art. 12.º, n.º 2, alínea *a),* da Directiva, a ocorrência deste fenómeno será (quase) tão improvável quanto o é a presença de extra-terrestres no nosso planeta —, não pode ser dissociado do problema, mais geral, do reforço da tutela das *marcas célebres* e daquelas outras que, não logrando esse estatuto, se dizem *famosas* ou de *prestígio*.

Com referência aos países (ainda) hoje mais industrializados, podemos dizer que a generalização da disciplina jurídica das marcas, em sentido moderno (acrescentam alguns autores), ocorreu no último quartel do século passado. Na base dessa disciplina — e como se escreveu noutro lugar (cfr. FERRER-CORREIA e M. NOGUEIRA SERENS, "A composição da marca...", in *RDE cit.*, p.7 s.) —, que responde, afinal, à dificuldade de todos venderem quanto todos estão em condições de produzir, encontramos uma preocupação fundamental: *tutelar os empresários contra os riscos de confusão sobre a origem* (ou proveniência) *dos produtos*. Ao erigir o interesse do titular da marca (o empresário) à categoria de direito subjectivo — comportando a faculdade de uso exclusivo do sinal —, o ordenamento jurídico assegurava a identificação do produto como proveniente de determinada fonte produtiva, e, com isso, permitia a distinção dos bens produzidos (ou comercializados) por um empresário dos bens similares oferecidos por terceiros. Nesta perspectiva, os interesses do empresário, titular da marca, só estariam em causa, de modo juridicamente relevante, se do uso de sinal (idêntico) por outrem derivasse a possibilidade (risco) de o público imputar ao produto marcado uma origem — a empresa do titular da marca — que realmente não era a sua. Ora, esta possibilidade (risco) só seria verosímil se, a mais da igualdade ou semelhança dos sinais, houvesse uma certa *similitude* entre os produtos marcados. Donde o clássico entendimento, segundo o qual a tutela da marca só se afirmava no quadro do chamado *princípio da especialidade* (cfr. *supra,* nota 1).

Ao atribuirem relevância jurídica à função distintiva da marca, a que se acabou de aludir, as primeiras leis sobre o sinal — as primeiras leis com referência ao período do chamado capitalismo industrial, pois que se não ignora a preocupação com a tutela dos sinais distintivos (marcas incluídas) no *Ancien Régime* — propiciavam aos industriais um meio para *orientar* as escolhas dos consumidores, forçando os comerciantes a vender o que aqueles queriam comprar. Com efeito, no tempo em que, por exemplo, o sabão era *só* sabão — e houve um tempo assim: o da primeira fase do capitalismo industrial —, o consumidor, que fizera uma experiência aquisitiva de um determinado sabão, corria o risco de, ao pretender repeti-la, adquirir *outro sabão,* é dizer, o sabão de *outro produtor.* De outra maneira, bem diferente, se apresentam as coisas a partir do momento em que os produtores de sabão passam a *diferenciar* os seus produtos através de uma marca. O consumidor pode, agora, *forçar* o comerciante a dirigir a sua procura daquele produto para um determinado industrial, que produz aquele sabão que o consumidor deseja (continuar a) comprar, e que é *identificado* pela respectiva marca. Mas porquê o sabão desse industrial e não o de um outro? Perguntando de outro modo, o que é que podia levar o consumidor a preferir o sabão com a marca *x*, que provém de *A*, e não o sabão com a marca *y*, proveniente de *B?* Vejamos.

Se os produtos tivessem idênticos padrões de qualidade, subsistindo diferenças substanciais de preço, a razão por que o consumidor preferia um produto *(marcado)* a outro *(igualmente marcado)* poderia ser exactamente o seu preço; mas, se os produtos (marcados) fossem todos vendidos sensivelmente ao mesmo preço, a razão da preferência do consumidor já seria a diferença de qualidade, se a houvesse é claro; por último, se não existissem substanciais diferenças de preço, apresentando os produtos *(marcados)* idênticos padrões de qualidade, a razão da preferência do consumidor podia ser a própria marca, na hipótese, é claro, de esta, pelo seu valor intrínseco, ter capacidade atractiva ou sugestiva (cfr. *supra,* nota 47).

Como já se referiu, a generalização da tutela jurídica das marcas ocorreu no último quartel do século passado e, por conseguinte, é coeva da *cartelização da indústria,* (sobre as implicações deste fenómeno, cfr. o nosso "A proibição da publicidade ...", *cit.,* p. 66 s.). Vale isto por dizer que o uso das marcas por banda dos industriais, para assim *diferenciarem* os respectivos produtos, ocorre precisamente no momento em que a *concorrência de preço* (e também os sucedâneos dela) passa(m) a ser objecto de severas restrições. Com efeito, sendo os "cartéis de preço", nessa época, muito frequentes, muitos eram os industriais que se vinculavam a não concorrer por esse meio; quanto aos concorrentes *directos* desses industriais (os *outsiders),* a impossibilidade de privilegiarem a concorrência de preço, que era reflexo da necessidade de salvaguardar os fins monopolistas dos cartéis, advinha da aplicação (rigorosa) da *disciplina da concorrência desleal,* que é, também ela, "filha da cartelização". [Na verdade, para o êxito dos "cartéis de preços" (ou de qualquer outro tipo) não bastava que o legislador e os tribunais fossem *complacentes* em relação às restrições à concorrência contratualmente assumidas (assim *subordinando* a liberdade de concorrência à liberdade contratual). Necessário era, outrossim, que os concorrentes *(directos)* dos membros do cartel não fossem livres de concorrer pelos meios que lhes aprouvessem.

E aí temos, pois, a *disciplina da concorrência desleal,* é dizer, a proibição de *certas formas* de concorrência (incluindo muitas daquelas que eram postergadas pelos cartéis) — proibição, essa, que, obviamente, não depende de qualquer manifestação de vontade (que era a base dos cartéis) para se afirmar e que, por isso, *atinge as empresas não cartelizadas.]* Por outro lado, é também inquestionável que, na época da cartelização da indústria, muitos produtos — *maxime,* produtos de largo consumo, que passaram a ser diferenciados através de uma marca, e em relação aos quais se verificam as chamadas "aquisições de impulso" — começam já a apresentar idênticos padrões de qualidade: emergência do chamado fenómeno da "estandardização" (ou *produção em massa),* que é reflexo da predominância da *máquina* no processo produtivo. Finalmente, também ninguém ignora que os casos em que uma marca, pelo *seu valor intrínseco* — descontando, é claro, os casos de *merchandising* dos nomes e/ou imagens de personagens imaginários e mesmo da vida real (cfr. *supra,* nota 29), que são hoje muito frequentes, mas que, no último quartel do século passado (e mesmo nos primeiros anos do nosso século), admitindo que já existiam, seriam naturalmente muito raros (os poderosos *mass media,* que hoje proliferam, ainda vinham então muito longe) —, tem capacidade sugestiva ou atractiva são verdadeiramente excepcionais, sendo certo que essa mesma capacidade, derivada *(apenas)* da qualidade do respectivo produto (cfr. *supra,* nota 47), se torna mais difícil de consolidar à medida que os diversos produtos apresentam idênticos padrões de qualidade.

Num tal quadro, é claro que o uso da marca, por si só, *não podia determinar* a escolha de um produto (marcado) em detrimento de outro (igualmente marcado): iguais no preço, os produtos também se equivaliam na qualidade, e se as marcas que ostentavam não ofereciam, em si mesmas, qualquer capacidade sugestiva (ou publicitária), resultava indiferente para o consumidor adquirir um ou outro desses produtos. Na falta desses meios de concorrência, o uso da marca apenas permitia *orientar* a escolha dos consumidores, reforçando a posição destes face aos comerciantes, disso aproveitando os industriais: o consumidor, tendo adquirido o produto com a marca *x,* proveniente do industrial *y,* poderia, com segurança, repetir essa sua experiência aquisitiva.

Esta "insuficiência" das marcas para determinar a escolha dos produtos, que está associada ao carácter oligopolista dos mercados, irá ser suprida pelo recurso à *publicidade,* que assim (re)emerge como *meio de concorrência.* É, com efeito, a publicidade que, centrando-se nas marcas, lhes vai permitir adquirir *poder de venda (selling power,* na terminologia anglo-saxónica); forjado à margem dos méritos dos respectivos produtos, esse poder da marca depende essencialmente do seu efeito psicológico sobre o público. Donde a *(inevitável)* preponderância da *publicidade sugestiva,* que faz verter sobre a marca um *conjunto de factores intangíveis, não utilitários,* que diferenciam o respectivo produto no mercado, atribuindo-lhe uma "personalidade" própria. E é assim que a própria marca adquire, também ela, uma *função sugestiva* ou *publicitária,* forjada à margem do seu valor intrínseco ou da qualidade dos respectivos produtos, e que é a base do seu aludido poder de venda.

A intrusão da publicidade na concorrência, exactamente porque fez sobressair (ao lado da função distintiva) a referida função sugestiva ou publicitária das marcas, *desigualizou-as no plano sócio-económico.* E é fácil ver porquê. Sendo diferente a dimensão empresarial dos titulares de marcas, diferente é também a sua capacidade económico-financeira, da qual depende, em última instância, o investimento feito em publicidade. Porque são mais intensamente publicitadas, as marcas das grandes empresas hão-de adquirir maior *capacidade atractiva* ou *sugestiva* do que as das empresas de média dimensão, do mesmo jeito que estas outras marcas, nesse mesmo aspecto, e pela mesma razão, se hão-de diferenciar das das pequenas empresas. As marcas "Coca-Cola" e "Spur-Cola", que contradistinguem bebidas não alcoólicas do mesmo tipo, à luz da sua função distintiva (originária), terão sensivelmente o mesmo valor; não obstante, uma eventual compra da marca "Coca-Cola" implicaria o pagamento de um preço incomparavelmente superior ao da compra da marca "Spur-Cola". Esta *mais valia* de uma marca em relação à outra decorre precisamente da sua *diferente capacidade atractiva* ou *sugestiva* — dessa capacidade, e já não da qualidade dos respectivos produtos ["mais de 1 milhão de testes comprovam que a (cola) 'Royal Crown' tem melhor sabor do que a 'Coca-Cola' e do que a 'Pepsi'" (são palavras de AL RIES, em entrevista publicada na revista *Exame Executive Digest,* Outubro de 1994, p. 64, sob o título "As marcas estão a morrer") ... mas, nem por isso, estas marcas deixam de vender mais do que aquela] —, a qual, por sua vez, e como já dissemos, não pode ser dissociada do maior investimento em publicidade que é feito pelo titular da marca "Coca-Cola".

O diferente valor das marcas no plano sócio-económico, que decorre da circunstância de elas não terem todas o mesmo *selling power* — note-se que as marcas fazem parte do activo das empresas e, por conseguinte, o valor da marca condiciona o valor da respectiva empresa — não provocou, de imediato, uma mudança de paradigma legislativo; com efeito, as primeiras leis de marcas, que *concebiam o direito sobre o sinal apenas à luz da sua função distintiva* e que, por isso mesmo, consagravam o *princípio da relatividade da respectiva tutela,* mantiveram-se em vigor durante várias décadas, e, quando foram alteradas, as que lhes sucederam não trouxeram inovações sobre o conteúdo do direito. Aconteceu assim, por exemplo, em França com a Lei de 31 de Dezembro de 1964, que revogou a Lei de 23 de Junho de 1857, em Itália com a Lei de 21 de Junho de 1943, que substituiu a Lei de 30 de Agosto de 1868, em Portugal com o Código da Propriedade Industrial, aprovado pelo Decreto n.º 30679, de 24 de Agosto de 1940, que revogou a Lei de 28 de Maio de 1896, e também na Alemanha, onde ainda vigora a lei de 12 de Maio de 1894, com várias modificações, é certo, mas que deixaram intocado o conteúdo do direito sobre o sinal (sobre as várias modificações da referida lei alemã, cfr., por exemplo, BUSSE, *Warenzeichengesetz,* 5. Aufl., Berlin/New York, 1976, p. 6 s.). [Em França e em Itália, à data em que escrevemos, vigoram já novas leis, aprovadas em consequência da Directiva 89/104/CEE, e que assumem a diferenciação das marcas no plano sócio--económico, atribuindo-lhe, pois, relevância jurídica: "L'emploi d'une *marque jouissant d'une renommée pour des produits ou services non similaires* à ceux désignés dans l'enregistrement engage la responsabilité civile de son auteur s'il est de nature à porter préjudice au propriétaire de la marque ou si cet emploi constitue une exploitation injustifiée de cette dernière" — assim reza o art. 16 da Lei francesa de 4 de Janeiro de 1991; "Il titolare [da marca] ha il diritto di vietare a terzi, salvo proprio consenso, di usare un segno identico o simile al marchio registrato *per prodotti o servizi non affini,* se il marchio registrato gode nello Stato di rinomanza e se l'uso del segno senza giusto motivo consente di trarre indebitamente vantaggio dal carattere distintivo o dalla rinomanza del marchio o reca pregiudizio agli stessi" (texto do art. 1, n.º 1, alínea *b),* da lei italiana de 4 de Dezembro de 1992). Em Portugal e na Alemanha, ocorrendo a transposição da referida Directiva, estamos convencidos de que se consagrará essa mesma solução]. A circunstância de o legislador, na generalidade dos países europeus (e não só), se ter mantido fiel, durante muito tempo, ao princípio da relatividade da tutela das marcas — de todas as marcas, independentemente, pois, da sua maior ou menor capacidade atractiva ou sugestiva (perante a lei, as marcas, "nascendo" iguais, não se podiam tornar desiguais) — não significou, porém, que essa maior ou menor capacidade atractiva ou sugestiva do sinal permanecesse juridicamente irrelevante, durante esse mesmo período. A prova disto mesmo encontramo-la na distinção, que não tinha base legal, mas que se impôs na generalidade da doutrina e da jurisprudência de vários países — dos mesmos países cujas leis de marcas se mantiveram inalteradas no que concerne ao conteúdo do respectivo direito —, entre *marcas* (mais) *fortes* e *marcas* (mais) *fracas,* para efeitos da determinação do âmbito da respectiva tutela (cfr. *supra,* nota 1). Na base desta distinção vieram, aliás, a afirmar-se duas diferentes orientações jurisprudenciais. Como vimos *(supra,* nota 1), nos Estados-Unidos, França, Itália e (mais recentemente) Portugal, por exemplo, os tribunais passaram a deduzir da maior ou menor força da marca uma dupla consequência: *(i)* no conflito entre duas marcas, se a primeira(mente registada) for uma marca forte a segunda há-de apresentar um *grau de dissemelhança* maior do que aquele que seria exigido se a marca anterior fosse fraca; *(ii)* dois produtos, que não seriam afins se a marca cuja tutela está em causa fosse fraca, passam a ser afins só porque essa marca é forte. Nesta perspectiva, o *carácter forte* de uma marca, que, no limite, pode atingir o estatuto da "celebridade", condiciona quer o juízo sobre a sua confundibilidade com outras marcas, quer o conceito de afinidade dos produtos (ou serviços), *relativizando* um e outro. Diverso é, porém, o entendimento da jurisprudência alemã; embora aceitem que o carácter (mais) forte ou (mais) fraco de uma marca condiciona o juízo sobre a sua confundibilidade com outras marcas, os tribunais alemães entendem que dois produtos, que não seriam afins se a marca cuja tutela está em causa fosse fraca, *não passam a ser afins porque essa marca é forte* (neste sentido, cfr. por exemplo, as decisões do *BGH* de 11 de Novembro de 1955 — discutiu-se aí a possibilidade de um fabricante de *viaturas,* titular da marca "Magirus", se opor ao uso desta marca para contradistinguir *instalações frigoríficas;* embora tivesse aceite que se tratava de uma *marca célebre,* o *BGH* considerou que não havia afinidade entre os referidos produtos, falecendo, por isso, a tutela da marca no quadro do direito sobre o sinal (sobre o *fundamento jurídico* que o *BGH* invocou para conceder uma protecção ampliada à marca célebre, cfr. adiante, nesta nota) — e de 10 Abril de 1968, ambas citados por L. Heydt, "Verwechslungsgefahr und Warennähe im Warenzeichenrecht", in *FS Günther Wilde,* München, 1970, p. 67 s.; esta orientação do *BGH* é, aliás, acolhida pela generalidade da doutrina alemã; cfr., por todos, Baumbach/Hefermehl, § 5 *WZG,* nota 102, e § 31 *WZG,* nota 17).

A "Vulgarização" da Marca na Directiva 89/104/CEE   127

Os efeitos das duas orientações jurisprudenciais, acabadas de apontar, foram, pois, diversos no que concerne à *desigualação* das marcas no plano jurídico. A primeira dessas orientações conduziu ao alargamento do âmbito merceológico de tutela das marcas célebres (que são as marcas mais fortes), as quais passaram a ser protegidas de forma *tendencialmente* absoluta, sem que, para o efeito, houvesse necessidade de arrostar com a postergação do princípio da relatividade da tutela do sinal; para a segunda daquelas orientações jurisprudenciais, a celebridade da marca pré-existente só condiciona o juízo sobre a sua confundibilidade com marcas conflituantes e, por isso mesmo, o seu âmbito de tutela, em termos merceológicos, *não difere do de uma marca comum*. Este entendimento, que é o dos tribunais alemães, não significa, porém, que a marca célebre não seja objecto de uma tutela absoluta ou merceologicamente ilimitada — *significa apenas que o fundamento jurídico dessa tutela não é o próprio direito sobre a marca*. Aliás, mesmo aquele outro entendimento, que aflora na nossa jurisprudência mais recente e que é predominante na jurisprudência norte-americana, francesa e italiana, segundo o qual o carácter forte da marca (cuja tutela está em causa) *condiciona* a afinidade dos produtos, embora alargue o âmbito merceológico de tutela da marca célebre, não permite que esta obtenha uma tutela absoluta no quadro do próprio direito sobre o sinal; com efeito, e como já vimos *(supra,* nota 1), nos Estados-Unidos, em França e em Itália, os tribunais têm o cuidado de observar que a possibilidade de o público ser induzido em erro sobre a origem dos produtos, por causa da celebridade da marca pré-existente, *tem limites objectivos.* Ou seja, consideram que há produtos *merceologicamente tão distantes* — doces e máquinas agrícolas é o expressivo exemplo do mais alto tribunal italiano, na sua decisão de 24 de Março de 1983 — que o público não pode razoavelmente supor que eles provêm da mesma empresa ou de empresas (económica ou juridicamente) ligadas, *por mais célebre que seja a marca que eles ostentem.* Em tais hipóteses, exactamente porque não há risco de confusão quer em sentido estrito, quer em sentido amplo, falece a tutela da marca célebre no quadro do direito sobre o sinal, emergindo, por conseguinte, a necessidade de encontrar um outro fundamento jurídico para a tutela absoluta ou merceologicamente ilimitada dessa marca.

Na Alemanha — di-lo Helmut Kohl, *Die "Verwässerung" berühmter Kennzeichen",* Berlim, 1975, p. 20 —, o primeiro caso em que se consagrou a tutela absoluta ou merceologicamente ilimitada da marca célebre *(berühmte Marke),* foi julgado em 1923, pelo *LG Chemnitz* (há pelo menos um caso anterior, julgado em 1905 pelo *RG*, no qual se recusou protecção à marca de máquinas fotográficas "Kodak" contra o uso do mesmo sinal para contradistinguir banheiras — o fundamento invocado pelo titular daquela marca havia sido o § 826 *BGB*); um fabricante de artigos de *cosmética* e *perfumaria*, titular da marca "4711" opôs-se, com êxito, ao uso dessa marca por banda de um fabricante de *meias*. Ainda na década de vinte, e no que concerne à jurisprudência do *RG*, referência para três decisões: *(i)* a primeira, de 18 de Junho de 1926, na qual se considerou que um produtor de *cigarros,* titular da marca "Nuerburg", se podia opor ao uso dessa marca para contradistinguir *bebidas alcoólicas; (ii)* a segunda, de 11 de Janeiro de 1927, que proibiu o uso da marca "Salamander" para contradistinguir *papel de lixa* e *papel de esmeril (Schleif-und Schmirgelpapier),* com base no registo anterior desta marca para *sapatos; (iii)* por último, uma decisão de 8 de Março de 1927, que ordenou o cancelamento do registo da marca "Uralt", para *produtos de tabaco (Tabakwaren),* com base no registo anterior da marca "Asbach Uralt" para *bebidas alcoólicas* (sobre estas três decisões, desenvolvidamente, cfr. H. KOHL, *ob. cit.,* p. 27 s.). Tendo-se consolidado nas décadas de trinta e quarenta (cfr. os casos citados por HELMUT KOHL, *ob. cit.,* p. 30 s., e também por U. LOEWENHEIM, "Die berühmte Marke im europäischen Spannungsfeld", in *MA* 1991, p. 238 s.), esta jurisprudência do *RG* foi depois acolhida pelo *BGH*. Para além da já citada decisão de 11 de Novembro de 1955 *(GRUR* 1956, p. 172 s.), na qual se proibiu o uso da marca "Magirus", que contradistingue viaturas, como sinal distintivo de instalações frigoríficas, poder-se-ão ainda referir, de modo exemplificativo: *(i)* a decisão de 19 de Dezembro de 1960 *(GRUR* 1960, p. 280), que concedeu protecção à marca "Tosca", que contradistingue *perfumes,* contra o seu uso como marca de *vestuário de senhora; (ii)* a decisão de 10 de Novembro de 1965 *(GRUR* 1966, p. 623), que proibiu o uso da marca de *vinho espumante* "Kupferberg" como *firma* de uma sociedade, cujo objecto era o comércio de *máquinas e ferramentas* ("Kupferberg" era, aliás, o apelido de um dos sócios desta sociedade). Ao nível das instâncias, merecem também referência: *(i)* a decisão do OLG Düsseldorf, de 25 de Maio de 1954 *(GRUR* 1957, p. 438 s.), que protegeu o chamado "sinal Zwilling", figura com dois gémeos usada por uma fábrica de *tesouras e outros instrumentos de corte,* contra a sua utilização por uma *fábrica de vestuário; (ii)* a decisão do OLG Hamburg, de 10 de Dezembro de 1972 *(GRUR* 1973, p. 94), que concedeu protecção à marca "Asbach", que contradistingue *conhaque,* contra o seu uso para contradistinguir *pão.* Citadas por DETLEF V. SCHULTZ ("Wohin geht das berühmte Kennzeichen?", in *GRUR* 1994, p. 87, nota 27) são ainda duas decisões, já da década de oitenta, do OLG Düsseldorf e do OLG Hamburg, respeitantes à marca "Rosenthal" *(Porcelanas/ /bebidas alcoólicas)* e à marca "Underberg" *(licor amargo/camisas para homem);* finalmente, será interessante fazer referência a um caso não publicado, mas que é recorrente na doutrina alemã: o titular da marca de perfumes "4711" conseguiu obstar a que uma empresa, que se dedicava à limpeza de fossas, usasse (como marca de serviço?) nos auto-tanques (necessariamente mal cheirosos...) o número 4711, que era o número de telefone que, casualmente, lhe havido sido atribuído.

Excluida a possibilidade de fundamentar esta tutela (absoluta ou merceologicamente ilimitada) da marca célebre no quadro do próprio direito sobre o sinal ou, dizendo de outra maneira, na lei de marcas (*WZG*) — isto porque, de novo o dizemos, partindo essa lei do *princípio da especialidade* da marca, esta apenas é aí protegida contra o uso de sinal confundível para os mesmos produtos ou produtos afins —, o *RG* e, num primeiro momento, o *BGH* (por exemplo, no caso "Magirus"-acordão de 11 de Novembro de 1955) invocaram a cláusula geral do § 1 da lei contra a concorrência desleal (*UWG*): o empresário que contradistinguia os seus produtos (ou que compunha a sua firma) com um *sinal igual* (ou *quase-igual,* cfr. adiante, nesta nota) a uma marca célebre de outrem, usada para contradistinguir produtos diferentes, praticava, pois, um *acto de concorrência contrário aos bons costumes (gutte Sitten)* e, por isso mesmo, *desleal.* Cedendo às críticas de alguns sectores da doutrina, que subordinavam a aplicação da referida cláusula geral *à existência de (uma relação de) concorrência* — e os exemplos que foram mencionados evidenciam que, não sendo os produtos afins, as empresas envolvidas também não estão em concorrência (sobre este ponto, desenvolvidamente, cfr., por exemplo, MICHAEL LEHMANN, "Die wettbewerbswidrige Ausnutzung und Beeinträchtigung des guten Rufs bekannter Marken, Namen und Herkunfstangaben", in *GRUR-Int.* 1986, p. 10, e BAUMBACH/HEFERMEHL, *Wettbewerbsrecht,* 17. Aufl., München, 1993, *UWG, Einl.,* notas 221 s.) — o *BGH,* no seu acordão de 11 de Novembro de 1958 (caso "Quick", *GRUR* 1959, p. 182 s), acabou por abandonar esse entendimento, passando então a recorrer aos princípios gerais da responsabilidade civil extracontratual e, mais concretamente, ao § 823 *BGB.* Esta norma, na sua primeira alínea, defende a propriedade e os outros direitos absolutos *(sonstige*

Rechte) contra interferências ilícitas; entre os "outros direitos absolutos", segundo a opinião dominante — dominante e já antiga (cfr., por todos, HERBERT BUCHNER, *Die Bedeutung des Rechts am eingerichteten und ausgeübten Gewerbebetrieb für den deliktsrechtlichen Untenehmensschutz"*, München, 1971, *passim*, e RUDOLF WIETHÖLTER, "Zur politischen Funktion des Rechts am eingerichteten und ausgeübten Gewerbebetrieb", in *Kritische Justiz* 1971, p. 121 s. — também se inclui o "direito à empresa" *(Recht am Unternehmen)* ou, dizendo de uma maneira mais circunstanciada, o "direito à empresa organizada e exercida" *(Recht am eingerichteten und ausgeübten Gewerbebetrieb)*. Na opinião do *BGH*, que, aliás, colhe o apoio da doutrina dominante, o uso de uma marca célebre *(melhor seria dizer o uso de um sinal igual ou quase-igual a uma marca célebre)* por banda de um terceiro, para contradistinguir produtos diferentes, representa uma *ingerência (Eingriff)* no direito à empresa de cujo activo essa marca faz parte. Esse uso, não obstante a inexistência de qualquer risco de confusão, faz perigar — assim se julga — a capacidade sugestiva ou atractiva da marca e, por conseguinte, afecta o valor patrimonial desta, disso se ressentindo a respectiva empresa (mais desenvolvidamente, cfr., por exemplo, REINHARD BORK, "Kennzeichenschutz im Wandel — Zum Verhältnis des bügerlichrechtlichen zum wettbewerbsrechtlichen Schutz der berühmten Marke gegen Verwässerungsgefahr", in *GRUR* 1989, p. 725 s.) [Recentemente, há alguns autores alemães (por exemplo, M. LEHMANN, "Die wettbewerbswidrige Ausnutzung ...", *GRUR cit.*, p. 10, e VOLKER DEUTSCH, "Der Schutz von Marken und Firmen außerhalb des Wettbewerbsbereichs", in *FS GAEDERTZ*, München, 1992, p. 99 s.) que defendem que o direito à marca é, ele próprio, um *"sonstige Rechte"*, no sentido da referida alínea 1 do § 823 *BGB*. Em última instância, esta tese rompe com o princípio da especialidade da marca. Com efeito, as marcas deixarão de ser tuteladas apenas à luz da sua função distintiva — tutela contra riscos de confusão (em sentido estrito ou em sentido amplo), que é afirmada na lei de marcas —, passando a beneficiar de uma tutela especialmente dirigida à sua função publicitária, e que se afirma com base naquela norma do *BGB*; por outras palavras, a função publicitária da marca não é apenas protegida no âmbito da função distintiva, é dizer, de uma forma derivada, mas antes de uma *forma autónoma*. E, assim, o titular de qualquer marca, independentemente, pois, da sua maior ou menor capacidade sugestiva ou atractiva, poderá invocar o respectivo direito para se opor ao uso de um sinal igual ou confundível por banda de um terceiro, *para contradistinguir produtos diferentes,* pretextando que esse uso *prejudica* a capacidade sugestiva ou publicitária da marca em causa. Imagine-se que um fabricante de *raticida* pretende registar, como marca deste produto, um sinal igual ao anteriormente registado por um terceiro para contradistinguir *chocolates.* Segundo a lei das marcas (a lei alemã, estamos agora a pensar), e por força do princípio da especialidade, nada obstaria a esse registo — os produtos que as marcas contradistinguiam eram diferentes; por outro lado, não se afirmando a necessidade de tutelar a marca do fabricante de chocolates à luz da sua função distintiva, também não haveria lugar para uma autónoma tutela da sua função publicitária, pois que esta, no quadro daquela mesma lei, se não afirma fora do âmbito da função distintiva do sinal. Aceitando-se que a marca, apesar de ser objecto de um direito absoluto, apenas goza da protecção que decorre da lei do sinal — uma *tutela relativa ou limitada,* por força do princípio da especialidade (neste sentido, criticando a opinião dos autores que concebem o direito à marca como uma "sonstige Recht", no sentido do § 823, 1, *BGB,* cfr. BORK, "Kennzeichenschutz im Wandel...", *GRUR cit.,* p. 731) —, teríamos, pois, que o titular da marca de chocolates, que é o nosso exemplo, só poderia impedir o uso e/ou registo de um sinal igual ou quase-igual para contradistinguir raticida, no caso de se tratar de uma *marca célebre.* E isto, já o sabemos, com fundamento no "direito à empresa organizada e exercida" do titular desta marca, que se considera um direito absoluto no sentido do § 823,1, *BGB.* Na hipótese de se conceber o próprio direito à marca como um direito absoluto no sentido dessa mesma norma, *ainda que a marca não fosse considerada célebre,* falecendo a tutela da função distintiva, afirmada no quadro da lei do sinal — a inexistência de qualquer risco de confusão a isso impunha —, ainda assim subsistia a tutela da função publicitária exactamente porque esta se afirma fora do âmbito da função distintiva do sinal ou, dizendo de outra maneira, exactamente porque a marca não goza apenas da protecção que decorre da respectiva lei. Não estando em causa uma marca célebre, por certo que o seu titular, para se opor ao uso e/ou registo de um sinal igual para produtos diferentes, por banda de um terceiro, não poderia invocar que este pretendia de uma forma, diríamos, *parasitária,* aproveitar da capacidade publicitária da marca; porém, já seria crível que ele viesse invocar que o facto de o fabricante de raticida passar a contradistinguir este produto com um sinal igual a uma marca de chocolates *prejudicaria a capacidade publicitária desta marca:* chocolates e raticida são "produtos incompatíveis", pois que ao consumidor dos primeiros não há-de agradar associá-los ao segundo, coisa que se não poderá excluir se forem usadas marcas iguais. Mas, a concepção do próprio direito à marca como *direito absoluto* no sentido do § 823, 1, *BGB*, não teria apenas esta consequência de potenciar uma tutela absoluta ou merceologicamente ilimitada para *todas* as marcas: as marcas célebres, protegidas desse modo, para evitar que os terceiros *explorem* a sua capacidade sugestiva ou publicitária ou a *prejudiquem;* as "marcas normais", assim protegidas, apenas para impedir que a sua capacidade sugestiva ou publicitária seja *prejudicada.* A mais disso, essa concepção, arredando o recurso ao "direito à empresa" para fundamentar a tutela da marca célebre, *abre a possibilidade de esta lograr uma tutela desse tipo, mesmo nos casos em que o seu titular não exerça qualquer empresa.* Ora, isto é tanto mais importante quanto é certo que, também na Alemanha, se vai impondo o entendimento (que tem já hoje consagração legal entre nós, e também em França e Itália, por exemplo) segundo o qual a titularidade do direito à marca não deve ser subordinada ao exercício de uma empresa.]

Segundo a jurisprudência e a doutrina alemãs, a tutela ampliada da marca célebre pode ter um outro fundamento, para além dos princípios gerais da responsabilidade civil extracontratual. As marcas são, todos o sabemos, sinais distintivos de produtos ou serviços. Todavia, na Alemanha é pacífico o entendimento de que há marcas que, sendo compreendidas e usadas no tráfico (ou, melhor, nos círculos interessados deste) para designar as respectivas empresas, adquirem uma nova função — a de sinais distintivos de empresa *(Unternehmenskenzeichen).* Na base desta *bi-funcionalidade* da marca está, as mais das vezes, o facto de ela ser composta com elementos da firma do empresário (pessoa humana ou jurídica) ou do nome da própria empresa; neste sentido, cfr., R. BORK, "Kennzeichenschutz im Wandel ...", *GRUR cit.,* p. 728, que exemplifica com as marcas "BMW" e "AGFA", e também BAUMBACH/HEFERMEHL, *ob. cit.,* § 16 *UWG,* nota 24, que, por sua vez, dão o exemplo da marca "Pioto", constituída a partir da firma "Pincus & Otto". Dever-se-á acrescentar que a doutrina alemã, embora acentue que as hipóteses mais frequentes em que uma empresa passa a ser designada pela própria marca são as acabadas de referir, não se fica por aí: uma *marca anónima,* isto é, que não contém qualquer referência à pessoa (humana ou jurídica) do empresário ou à respectiva empresa pode, também ela, evoluir para um *"Unternehmenskennzeichen"* (cfr., por todos, BAUMBACH/ /HEFERMEHL, *ob. cit.,* § 1 *WZG,* nota 22, PETER SCHWERDTNER, in *Münchener*

Kommentar zum Bürgerlichen Gesetzbuch, Band 1, München, 1978, § 12, nota 45, e R. BORK, "Kennzeichenschutz im Wanzel...", *GRUR cit.,* 728). Pois bem. Seja qual for a razão que levou os círculos interessados do tráfico a designar uma empresa pela própria marca, quando assim acontece, transformando-se a marca num *meio de individualização,* a doutrina e a jurisprudência alemãs consideram que ela beneficia da tutela concedida ao nome das pessoas *(humanas* ou *jurídicas)* no § 12 *BGB.* Trata-se, obviamente, de uma tutela absoluta, no sentido de que o titular da "marca-nome" pode proibir terceiros de usarem uma marca igual ou confundível, mesmo que para contradistinguir produtos diferentes. Claro está que, tratando-se de uma marca célebre, se esta for também uma "marca--nome", o seu titular, para obter uma protecção merceologicamente ilimitada para o sinal, a par dos princípios gerais da responsabilidade civil extracontratual, pode ainda invocar o § 12 *BGB.*

Referidos os fundamentos da tutela alargada da marca célebre, centremo--nos agora nos *pressupostos* dessa tutela. Em primeiro lugar, exige-se que a marca tenha *"uma proeminente notoriedade no tráfico" (eine weite überragende Verkehrsgel-tung)* (cfr. J. ERNST-MOLL, "Die berühmte und die bekannte Marke", in *GRUR* 1993, p. 9 s., e BAUMBACH/HEFERMEHL, *ob. cit.,* § 31 *WZG,* nota 192, com múltiplas referências doutrinais e jurisprudenciais no mesmo sentido). A marca célebre não se confunde, pois, com a marca notória, no sentido do art. 6.°-*bis* CUP (cfr. *supra,* nota 21); por um lado, o grau de notoriedade daquela tem de ser mais elevado — uma marca só pode ser considerada célebre se for *hiper-notória* (cfr. M. LEHMANN, "Die wettbewerbswidrige Ausnutzung...", *GRUR cit.,* p. 9); por outro lado, esta hiper-notoriedade do sinal tem de se afirmar com referência ao conjunto da população — da população alemã, entenda-se, e, por isso, a proeminente notoriedade da marca no estrangeiro não pode suprir a sua falta de notoriedade no território do Estado —, ao passo que, para ser considera-da notória no sentido do art. 6.°-*bis* CUP, e, nessa medida constituir impedi-mento (absoluto) ao registo de marca igual ou confundível para os mesmos pro-dutos ou para produtos afins (§ 4, alínea 2, n. 5 *WZG),* a marca só tem que lograr notoriedade nos círculos interessados do tráfico *(maxime* junto dos adquirentes dos respectivos produtos). É tradicional o entendimento dos tribunais alemães segundo o qual uma marca só pode ser considerada célebre quando atinge um grau de conhecimento de aproximadamente 80% (com referência ao conjunto da população, repete-se); esta percentagem foi fixada a partir do *desinteresse* de cerca de 20% dos inquiridos, aquando da realização de sondagens de opinião com vista a apurar o grau de conhecimento de uma marca para a qual era invocada uma tutela absoluta — acrescente-se que uma sondagem desse tipo é obrigatória quando a proeminente notoriedade da marca não possa ser considerada um facto que faça parte do comum conhecimento dos juízes (cfr. M. LEHMANN, "Die wettbewerbswidrige Ausnutzung...", *GRUR cit.,* p. 9, e ERNST-MOLL, "Die berühmte...", *GRUR cit.,* p. 10, o qual acrescenta que, na sua opinião, a celebridade da marca "Coca-Cola" constitui um facto notório, no sentido do § 291 *ZPO;* cfr., entre nós, o art. 514.°, n.° 1, do Código de Processo Civil). Em consequência da *intensificação da publicidade,* nomeadamente através da televisão, que chega a (quase) toda a gente, a realidade é hoje outra. Provam-no alguns inquéritos, relativamente recentes, através dos quais se constata a existência de marcas que atingem um grau de conhecimento muito superior aos 80%; ERNST-MOLL, *ob.* e *loc. ult. cits.,* refere um inquérito de 1985, cujos resultados são os seguintes: "Honda" 85,7%, "ATA" 87,5%, "Nivea" 98,8%; "Coca-Cola", 99,7% (esta percentagem, atingida pela marca "Coca-Cola", ajuda-nos a perceber a razão por que ERNST-MOLL considera, como atrás se referiu, a celebridade dessa marca um *facto notório...).* Assim, não admira que alguma doutrina alemã mais recente (acompanhada, aliás, por algumas decisões dos tribunais inferiores) defenda que uma marca, para poder ser considerada célebre, deveria atingir um grau de conhecimento a rondar os 90% (neste sentido, cfr. SCHULTZ-SÜCHTING, *Handbuch des Wettbewerbsrechts (Nachtrag),* 1989, p. 95, e a decisão do *Landesgerichts Hamburg,* de 7 de Janeiro de 1987, citada por NORBERT OLESCH, "Ist die berühmte Marke Tot?", in *WRP* 1988, p. 347). Sendo a mais consentânea com o *carácter excepcional* que sempre se apontou à possibilidade de uma marca gozar de uma tutela merceologicamente absoluta ou ilimitada — porque é cada vez mais fácil, *(às grandes empresas, é claro),* por via da "publicidade-espectáculo", fazer com que as marcas atinjam elevados graus de notoriedade, impunha-se que se aumentasse a exigência (também) a este nível —, essa orientação não é, porém, dominante. Com efeito, se o *BGH* parece manter-se fiel à ideia de que basta um grau de conhecimento de cerca de 80%, a maioria dos autores considera suficiente uma percentagem na ordem dos 70% (cfr., por exemplo, R. BORK, "Kennzeichenschutz im Wandel ... ", *GRUR cit.,* p. 732, M. LEHMANN, "Die wettbewerbswidrige Ausnutzung...", *GRUR cit.,* p. 10, e U. LOEWENHEIM, "Die berühmte Marke...", *MA cit.,* p. 240).

A "Vulgarização" da Marca na Directiva 89/104/CEE 135

Um ulterior índice da celebridade da marca é a sua "unicidade" *(Alleinstellung)* (cfr. BAUMBACH/HEFERMEHL, *ob. cit.,* § 31 *WZG*, nota 197, que também usam o termo *"Einmaligkeit"*, e ERNST-MOLL, "Die berühmte...", GRUR *cit.*, p. 11). Originariamente, este requisito era entendido no sentido de que a marca, que gozasse de uma "proeminente notoriedade no tráfico", para ser considerada célebre, deveria ainda apresentar-se como *exclusiva* no mercado. Se já existiam marcas iguais (ou quase-iguais) àquela que gozava desse elevado grau de notoriedade, e que eram usadas por terceiros para contradistinguir produtos diferentes, o aparecimento de uma outra seria irrelevante. Recorrente na doutrina alemã *era* o exemplo da marca de automóveis "Mercedes", que coexiste no mercado com *marcas iguais* para contradistinguir sapatos, cigarros e bebidas alcoólicas — sublinhamos "era", exactamente porque a doutrina alemã actual atribui à marca de automóveis "Mercedes" o estatuto de celebridade, não obstante a referida pluralidade de marcas "Mercedes" (cfr., por exemplo, SCHULTZ--SÜCHTING, *Handbuch des Wettbewerbsrechts, cit.,* p. 883). A não exclusividade das marcas "Anker"/"Âncora" *(Tapetes)* e "Triumph" *(lingerie)* ou, dizendo de outra maneira, o facto de produtos diferentes serem contradistinguidos (no mercado alemão) com sinais iguais a esses, levou o *BGH*, nos seus acórdãos de 14 de Fevereiro de 1958 *(GRUR* 1958, p. 339 s.) e de 11 de Julho de 1958 *(GRUR* 1959, p. 25 s.), respectivamente, a recusar o "estatuto de celebridade" a essas marcas (admitindo, pois, o uso da palavra "Anker" para móveis estofados e o da palavra "Triumph" para vestuário de cabedal). Esta concepção, diríamos, absoluta do requisito da "unicidade" acabou, porém, por ser abandonada pelo próprio *BGH*; no seu acórdão de 10 de Novembro de 1965, já atrás referido, esse tribunal considerou que a "unicidade" da marca "Kupferberg", usada por um produtor de vinho espumante, não era prejudicada pelo facto de um terceiro, que actua num sector merceológico muito distante (no caso, uma *empresa editora),* usar esse mesmo nome como elemento da respectiva firma, *sendo esta conhecida em círculos muito restritos.* Acolhida favoravelmente pela maioria da doutrina, esta orientação jurisprudencial está hoje consolidada. Em acórdão de 1991, que é citado por DETLEF V. SCHULTZ, "Wohin geht das berühmte Kennzeichen?", in GRUR *cit*, p. 86, o *BGH* considerou que a protecção da marca "Avon" (cosméticos), como marca célebre, não era prejudicada pela utilização deste mesmo sinal por banda de um fabricante de pneus e dos Correios alemães como abreviatura da lista/índice do Código Postal *(als Abkürzung des*

Ortsnetzkennzahlenverzeichnisses); por sua vez, o OLG Düsseldorf, em acórdão de 1983 (referido por ERNST-MOLL, *ob.* e *loc. ult. cits.)*, reconheceu o "estatuto de celebridade" à marca "Rosenthal" (Porcelanas), não obstante o uso deste mesmo nome por empresários de sectores merceológicos diferentes — uso, esse, com significado e dimensão puramente locais.

Uma marca, que goze de uma "proeminente notoriedade no tráfico" e seja *exclusiva*, no sentido descrito, só pode gozar de uma tutela absoluta, como marca célebre, se apresentar *"determinada peculiaridade" (gewisse Eigenart)* (cfr., por todos, BAUMBACH/HEFERMEHL, *ob. cit.*, § 31 *WZG*, nota 195). Se, por exemplo, um empresário contradistinguir os seus produtos com uma marca muito próxima de *uma indicação descritiva*, ele não pode aspirar a uma tutela absoluta dessa marca — esse empresário sofre, por assim dizer, as consequências da sua própria escolha. Neste sentido, o acórdão do *BGH*, de 3 de Julho de 1956 *(GRUR* 1957, p. 87 s.), que recusou protecção à marca "Meisterbrand" ("Campeão da sede"?), usada por um produtor de bebidas alcoólicas, contra o uso de um sinal igual por banda de um fabricante de lareiras *(Herdfabrikant)*.

Para além de gozar de *uma proeminente notoriedade no tráfico*, de ser *exclusiva* (ou *única)* — exclusividade (ou unicidade) que é, afinal, o fundamento da sua (especial) capacidade sugestiva — e *peculiar*, a marca só pode ser considerada célebre se desfrutar de uma especial *estima* (ou *prestígio) (besondere Wertschätzung)* no mercado (cfr. ERNST-MOLL, "Die berühmte…", *GRUR cit.*, p. 11, e BAUM-BACH/HEFERMEHL, *ob. cit.*, § 31 *WZG*, nota 196). O sentido deste (último) requisito não é unívoco. Com efeito, alguns autores, atendo-se à jurisprudência mais antiga do *BGH* (por exemplo, caso "Quick", *GRUR* 1959, p. 184), consideram que, gozando a marca de "proeminente notoriedade no tráfico", aos respectivos produtos estará normalmente associada uma especial imagem de qualidade" *(besondere Gütevorstellung)*, que aproveita à própria marca, tornando--a especialmente *estimada;* bastando-se, a mais disso, com a valoração subjectiva do público, é dizer, não exigindo a prova de que os produtos são, objectiva-mente, de superior qualidade, esses autores acabam, afinal, por reconduzir a tutela absoluta da marca célebre a uma simples *compensação* das despesas de pu-blicidade. Na primeira metade do nosso século, dada a incipiência das técnicas de *marketing* e a inexistência de alguns dos principais meios de difusão de publi-cidade (com destaque para a televisão), não custará admitir que o processo de afirmação de uma marca no tráfico, ao ponto de esta adquirir aí "proeminente notoriedade", sendo mais ou menos demorado, não pudesse, outrossim, ser dissociado da especial qualidade dos respectivos produtos, da sua antiga tradição no mercado, da capacidade técnica da empresa e de outras circunstâncias semelhantes. Consequentemente, nesse tempo, seria razoável considerar preenchido o requisito da "especial estima" da marca junto do público, no caso de esta gozar de "proeminente notoriedade no tráfico"; para justificar a tutela absoluta, que viesse a ser dispensada a essa marca, sempre se poderia invocar, para além das despesas de publicidade feitas pelo seu titular, os esforços deste, e que são incontestavelmente mais meritórios, no que concerne aos padrões de qualidade dos respectivos produtos. No nosso tempo, as coisas têm de ser vistas de maneira diferente. O refinamento das técnicas de *marketing* e o aumento da *eficácia* da publicidade, em termos qualitativos e quantitativos, permitem tornar, muito rapidamente — em poucos anos, por certo, em alguns meses, porventura —, uma marca particularmente bem conhecida no tráfico. Para conseguir este resultado, os empresários só precisam de ter (uma grande) capacidade financeira — que uns, poucos, e que são os de maior dimensão têm, mas que outros, que são muitos, não têm. Mas se a marca adquire rapidamente uma proeminente notoriedade no tráfico é óbvio que, de uma maneira igualmente rápida, ela ganhará capacidade sugestiva ou publicitária. Daqui não se poderá, porém, inferir que essa marca goza, sem mais, de uma "especial estima" no mercado. A começar, falta-lhe tradição e, por conseguinte, a empresa que a utiliza aparece aos olhos do público como um *newcomer* (ainda sem reputação e tradição) no mercado dos respectivos produtos; e porque é assim, a *capacidade técnica* dessa empresa não está ainda sedimentada, o que obsta a que a generalidade do público encare a sua oferta como particularmente vantajosa (em relação à dos concorrentes, já se vê) em termos de qualidade. Financeiramente mais poderosa — o recurso intensivo à "publicidade-espectáculo" é um indício seguro disso —, essa empresa não passa, *ipso facto,* a ser encarada como tecnicamente mais capaz e comercialmente mais credível. Ora, se a tutela de uma marca, em termos merceologicamente ilimitados, for justificável, parece-nos que só o poderá ser como forma de compensar, não já as despesas em publicidade feitas pelo seu titular e as alterações meretrícias das características dos produtos, que a própria publicidade exalta (ROBERT DORFMAN, *Prices and Markets, apud* J. KENNETH GALBRAITH, *O novo Estado industrial,* trad. portuguesa, Europa-América, p. 176, nota 2), mas os esforços por ele feitos na criação de um produto de qualidade sobreeminente.

A terminar esta referência aos pressupostos da tutela absoluta ou merceologicamente ilimitada da marca, no ordenamento jurídico alemão, importará dizer que esses pressupostos operam no quadro de um sistema funcional ou de recíproca influência (cfr. BAUMBACH/HEFERMEHL, *ob. cit.,* § 31 *WZG*, nota 196, e R. BORK, "Kennzeichenschutz im Wandel...", *GRUR cit.,* p. 732); se, por exemplo, a marca coexiste com outros sinais em sectores merceológicos diferentes, ou seja, se marca não é (absolutamente) exclusiva, esta "debilidade" poderá ser contrabalançada pelo facto de um outro requisito se verificar em medida particularmente elevada (por exemplo, a marca atinge um grau de imposição no tráfico excepcionalmente alto). Vale isto por dizer que os juízes acabam por dispor de uma larga margem de valoração no que concerne ao reconhecimento do "estatuto de celebridade" a uma determinada marca.

Passemos agora à análise do *conteúdo* da tutela alargada da marca célebre; doutrina e jurisprudência são concordes em afirmar que se trata da (necessidade de) protecção do valor publicitário *(Werbewert)* da marca contra o perigo de *diluição (Verwässerungsgefahr).* No acórdão -"Quick" *(GRUR* 1959, p.186) o *BGH* alicerçou esta tutela do seguinte modo: "Na base da especial tutela que deriva do conceito de 'diluição' está a consideração de que o titular de um sinal distintivo desse tipo [uma marca célebre, que é o que agora importa] tem um legítimo interesse a que lhe continue reservada a sua posição exclusiva, adquirida com dispêndio de tempo e dinheiro, e que seja evitado tudo aquilo que possa enfraquecer a originalidade e o carácter distintivo do seu sinal e, por conseguinte, prejudicar a forte eficácia publicitária que se apoia na unicidade ... Trata-se, por isso, fundamentalmente de uma protecção contra um prejuízo a um bem patrimonial adquirido, e já não de uma tutela contra qualquer confusão." O processo de "aguamento", contra o qual é necessário, *assim se julga,* proteger a marca célebre, aparece-nos descrito na generalidade da doutrina do seguinte modo: Quando marcas, que são semelhantes a uma marca célebre, são apresentadas ao público em sectores merceológicos diferentes, não ocorrerá risco de confusão sobre a origem dos produtos, mas existirá uma recordação da marca célebre, porventura, apenas sub-consciente. Assim, a pouco-e-pouco, o público habituar-se-á ao facto de que não é um único empresário a usar essa marca: *a força distintiva da marca célebre desbota-se, o seu apelo publicitário diminui, a posição exclusiva perde-se.* Estamos obviamente perante um fenómeno psicológico, que jamais foi demonstrado empiricamente, mas que é suposto pelos juízes.

[A este propósito, limitar-nos-emos a dar conta da nossa perplexidade. Se a utilização de uma marca célebre, por banda de terceiros, para contradistinguir produtos merceologicamente diferentes, é tão prejudicial para a sua capacidade distintiva e para o seu valor publicitário, como é que se compreende que os titulares das marcas desse tipo autorizem, eles próprios, através de contratos de *merchandising* (cfr. *supra,* nota 54), utilizações desse tipo? Será que, na ânsia de quererem rentabilizar os seus investimentos em publicidade, também por essa via, os titulares das marcas célebres estarão, afinal, a matá-las (quais "galinhas de ovos de ouro"...)? Ou será que a utilização de uma marca célebre, por banda de terceiros, para contradistinguir produtos diferentes — *maxime* quando a marca célebre, contradistinguindo produtos dotados de características de prestigiosidade ou objectos de consumo elitista (automóveis, artigos de vestuário, perfumaria), é usada por um terceiro para contradistinguir produtos também eles susceptíveis de serem conotados e valorados em termos de consumo de luxo (óculos, isqueiros, perfumes), ou então no caso de a marca célebre contradistinguir produtos de largo consumo (bebidas alcoólicas ou não, tabacos), o terceiro a utilizar em sectores merceológicos como, por exemplo, o do vestuário informal ou desportivo, que são de larga difusão e popularidade —, não prejudicando a capacidade distintiva e o valor publicitário da marca, é dizer, não diminuindo a sua "eficácia", *é apenas proibida para que possa ser (contratualmente) autorizada?* Explicaremos melhor o sentido deste quesito: se a marca célebre fosse livremente apropriável pelos terceiros, como sinal distintivo de produtos diferentes — dizemos livremente apropriável pelos terceiros, no sentido de estes poderem usar a marca sem autorização do seu titular — seria absurdo que alguém se dispusesse a obter essa mesma autorização do titular do sinal, mediante o pagamento de um correspectivo *(royalties);* aliás, mesmo que se encontrasse algum empresário com esse "espírito de filantropia" (outros dirão "espírito de lealdade"), essa operação (de *merchandising)* estaria ainda assim condenada ao malogro, já que os concorrentes desse empresário poderiam utilizar livremente a mesma marca. Mas a protecção merceologicamente ilimitada da marca célebre não é só o pressuposto de facto da conveniência económica das operações de *merchandising,* que funcionam para o titular dessa marca como fonte de *redevances.* Na ausência de uma protecção desse tipo, que permite ao titular da marca célebre impedir os terceiros de usar, sem autorização, essa marca para contradistinguir produtos diferentes, poder-se-ia mesmo questionar a validade da atribuição pelo titular da marca ao sujeito autorizado e, mais especificamente, o vício do negócio jurídico correspondente manifestar-se-ia na carência de objecto.]

Aliás, alguns (poucos) autores alemães duvidam da justeza de tal suposição dos juízes: um perigo para as marcas célebres existiria — segundo esta opinião — quando muito para os produtos que, na sensibilidade do público, estejam, de qualquer modo, tão próximos uns dos outros que, por isso, possam gerar confusão, ou relativamente aos quais a imagem e o prestígio da marca célebre se transferem de um para o outro: se o produto para o qual se usurpou a marca célebre é de má qualidade, desse facto resultará prejuízo para o valor publicitário da marca renomada (cfr. H- KOHL, *ob. cit.*, p. 79 s.). Os casos do primeiro tipo — os dos produtos que, na sensibilidade do público, estão próximos uns dos outros e que, por isso, podem gerar confusão — seriam, afinal, reflexo do modo como a jurisprudência alemã aprecia a afinidade dos produtos (ou serviços). Na verdade, se esta jurisprudência, à semelhança aliás do que faz, por exemplo, a sua congénere norte-americana (cfr. *supra*, nota 1) relativizasse o conceito de afinidade, em função já do carácter (mais) forte ou (mais) fraco da marca cuja tutela está em causa, já do grau de confundibilidade dos sinais (da sua maior ou menor similitude), alargando assim o âmbito merceológico de tutela da marca célebre (que é a mais forte das marcas), esta lograria protecção no quadro do próprio direito sobre o sinal, pelo menos quando fosse usada por terceiro para contradistinguir produtos que integram a "auréola" dessa marca; recusando esse entendimento, é dizer, considerando que o âmbito merceológico da marca célebre não difere do da *marca comum,* os tribunais alemães são, por assim dizer, forçados a fundamentar a tutela de algumas marcas (mais fortes) à margem do princípio da especialidade — invocando para o efeito, já o sabemos, o § 823 *BGB* (e também, no caso da "marca-nome", o § 12 *BGB*) —, marcas essas que, exactamente pelo seu carácter mais forte, os tribunais norte-americanos tutelariam no quadro daquele princípio. Alguns exemplos ilustrarão isto mesmo. Na opinião dos tribunais norte-americanos, os titulares das marcas "Bacardi" *(rum),* "Don Diego" *(charutos)* e "Jaguar" *(automóveis),* invocando os respectivos direitos, puderam obstar ao uso de sinais iguais para contradistinguir *jóias, tequila* e *água-de-colónia,* respectivamente — rum e jóias, charutos e tequila, automóveis e água-de-colónia, foram, pois, considerados *afins* ou, como diz McCARTHY *(ob. cit.,* vol. II, § 24.10) "so 'related' that use of similar trademarks was likely to cause customer confusion". Os tribunais alemães, por sua vez, consideraram que, no quadro do *princípio da especialidade*, os titulares das marcas "Tosca" *(perfumes)*, "Anker" *(tapetes)* e "Triumph" *(Lingerie)* se não podiam opor ao uso de sinais iguais para contradistinguir *vestuário de senhora, móveis estofados e vestuário de cabedal*, respectivamente; porque *não havia afinidade entre os respectivos produtos*, a tutela dessas marcas só poderia, pois, afirmar-se fora da lei do sinal e, mais especificamente, no quadro do "direito à empresa" e, eventualmente, no quadro do "direito ao nome", supondo, é claro, que se tratava de marcas célebres. À primeira vista, poderia parecer que a jurisprudência norte-americana e a jurisprudência alemã, seguindo vias diferentes, acabariam por chegar ao mesmo resultado (de alargamento do monopólio ínsito na tutela da marca). Na realidade, só parcialmente é que é assim. Enquanto os tribunais norte-americanos protegem sempre *mais (monopolisticamente)* as marcas mais fortes (privilegiando sempre as empresas de maior dimensão), os tribunais alemães só protegem mais (monopolisticamente) as marcas mais fortes se estas assumirem o carácter de uma "besondere Geschäftsbezeichnung" (cfr. adiante, nesta nota), ou se forem célebres, sendo certo que, por um lado, nem todas as marcas mais fortes assumem aquele carácter e, por outro lado, dados os requisitos do "estatuto de celebridade", este não é facilmente alcançável e, por isso, o número de marcas que goza de uma tutela *merceologicamente diferenciada* é incomparavelmente menor.

Voltando à referida orientação minoritária da doutrina alemã, na parte em que entende que as marcas célebres devem ser tuteladas contra o seu uso para contradistinguir produtos que, *na sensibilidade do público*, estejam, *de qualquer maneira*, próximos daqueles que as marcas célebres contradistinguem, gerando-se por isso confusão, podemos dizer que lhe subjaz a ideia da necessidade do alargamento do âmbito merceológico de tutela das marcas desse tipo — diferenciando-o do das marcas comuns —, recusando-se, porém, a aceitar que, em tais casos, se conceda uma tutela merceologicamente absoluta ou ilimitada, que decorre da aplicação do §823 *BGB* (e, no caso da "marca-nome", do § 12 *BGB*). Consequentemente, esses autores, no seio dos quais pontifica H. KOHL *(ob. cit.,* p. 99 s.), consideram que, perante o conceito (restritivo) de afinidade dos produtos (ou serviços), defendido pela jurisprudência alemã, à luz dos §§ 15 e 24 *WZG*, se deveria recorrer à norma do § 16 *UWG*. Esta norma protege a chamada "geschäftliche Bezeichnung", que compreende *inter alia*, o nome (civil), a firma e também as "besondere Geschäftsbezeichnung"; ora, a marca, sendo um sinal distintivo de produtos, pode ser igualmente uma "besondere

Geschäftsbezeichnung" quando uma parte considerável dos círculos interessados do tráfico designa a empresa pela marca. As razões que podem levar uma marca a assumir esse carácter de "meio de individualização da empresa" já atrás foram por nós referidas. Agora apenas importa acentuar que, no quadro do § 16 UWG, a marca — a marca que também seja uma "besondere Geschäftsbezeichnung", é claro — é protegida contra riscos de confusão, não se exigindo contudo a afinidade dos respectivos produtos (diversamente, pois, do que sucede no âmbito dos §§ 5, 24 e 31 *WZG*). Ou seja, não se exigindo que os produtos, já pela sua significação económica e modo de utilização, já pela sua natureza e fabricação, em especial também relativamente aos seus lugares normais de produção e de venda, tenham pontos de contacto tão estreitos que, segundo a concepção dos círculos interessados do tráfico, é natural a conclusão de que os produtos provém da mesma empresa, se forem usados sinais iguais. Por outro lado, a aplicação do § 16 *UWG* também não depende da existência de uma relação de concorrência entre as empresas titulares dos sinais em conflito (cfr. BAUMBACH/ /HEFERMEHL, *ob. cit.,* § 16 *UWG*, nota 59ª); como escreve, por exemplo, SCHULTZ-SÜCHTING, in *Handbuch des Wettbewerbsrechts, cit.,* p. 843, para o efeito basta que ambas as partes exerçam uma actividade lucrativa ("Erwerbstätigkeit") no sentido mais amplo. De toda a maneira, os produtos ou prestações de cada uma das partes não podem ser tão distantes entre si que já não exista risco de confusão: (*i*) *risco de confusão em sentido estrito,* que se afirma quando um sinal (distintivo de uma empresa) é tomado por outro (de uma outra empresa), e também quando os círculos interessados do tráfico, reconhecendo que se trata de dois sinais diferentes, os atribuem à mesma empresa, por causa da semelhança existente entre esses sinais, e (*ii*) *risco de confusão em sentido amplo,* que se afirma nos casos em que esses mesmos círculos interessados, reconhecendo que se trata de sinais de empresas diferentes, supõem que há *conexões organizatórias* entre as empresas que usam esses sinais, por causa da semelhança entre eles existente. Segundo a doutrina e a jurisprudência alemãs, o risco de confusão (em sentido estrito ou em sentido amplo), de cuja existência depende a aplicação do § 16 *UWG,* não pressupõe que as empresas, digamos agora assim, exerçam a sua actividade no mesmo ramo — por isso se não exige que haja (uma relação-de-) concorrência entre elas —, bastando que a empresa para a qual se adopta um sinal igual ou confundível ao já usado por outra actue num ramo contíguo *(Branchennähe)* ao desta última. Em aplicação do § 16 *UWG,* os "sinais distintivos da

A "Vulgarização" da Marca na Directiva 89/104/CEE   143

empresa" — entre os quais, repete-se, se inclui a marca que assume carácter de "besondere Geschäftsbezeichnung" — beneficiam, pois, de um âmbito merceológico de tutela mais extenso do que as (puras) marcas (por força dos §§ 5, 24 e 31 *WZG*): o conceito de ramo é, em princípio, sensivelmente mais amplo do que o conceito de afinidade (no sentido do direito das marcas), sendo certo que, como também vimos, uma empresa que actua num determinado ramo pode obstar ao uso de sinal igual ou confundível (também) num ramo contíguo. [Para evidenciar a diferença, em termos de amplitude merceológica, entre o conceito de *Branchennähe* e o de *Warengleichartigkeit* — aquele relevante no âmbito do § 16 *UWG*, o conceito de *Warengleichartigkeit (afinidade)*, por sua vez, relevante no âmbito do §§ 5 e 24 *WZG* —, bastará atentar nos seguintes exemplos: (*i*) meias finas e cosmética ("Hudson"), lápis e botões de mola ("Koh-i-Noor"), bebidas alcoólicas e cosmética ("White Horse"), bicicletas e fogões a gás ("Kronprinz"), produtos de natação e vestuário de motociclistas ("Arena"), foram considerados produtos e/ou actividades que integravam ramos contíguos *(Branchennähe); (ii)* mas, whisky e cosmética ("Dimple"), perfumes e vestuário de senhora ("Tosca"), "lingerie" e vestuário de cabedal ("Triumph"), foram considerados produtos *não afins (ungleichartige Waren);* aqueles primeiros exemplos são referidos por SCHULTZ-SÜCHTING, *Handbuch des Wettbewerbsrechts, cit.,* p. 845 s.] Acresce que na apreciação do risco de confusão se não pode prescindir da *concepção do tráfico* — e esta (diz-se) pode mudar. Ao tráfico não é hoje desconhecido (diz-se) que as *empresas médias e grandes* (sempre elas, pois claro) não actuam apenas na sua área específica, antes se expandem para outros ramos, tendendo, em especial, para uma diversificação do seu *sortimento* e para o entrelaçamento económico; perante este processo, as diferenças respeitantes ao modo de fabricação e à espécie dos produtos e também aos *seus lugares de venda* poderão retroceder na averiguação do que sejam ramos contíguos *(Branchennähe)* (cfr. BAUMBACH/HEFERMEHL, *ob. cit.,* § 16 *UWG*, nota 59 b, e SCHULTZ--SÜCHTING, *Handbuch des Wettbewerbsrechts cit.,* p. 844 s.). Ademais, convirá de novo lembrar que, no âmbito do *direito das marcas,* a afinidade é apreciada sem se ter em conta o carácter mais forte ou mais fraco da marca cuja tutela está em causa — a esse nível, o âmbito merceológico de protecção das marcas mais fortes (célebres que sejam) não difere do das marcas mais fracas. De outra maneira, bem diferente, se entendem as coisas no que concerne aos sinais distintivos, cuja protecção decorre do § 16 *UWG*; no quadro desta norma, doutrina e jurisprudência são concordes em afirmar a existência de uma *correlação* entre o *grau de semelhança dos sinais (Grad der Ähnlichkeit der Bezeichnungen)*, a sua *afirmação no tráfico (Verkehrsgeltung)* e o *grau de heterogeneidade merceológica (Grad der Branchenverchiedenheit)* (cfr., por exemplo, BAUMBACH-HEFERMEHL, *ob. cit.*, § 16 *UWG*, nota 59ª, SCHULTZ-SÜCHTING, *Handbuch des Wettebewerbsrechts, cit.*, p. 815 s., e R. BORK, "Kennzeichenschutz im Wandel...", *GRUR, cit.*, p.728 s.). Nestes termos, quanto mais forte for um sinal maior será o seu âmbito de protecção; o vigor *(die Stärke)* de um sinal — aliás, à semelhança do que vimos ser propugnado especificamente em relação às marcas (cfr. *supra*, nota 1) —, podendo advir-lhe da sua especial peculiaridade originária, que reforça a sua recordação pelos círculos interessados, também pode resultar da maneira particularmente intensa como o sinal é usado (inclusive, na publicidade), que se entende ser susceptível de superar a fraca capacidade de individua(liza)ção originária do sinal em causa. É claro que se o sinal é forte, alargando-se o seu âmbito de protecção, os sinais conflituantes hão-de apresentar *um maior grau de dissemelhança* do que aquele que seria exigido se o sinal cuja tutela está em causa fosse fraco, pois que o seu âmbito de protecção seria mais limitado. Ou seja, dois sinais, que não seriam confundíveis se aquele que tem prioridade fosse fraco, passam a ser (considerados) confundíveis só porque este é forte. Mas há mais. Se o sinal é muito notório *(sehr bekannt)* e tem, por isso, um grande âmbito de protecção, será de admitir a confundibilidade quando uma outra empresa usa um sinal semelhante num outro ramo, embora este outro ramo apenas apresente com aquele da empresa que tem prioridade sobre o sinal em causa uma determinada proximidade *(eine gewisse Nähe)*. Portanto, quanto mais amplo é o âmbito de protecção de um sinal maior é a irradiação *(Ausstrahlung)* que tem esse sinal em ramos mais afastados; ao invés, se o sinal, no que concerne ao seu âmbito de protecção, é fraco, o domínio merceológico em que esse sinal é tutelável restringir-se-á eventualmente ao ramo em que actua a respectiva empresa. Dizendo de outra maneira, porventura mais simples: dois ramos de actividade, que seriam *considerados suficientemente afastados* para impedir o risco de confusão (em sentido estrito ou em sentido amplo), se o sinal cuja tutela está em causa fosse *fraco*, passam a ser *considerados suficientemente próximos*, para que se possa afirmar a existência desse risco, se o sinal prioritário for considerado forte. Por último dever-se-á acrescentar que, no quadro do § 16 *UWG*, a maior ou menor proximidade de um ramo de actividade em relação a outro não depende apenas do carácter mais forte ou mais fraco do sinal que goza de prioridade. Também depende da maior ou menor semelhança dos sinais em conflito: *(i)* se o sinal conflituante ou, para sermos mais claros, o segundo sinal, é *apenas* semelhante ao que goza de prioridade, para que haja risco de confusão, exige-se uma *maior proximidade* entre os ramos nos quais actuam as respectivas empresas; *(ii)* inversamente, sendo o sinal conflituante *igual* ao que goza de prioridade, a existência do risco de confusão pressupõe uma *menor proximidade* entre os ramos em que actuam as respectivas empresas.

Tudo junto, podemos agora dizer que a jurisprudência alemã, quando está em causa a protecção de *"um sinal distintivo da empresa"* (função que uma marca também pode adquirir), à luz do *§ 16 UWG*, não se afasta do entendimento que é perfilhado pelas sua congéneres norte-americana, francesa, italiana e, mais recentemente, portuguesa (cfr. *supra,* nota 1), em relação à tutela das marcas, no quadro da própria lei sobre este sinal distintivo. Nestes últimos países, por força da relativização do conceito de afinidade, as marcas mais fortes beneficiam *sempre* de uma tutela privilegiada em termos merceológicos, sem postergação do princípio da especialidade — e beneficiam dessa tutela, acrescente-se, apenas enquanto sinais distintivos de produtos ou serviços, é dizer, enquanto *puras* marcas; na Alemanha, à parte o caso de a marca ser célebre — se a marca é célebre, já o sabemos, a sua tutela é absoluta *(ex vi* do art. 823.º *BGB* e, eventualmente, do *§ 12 BGB)* — o maior ou menor *vigor* da marca só condiciona o âmbito merceológico da respectiva tutela se se tratar de uma marca que assume o carácter de "besondere Geschäftsbezeichnung", pois que então se aplicará o *§ 16 UWG.* Aplicando-se esta norma às marcas célebres, é óbvio que estas gozarão de uma *tutela diferenciada* em relação às marcas comuns — tutela diferenciada, é certo, *mas não uma tutela absoluta ou merceologicamente ilimitada,* pois que, como vimos, a celebridade do sinal, que aproveite da aplicação do *§ 16 UWG,* não pode eliminar toda e qualquer distância merceológica ou, se preferirmos, *não pode aproximar* todos os ramos de actividade daquele em que actua a empresa que goza de prioridade sobre esse sinal, em termos de tornar verosímil a existência de risco de confusão. Acresce que o facto de uma marca ser célebre não significa que, sem mais, essa marca assuma o carácter de "besondere Geschäftsbezeichnung", tutelável no âmbito do referido *§ 16 UWG.* Numa perspectiva *anti--monopolista,* dever-se-á, pois, valorar positivamente a orientação daquele sector minoritário da doutrina alemã, na parte em que entende que a protecção das marca célebres, contra o seu uso para contradistinguir produtos que, na sensibilidade do público, estejam, de qualquer maneira, próximos daqueles que as marcas célebres contradistinguem, se deve fazer com recurso ao § 16 *UWG* — recurso a esta norma e não já aos § 823 e 12 *BGB*. Assim fazendo, e mesmo que se passasse a aceitar que o "estatuto de celebridade" da marca implicava a assunção por esta do carácter de "besondere Geschäftsbezeichnung", embora não diminuissem os casos de *favorecimento* a alguns (grandes) empresários (titulares de marcas célebres), a verdade é que não se postergaria por inteiro o *interesse* de todo e qualquer oferente *em não ver dificultado o acesso ao mercado* — interesse que, sendo egoísta, é bem mais chegado ao interesse geral (à *liberdade de concorrência*) do que o interesse dos titulares das marcas célebres a uma tutela absoluta ou merceologicamente ilimitada —, visto que os sinais em causa *continuariam disponíveis* em alguns ramos de actividade — concretamente, naqueles ramos de actividade que não pudessem ser considerados suficientemente próximos daquele onde actuava a empresa do titular da marca célebre, em termos de ser verosímil a existência de risco de confusão. Aliás, a preocupação anti--monopolista desse sector minoritário da doutrina alemã está igualmente presente na sua recusa em admitir que o uso de um sinal igual (ou quase-igual) a uma marca célebre, por banda de terceiro, seja sempre prejudicial para o valor publicitário dessa marca, independentemente da distância merceológica que interceda entre os respectivos produtos; na opinião desses autores, entre os quais pontifica, repete-se, H. KOHL, esse *prejuízo,* supondo que a imagem (e o prestígio) da marca célebre é transferível para os produtos relativamente aos quais o terceiro passa a usar um sinal igual (ou quase-igual), *só existe se esses produtos forem de má-qualidade.* A valer este entendimento, as marcas célebres só lograriam uma protecção absoluta ou merceologicamente ilimitada *(ex-vi* do § 823 *BGB* e, eventualmente, do §12 *BGB)* nos casos que a doutrina e jurisprudência norte--americanas apelidam de *"diluição por desdouro" (dilution by tarnishement)* — nestes casos, e não naqueles outros que, no quadro do direito norte-americano, são apelidados de *"diluição por obscurecimento" (dilution by blurring),* e que têm a ver com a simples perda da *unicidade (Alleinstellung)* da marca célebre. Isto porque, segundo a opinião agora em análise, a falada suposição dos juízes de que a marca célebre, perdendo a sua "unicidade", perde parte do seu valor publicitário (ou *selling power)* não passa disso mesmo — de uma suposição, que jamais alguém conseguiu provar (cfr. H. KOHL, *ob. cit.,* p. 82 s.).

A orientação tradicional da jurisprudência alemã, que colhe o apoio da esmagadora maioria da doutrina, é, porém diferente: a marca célebre, que é "única" até certo momento, perdendo essa "unicidade", por causa da adopção de um sinal igual (ou quase-igual) por parte de terceiro, perde o seu valor publicitário, pois a sua imagem, junto do público, passa a ser associada a duas actividades em vez de uma. Nesta perspectiva *(mais monopolista),* para se afirmar a existência de risco de diluição *(Verwässerungsgefahr)* da marca célebre, que justifica a sua tutela em termos absolutos, será suficiente que um terceiro passe a usar um sinal igual (ou quase-igual) para contradistinguir produtos diferentes. Como se lê, por exemplo, no acórdão do *BGH,* de 10 de Novembro de 1965 (caso "Kupferberg", atrás citado), "em geral, o interesse do titular do sinal distintivo da empresa, considerado célebre, dever-se-á já considerar lesado se ele, através da admissão da continuação do uso da firma conflituante, perdesse a unicidade *(Alleinstellung)* do seu sinal distintivo" (cfr. U. LOEWENHEIM, "Die berühmte Marke...", *MA cit.,* p. 240). O garantismo, subjacente a este entendimento, encontra-se hoje atenuado. No caso - "Camel" (acórdão de 2 de Abril de 1987, *GRUR* 1987, p. 711 s.) em que o titular desta marca de cigarros questionou a licitude da publicidade, feita na Alemanha, e dirigida apenas aos operadores turísticos, por uma agência de viagens turca, não domiciliada naquele país, e que usava a firma "Camel-Tours", o *BGH,* reafirmando o carácter excepcional da tutela contra a diluição, observou que essa excepcionalidade se refere não apenas às exigências da celebridade como tal, mas exclui também a imediata afirmação de um risco de prejuízo *(Beeinträchtigungsgefahr).* Ou seja, o *BGH* entende agora que a perda da unicidade, *de per si,* não é suficiente para que haja diluição da marca célebre, e formula uma *exigência adicional:* a existência de um concreto prejuízo, para essa marca ou, dizendo de outra maneira, a necessidade de que o valor publicitário da marca célebre seja posto de facto em perigo. O que, na opinião do *BGH,* não acontecia no caso *sub judice.* E isto por duas ordens de razões. Em primeiro lugar, a empresa turca, que não dispunha de qualquer sucursal em território alemão, apenas se dirigia aos agentes de turismo de vários países e também aos sediados na Alemanha — aos agentes de turismo alemães, *e não ao grande público* — para organizar viagens à Turquia, encarregando-se de assessorar essas viagens. Por outro lado, era legítimo duvidar da *irradiação (Ausstrahlung)* da eventual particular notoriedade de "Camel", como sinal distintivo de produtos de tabaco, no *ramo* onde actuava a empresa titular da firma conflituante; embora não fosse de excluir a possibilidade de os círculos atinentes do tráfico, confrontando-se com a apalavra *Camel* na firma da empresa turca, serem levados a pensar na marca de cigarros "Camel", essa associação de ideias, a existir, seria *incidental (beiläufige)* e, por isso mesmo, insuficiente para prefigurar um prejuízo ao valor publicitário dessa marca. A reforçar o carácter incidental dessa associação de ideias estava ainda a circunstância de o camelo ser o animal-símbolo do próximo oriente e, portanto, a inclusão da palavra "Camel" (="Kamel") na firma de uma empresa de viagens turca chamava preferencialmente a atenção para a região onde essa empresa exercia a respectiva actividade.

Na base dessa nova orientação jurisprudencial, que, apesar das críticas de alguns autores (cfr., por exemplo, LOEWENHEIM, "Die Berühmte Marke...", *MA cit.*, p. 242, M. SCHAEFFER, "Ausnutzung von bekannten Kennzeichen durch Branchenfremde", *in* GRUR 1988, p. 509 s., e OLESCH, "Ist die berühmte Marke tot?", *WRP cit.*, p. 348), aflora num outro acórdão mais recente do BGH (caso "Avon", GRUR 1991, p. 863 s., referido criticamente por DETLEF v. SCHULTZ, "Wohin geht das berühmte Kennzeichen?", *GRUR cit.*, p. 86), está a ideia de que uma marca pode gozar de "proeminente notoriedade no tráfico" e, ainda assim, ter pouca *irradiação* no sector (merceologicamente distante) em que o terceiro passa a usar um sinal igual ou (quase-igual). E, quando acontece assim, o consumidor pode, ao confrontar-se no mercado com esse sinal igual (ou quase-igual) à marca célebre, sinal esse usado para contradistinguir produtos diferentes, *não pensar ou só pensar incidentalmente nessa marca;* é claro que a "não--lembrança" ou "quasi-esquecimento" da marca célebre pode também ser potenciado pela circunstância de o sinal gerar, em si mesmo, outras associações de ideias mais fortes ou, se preferirmos, mais consistentes (socorrendo-nos de um outro exemplo da jurisprudência alemã, o fumador, que adquire cigarros da marca "Salomão" (="Salomon"), pode ser levado a pensar, não já na marca "Salomão", que contradistingue produtos para esquiadores, mas antes exclusiva ou predominantemente no rei Salomão da Bíblia ou no nome (-próprio ou patronímico) Salomão. Obviamente que, em tais situações, ou seja nas situações em que o consumidor médio não associa mentalmente o sinal igual (ou quase-igual), usado por terceiro, à marca célebre ou, associando-o, fá-lo de uma forma incidental, não há risco de diluição da marca célebre, exactamente porque esta não é prejudicada no seu valor publicitário. Em bom rigor, a ideia, que agora aparece desenvolvida na jurisprudência, de que só há prejuízo para o valor publicitário da marca célebre se o consumidor médio for levado a pensar (imediatamente) nela quando se depara com um sinal igual (ou quase-igual), para produtos diferentes, não é sequer nova. Com efeito, sempre se entendeu que a tutela da marca célebre postulava que o sinal conflituante apresentasse *um grau de semelhança muito maior do que aquele que seria exigido para se afirmar a confundibilidade;* nas palavras de BAUMBACH/HEFERMEHL, *ob. cit.,* §31 *WZG,* nota 197, "em geral, só é de recear um risco de diluição se os sinais conflituantes são iguais ou, em qualquer caso, se assemelham consideravelmente nos seus elementos característicos" *(oder sich jedenfalls in ihren charakteristischen Elementen weitgehend gleichen)* (em acórdão de 12 de Março de 1991, o OLG *Stuttgart* considerou que a marca "Welo" não era suficientemente semelhante à marca "Wella", ao ponto de justificar a existência de um perigo de diluição desta última marca — cfr. DETLEF v. SCHULTZ, "Wohin geht ...", GRUR *cit.,* p. 86, nota 22). Por outro lado, a maioria da doutrina sempre fez depender a tutela absoluta da marca célebre do uso por terceiro de um sinal igual (ou quase-igual) — voltamos a usar as expressões de que nos temos socorrido ao longo deste trabalho, sendo certo que agora já sabemos porquê — a título de marca ou a título de sinal distintivo (a única excepção, quanto a este último aspecto, é apontada por BAUMBACH/HEFERMEHL, *ob. cit.,* § 31, nota 198, e reporta-se à aplicabilidade do § 823, 1, *BGB* ao casos em que a marca célebre é usada como *indicação genérica* em dicionários ou em enciclopédias, por exemplo; cfr. *supra,* nota 52). [É ainda inquestionável que, na falta dessa associação de ideias, o utente do sinal igual (ou quase-igual) à marca célebre não cria, com esse comportamento, qualquer *vantagem (desleal) em relação aos seus concorrentes directos.* Suponha-se que *A,* que produz *sapatos,* para contradistinguir estes produtos, adopta um sinal quase-igual à marca célebre de um terceiro, usada para contradistinguir um *detergente;* suponha-se ainda que, no caso, a marca célebre tem *pouca irradiação* no sector em que actua *A* e que, a mais disso, dada a própria composição dessa marca, ela gera associações de ideias que levam o consumidor médio a *não pensar* nessa marca quando vê um sinal quase-igual a contradistinguir sapatos. Em tal hipótese, não cabe dúvida de que o *selling power* da marca célebre não se transfere para os produtos de *A;* por conseguinte, os *concorrentes directos* deste — os outros fabricantes de sapatos — não são colocados (deslealmente) em *desvantagem-na-concorrência,* devido ao facto de *A* ter escolhido, para contradistinguir os seus produtos, um sinal quase-igual a uma marca célebre. E será que, havendo transferência do *selling power* da marca célebre para os produtos fabricados por terceiro, que ostentam um sinal igual, o que pressupõe que o consumidor médio ao ver esse sinal pense imediatamente na marca célebre e, além disso, que a "boa imagem" desta marca seja transferível para os novos produtos, fabricados pelo terceiro, *a vantagem que este assim adquire em relação aos seus concorrentes directos se deve considerar desleal?* Respondendo afirmativamente ao quesito, teríamos que o terceiro poderia ser demandado pelo titular da marca célebre, com base nas normas sobre a responsabilidade civil extracontratual, e pelos seus concorrentes directos, que invocariam a disciplina da concorrência desleal. Mas será que só seria assim se o terceiro aproveitasse do *selling power* da marca célebre *sem autorização*, é dizer, sem pagar *royalties?* Ou será que, *ocorrendo essa autorização,* acompanhada do desembolso de um correspectivo, se ficava excluída a acção do titular da marca célebre, se manteria a possibilidade de o sujeito autorizado ser demandado pelos seus concorrentes directos, com base na disciplina da concorrência desleal? Talvez se seja tentado a não considerar esta segunda hipótese como susceptível de configurar um acto de concorrência desleal. A vantagem (ou dianteira)-na-concorrência que o terceiro adquire em relação aos seus concorrentes directos, e que se concretiza no *desfrute* do impacto publicitário *(selling power)* da marca célebre na venda dos produtos próprios, seria, por assim dizer, *contrabalançada* pelo dispêndio de uma soma em dinheiro a favor do titular dessa marca; se, por exemplo, *A,* que produz *cosméticos para homem,* através de uma operação de *merchandising,* passa a contradistinguir esses produtos com a marca de *whisky* "Dimple", pagando ao titular desta marca determinados *royalties,* este pagamento "anularia" a *dianteira (-na-concorrência)* que lhe advinha do impacto publicitário dessa marca; por conseguinte, os outros produtores de cosméticos, que usavam marcas com menor impacto publicitário, não teriam que se lamentar, pois que não estavam obrigados a desembolsar quaisquer importâncias para usar essas marcas, que eram suas. Ainda assim, à luz dos interesses do *sistema de liberdade de concorrência,* no seu conjunto, será legítimo que um produto de cosméticos, que é o nosso exemplo, *passe a vender mais* — e, num "mundo repartido às migalhas" como é o do nosso tempo, passando um empresário a vender mais, é (quase) inelutável que os seus concorrentes *passarão a vender menos* — apenas à custa do *selling power* de um sinal, *cuja afirmação ocorreu num sector merceológico* (completamente) *diferente?* Perguntando de outro modo: Do ponto de vista da liberdade da concorrência, cuja defesa é assumida como tarefa jurídico-constitucional, não se deveria reputar inconcebível que um empresário, recém-chegado a um determinado mercado, *supere* os seus concorrentes, não já porque oferece uma melhor prestação, em termos de qualidade e/ou de preço, mas antes porque oferece *mais dinheiro* ao titular de uma marca célebre para obter deste (apenas) a renúncia ao direito — direito cujo (prévio) reconhecimento (por via da lei ou por acção dos juízes) assenta na falada necessidade de defesa do valor publicitário dessa marca, e não na possibilidade da sua *mercadorização* — de lhe proibir o uso de um sinal igual à marca célebre? Não é este o tempo nem o lugar para procurar responder às questões que aqui formulámos, lembraremos apenas que todas elas, de uma maneira ou de outra, têm a ver com o *sentido* da tutela da marca e, mais especificamente, com a legitimidade, à luz das exigências de um sistema de liberdade de concorrência, da transformação do *valor publicitário* desse sinal *distintivo* em pura *mercadoria*.]

A exigência da *irradiação* da marca célebre no sector em que actua o terceiro que adopta o sinal conflituante e, em consequência disso, a necessidade de um *concreto prejuízo* para o *Werbewert* da marca atenuaram de forma significativa o *garantismo* da jurisprudência alemã no que concerne à tutela das marcas célebres. Assim, à primeira vista, poderia parecer que o *BGH* se passara a preocupar mais com o *controlo das barreiras à entrada no mercado,* não descurando por inteiro os interesses dos "newcomers". Na realidade, e como veremos já a seguir, não foi, porém, isso que aconteceu.

Num primeiro (e já longínquo) momento (concretamente, em 1880), o *RG* teve ocasião de proclamar o seguinte princípio: "Na concorrência é permitido tudo aquilo que não é proibido pelas leis especiais ("Alles ist im Wettbewerb erlaubt, was nicht durch Sondergesetze untersagt ist"). E que leis especiais eram essas? A *lei de marcas* (de 1874), pois claro, — tendo representado, como diz H. HUBMANN, *Gewerblicher Rechtsschutz,* 5. Aufl., München, 1988, p. 24 s., um progresso em relação à situação anterior, essa lei, que *não permitia o registo dos sinais exclusivamente compostos por números, letras ou palavras* (Hélas!), e que, a mais disso, só protegia as marcas de comerciantes inscritos no registo mercantil, não podia, porém, satisfazer completamente as necessidades da vida do tráfico, tendo, por isso mesmo, sido substituída por uma outra de 1894, que já não condicionava a aquisição do direito à marca à qualidade de comerciante e admitia o registo de sinais *(exclusivamente)* nominativos —, a *lei dos modelos e desenhos industriais* (de 1876) e também a *lei das patentes* (de 1877). Todas essas leis, pelas quais se introduziam *momentos-de-exclusão* (de monopólio *hoc sensu*) num sistema que, dizendo-se de *liberdade-de-concorrência*, se pretendia de *não--exclusão*, foram promulgadas já em plena época da *cartelização* da indústria alemã. E a verdade é que os tribunais alemães se mantiveram pouco tempo apegados à ideia *(liberal)* de que a eliminação da liberdade de concorrência diminuia a possibilidade de se fazer um adequado uso da liberdade contratual — uma e outra eram, pois, concebidas, não já como dois ramos da mesma raíz, dos quais um sobrevive quando o outro é cortado, mas antes como duas raízes da mesma árvore e, por conseguinte, cortada uma, não poderá, pelo menos em regra, a árvore medrar. Em 1876, numa decisão do *Preussischen Königlichen Obertribunals*, ainda se afirmava que as restrições contratuais à concorrência violavam a *Gewerbefreiheit;* porém, logo em 1877, já o mesmo tribunal, numa decisão tomada em plenário, abraçava a opinião contrária. E vai ser esta outra opinião, que priva o princípio da liberdade de comércio e de indústria (ou, numa linguagem mais actualista, o princípio da liberdade de iniciativa económica privada) de toda a relevância jurídico-contratual — o § 1 da *Gewerbeordnung* (de 1869) apenas visaria a defesa da liberdade individual nas *relações verticais* (cidadão/Estado), o que se veio a traduzir na possibilidade da eliminação dos pressupostos da liberdade contratual, a partir dos quais se havia instituído todo o sistema do direito privado e não, se bem vemos, a aceitar o desenvolvimento desse sistema: *a liberdade não fora aí pensada como instrumento de não-liberdade* (... embora seja mais fácil obrigar os homens a serem não-livres do que obrigá-los a serem livres *maxime* quando a não-liberdade lhes aproveita economicamente mais do que a liberdade) —, foi a orientação favorável à *licitude dos cartéis*, dizíamos, que rapidamente se impôs na jurisprudência alemã. Assim, e por exemplo, o *Bayrisches Oberstes Landesgericht*, em sentença de 7 de Abril de 1888, expressamente afirmava que "nem a liberdade de indústria, nem a liberdade contratual, nem os bons costumes, podiam servir como meios para reprimir as medidas e condutas limitativas da concorrência" (cfr. W. FIKENTSCHER, *Wirtschaftsrecht,* II, München, 1983, p. 177 s.). No que concerne ao próprio *RG*, a definitiva consagração deste entendimento ocorreu numa célebre decisão de 4 de Fevereiro de 1897 ("Sächsisches Holzstoffkartell") — data que marca, por assim dizer, a queda de um dos dogmas fundamentais da sociedade liberal: a *(melhor possível)* promoção do *bem comum* realizar-se-ia pela afirmação da *(maior possível)* liberdade dos produtores privados. Deixando transparecer alguma nostalgia pela *segurança* (a outra face da ausência de liberdade) que caracterizava o sistema económico do *Ancien Régime*, dito "mercantilista", cuja reabilitação passou *(et por cause)* a preocupar economistas e historiadores alemães (cfr., neste sentido, PIERRE DEYON, *O mercantilismo*, Gradiva, 1983, p. 91), essa jurisprudência, com o apoio da esmagadora maioria da doutrina, abençoava os cartéis — "esses filhos da necessidade", como alguém disse —, porque com eles se introduzia "Ordnung in das Chaos", se adaptava a produção às necessidades, não sendo senão uma *"natürliche Tendenz der geltenden Produktionsordnung"* (cfr. GROSSFELD, "Hauptpunkte der Kartellrechtsentwicklung vor dem Ersten Weltkrieg", in *ZHR* 1977, p. 452). Mas na Alemanha do último quartel do século XIX, a afeição pela não-concorrência (ou *favor cartelista)* não atingia só a doutrina e a jurisprudência. No que respeita ao *BGB*, a história do seu § 138 é deveras elucidativa. O primeiro anteprojecto de 1888, no § 106, cominava a nulidade do negócio jurídico cujo conteúdo violasse os bons costumes ou a ordem pública; na exposição de motivos respectiva, dizia-se que a indicação da ordem pública, ao lado dos bons costumes, colhia justificação no facto de o conteúdo de um negócio jurídico poder violar não apenas interesses morais, *mas também os gerais interesses do Estado,* não tendo a violação destes últimos que significar sempre a violação dos primeiros. Estariam neste último caso — exemplificava-se — *os contratos celebrados em contrariedade ao princípio da liberdade de comércio e de indústria* (cfr. MENZEL, "Les cartels (syndicats industriels) au point de vue de la législation", in *RevEP,* VIII, 1894, p. 843). Esta vontade anti-cartelista do legislador alemão irá, porém, durar pouco. Promulgada que fora, como atrás dissemos, uma nova lei sobre as marcas (1894), que alargava já o espectro dos sinais susceptíveis de "monopolização", já o círculo dos sujeitos que podiam obter esses "monopólios", e nas vésperas da promulgação da primeira lei repressiva da concorrência desleal (1896) — em cuja elaboração, diga-se, influíram conspicuamente os representantes das empresas afirmadas, apostadas em banir a concorrência desregrada e embusteira *(unsolide und betrügerische Konkurrenz)* —, a referência à ordem pública desaparece do segundo projecto *BGB,* apresentado em 1895, acabando o § 138 do Código por *só* cominar a nulidade dos negócios jurídicos contrários aos bons costumes, o que, escusado seria agora dizê-lo, se entendia não ser o caso dos cartéis. Como escrevia MENZEL, ainda antes da entrada em vigor do *BGB, "Le fait que des contrats syndicaux lèsent, selon les circonstances, les intérêts publics et compromettent le bien général, ne suffit pas pour les marquer au coin des contrats immoraux,* parce qu'on ne peut pas encore reconnaître dans ce fait une intention industrielle condamnable, ce qui est requis pour qu'un fait soit *contra bonos mores* dans le sens des romanistes" (cfr. "Les cartels…", *RevEP cit.*, p. 842). Não invocáveis para impedir as limitações à liberdade de concorrência que, por efeito dos cartéis, sempre advinham, em maior ou menor medida, já para os seus membros, já para os *outsiders* (cfr. O nosso "A proibição da publicidade enganosa…", *cit.*, p. 66 s.), os bons costumes prestaram-se, isso sim, para *legitimar* as restrições à concorrência não contratualmente assumidas. Até à data da entrada em vigor do *BGB* (1900), a jurisprudência alemã, considerando que *"qui iure suo utitur* [no caso, a *Gewerbefreiheit*] *neminem laedit"*, continuou a fazer aplicação do princípio, já antes referido, e que fora formulado pelo *RG*, em 1880: "Na concorrência é permitido tudo aquilo que não é proibido pelas leis especiais". Só que agora, a mais das *leis de marcas,* dos *modelos e desenhos industriais* e das *patentes,* já havia uma *outra lei especial:* a *lei contra a concorrência desleal* (1896). Segundo alguns autores, terá sido essa *atitude liberal* dos tribunais alemães — note-se que este *liberalismo* da jurisprudência alemã do final de oitocentos era já *contraditório:* sendo a deslealização da concorrência um corolário da (sua) *monopolização,* é óbvio que, apoiando-se esta (e era esse o sentido profundo da *legalização dos carteis* por banda dos tribunais alemães com destaque, obviamente, para o *RG*), se não pode prescindir de *uma disciplina* da concorrência, é dizer, do *banimento* de certas formas de concorrência que então se passam a considerar *"desleais"* —, veementemente criticada pelos muito ilustres O. V. GIERKE e J. KHOLER (cfr. G. SCHRICKER, *"Möglichkeitens zur Verbesserung des Schutzes der Verbraucher und des funktionsfähigen Wettbewerb im Recht des unlauteren Wettbewerbs", in ZHR* 1975, p. 212), que justificou aquela intervenção legislativa, relativamente temporã, em matéria de concorrência desleal. Sendo já alguma coisa — ao *RG* era imposta mais uma *lei especial,* que estreitava o âmbito daquilo que se permitia na concorrência — essas *novas* proibições não tardaram a ser consideradas insuficientes: correspondendo à concepção defendida pela jurisprudência, segundo a qual a *Gewerbefreiheit* só podia ser restringida através de leis especiais, essa primeira lei *não incluía qualquer cláusula geral,* limitando-se a tipificar certas condutas consideradas desleais (cfr. HUBMANN, *ob. cit.,* p. 27, e V. EMMERICH, *Das Recht des unlauteren Wettbewerbs,* 2. Aufl., München, 1987, p. 9). E eis que, de novo, se punha o problema de os tribunais se recusarem a conceber como desleais outras condutas concorrenciais, para além das que se encontravam legalmente previstas. Este "impasse" só veio a ser ultrapassado com a entrada em vigor do Código Civil; a partir de então, a jurisprudência deixou de se sentir impedida de recorrer às cláusulas gerais desse diploma para *alargar as proibições de concorrência,* suprindo as "lacunas" que eram apontadas à lei sobre a concorrência desleal, e que decorriam do "sistema de enumeração" por ela adoptado. Em primeiro lugar, à cláusula geral do § 826: "Aquele que, de uma forma que atente contra os bons costumes, inflija dolosamente um dano a outrem, fica obrigado à indemnização do dano"; eis agora clara a razão por que afirmámos que os bons costumes, não sendo invocáveis para afirmar a ilicitude dos cartéis ou, dito de outro modo, para a *defesa da liberdade de concorrência,* se prestaram para *legitimar as restrições à concorrência não contratualmente assumidas* (assim se coarctando a liberdade de concorrência dos *outsiders,* com óbvia vantagem para os membros dos cartéis): a circunstância de uma determinada conduta concorrencial não estar expressamente proibida, já não significava necessariamente que ela fosse permitida — essa conduta poderia agora ser considerada ilícita (ou melhor, *desleal)* por contrariedade aos bons costumes, ou seja, por violação do referido § 826 *BGB* (cfr. EMMERICH, *ob. e loc. ult. cits.).* Útil, por certo, esse preceito era, porém, demasiado restritivo: a sua aplicação supõe a *inflicção dolosa de um dano* a outrem, o que, não sendo de fácil prova, constituía um obstáculo à consecução do objectivo, que se tinha por primacial, de garantir "uma ampla protecção da concorrência [diríamos nós, dos *concorrentes*] contra as maquinações desleais" (EMMERICH, *ob. cit.,* p. 10; às "insuficiências" do § 826 se refere também MENEZES CORDEIRO, *Da boa-fé no direito civil,* vol. II, Almedina, Coimbra, 1985, p. 694). Confrontadas com esta "insuficiência", a doutrina e a jurisprudência alemãs lançaram mão de outra norma do *BGB* sobre a responsabilidade civil extracontratual — o § 823, 1 —, que oferecia desde logo a vantagem (em relação ao § 826, já se vê) de permitir o recurso à acção inibitória, prevista no § 1004, e que é de capital importância em matéria de concorrência desleal. Mas, no quadro desse outro preceito, que se refere a direitos subjectivos "típicos" (a vida, o corpo, a saúde, a liberdade, a propriedade) e que apenas deixa aberto o "respiradoiro" da identificação de um "direito similar", era indispensável afirmar a existência de um direito que apresentasse esses mesmos requisitos, e que fosse susceptível de ser violado pelos actos de concorrência desleal — o "direito à empresa" ou, mais precisamente, o "direito à empresa organizada e explorada", pois claro, cuja invocação legitimava mais proibições de concorrência (cfr. *supra,* nesta nota, sobre a invocação desse direito para fundamentar uma tutela merceologicamente absoluta ou ilimitada *(id est, monopolista)* das "marcas célebres"; na literatura portuguesa, desenvolvimento sobre o § 823, 1, *BGB* e o "direito à empresa", cfr. J. SINDE MONTEIRO, *Responsabilidade por conselhos, recomendações ou informações,* Coimbra, 1989, p. 206 s.). O *alargamento do âmbito* da disciplina da concorrência desleal, potenciado pela aplicação das referidas disposições do *BGB* sobre a responsabilidade civil extracontratual, abriu caminho para a promulgação, em 1909, de uma *nova lei* sobre essa mesma disciplina, encimada por *uma cláusula geral,* que reza assim: "Quem, no âmbito da actividade económica, pratica actos de concorrência contrários aos bons costumes pode ser condenado à cessação de tais actos e em perdas e danos". Aplicada com alguma parcimónia nos primeiros tempos, essa norma — note--se que, ao contrário do que acontecia no quadro do § 826 *BGB,* a proibição de uma conduta concorrencial, por contrariedade aos bons costumes, já não depende da prova de dolo nem da existência de dano —, rapidamente se transformou na *"norma rainha"* de todo o direito da concorrência desleal. [Os efeitos desta crescente importância *(quantitativa* e *qualitativa)* da cláusula geral da *UWG* de 1909 são óbvios: as condutas anti-concorrenciais, que se dizem contrárias aos bons costumes, são cada mais numerosas, sendo certo que esse *crescente rigor* na repressão da concorrência desleal, que se diz inspirado pela preocupação de defesa da liberdade de concorrência (!), foi acompanhado de uma (igualmente) *crescente permissividade* face aos cartéis — ao ponto de se poder dizer que *"Deutschland wurde zum klassischen Land der Kartelle* (BAUMBACH/HEFERMEL, *ob. cit.,* Allg *UWG,* nota 38) —, eles sim, inequivocamente inspirados pela preocupação de restringir a liberdade de concorrência. Significa isto, afinal, que *a concorrência não se deslealiza quando pode ser livre, mas quando (já) não pode ser livre,* ou seja, *quando se monopoliza;* consequentemente, em nossa opinião, dever-se-á substituir a asserção de CALLMANN, *ob. cit.,* vol. I, 4ª ed., chap. 1, p. 2, *"wherever there is competition, there is a likelihood of unfair competition"* por esta outra, que agora formulamos: *onde quer que haja monopólio(s)* (não-liberdade, exclusão *hoc sensu) está presente a probabilidade de concorrência desleal.*]

Depois deste excurso, com o qual se pretendeu evidenciar que, na Alemanha (como, aliás, em todos os outros países), a tutela da marca (falemos agora só dela) se não afirmou por causa da liberdade de concorrência, mas sim à custa dela, ocupemo-nos agora do modo com a jurisprudência alemã encara as relações entre essa tutela e a disciplina da concorrência desleal. Inicialmente,

A "Vulgarização" da Marca na Directiva 89/104/CEE   157

predominou o contendimento de que a lei das marcas constituía um unitário e esgotante regulamento da integral protecção do sinal (cfr. J. PLUTA, *Der ergänzende wettbewerbsrechtliche Kennzeichenschutz mit Blick auf die Rechtslage im England, USA, Frankreich und Italien,* München, 1977, p. 84); por conseguinte, a disciplina da concorrência desleal *não era considerada complementar* da tutela das marcas — a tanto também obstava o *princípio da especialidade* desta tutela; ademais, se fosse possível lançar mão da disciplina da concorrência desleal, nos casos em que falecia a tutela da marca, alargar-se-ia de sobremaneira, e de forma inconveniente, o âmbito daquela disciplina, à custa da liberdade de concorrência. Esta perspectiva acabou, porém, por ser abandonada ainda pelo *RG*; segundo PLUTA, *ob. cit., loc. cit.,* a primeira vez em que esse tribunal recorreu ao § 1 *UWG* para proteger um sinal, que se havia imposto no tráfico, e não tinha sido objecto de registo, foi no caso "Sonnengold", julgado em 30 de Abril de 1928. Neste acórdão, o *RG* afirma expressamente que o direito das marcas *"é apenas um elemento do direito da concorrência",* princípio que veio a ser abraçado e desenvolvido pelo *BGH*, disso se ressentindo, é claro, a liberdade de concorrência. O recurso à cláusula geral do § 1 *UWG*, em consequência da sua afirmada *complementaridade* em relação à lei das marcas, ocorre fundamentalmente em dois grupos de casos. Quando a marca não goza da tutela da respectiva lei porque não preenche os requisitos de que essa lei faz depender a existência do próprio direito sobre o sinal (por exemplo, por falta de registo, não tendo também a marca em causa obtido o grau de imposição no tráfico suficiente para ser tutelada como *Ausstattung* — § 25 *WZG*). Por outro lado, o recurso ao § 1 *UWG* é ainda admitido nos casos em que falece a tutela da marca, no quadro do respectivo direito, não já porque este direito não exista, mas antes porque não se verificam os pressupostos de que a lei faz depender a afirmação desse direito (por exemplo, o terceiro contradistingue produtos afins com um sinal que não é confundível, ou então usa um sinal confundível, mas não o usa a título de marca).

Em relação ao primeiro grupo de casos, os autores alemães (cfr., por exemplo, PLUTA, *ob cit.,* p. 123 s., e BETTINA WALDMANN, *Der wettbewerbsrechtliche Schutz von Kennzeichnungsrechten — Insbesondere das Warenzeichen,* Konstanz, 1990, p. 133 s.) costumam referir dois acórdãos do *BGH*: o acórdão-"Coffeinfrei", de 4 de Janeiro de 1963, e o acórdão — "Halazon", de 26 de Junho de 1968. Em ambos os casos, o *BGH* considerou que os sinais, que são usados como *Ausstattung*, relativamente aos quais não existe ainda um direito exclusivo, oponível a quaisquer terceiros — nomeadamente por não apresentarem o grau de validade no tráfico suficiente para beneficiarem da protecção do § 25 *WZG (Ausstattungsschutz)* —, podem ainda assim ser protegidos, com base em considerações jurídico-concorrenciais, supondo que, no caso concreto, ocorrem circunstâncias que evidenciam a deslealdade da imitação (cfr. B. WALD-MANN, *ob. cit.*, p. 135 s.). As circunstâncias, reputadas necessárias para tornar desleal a imitação (aproximação) de um sinal de outrem, têm uma dupla natureza: objectiva e subjectiva. Em primeiro lugar, exige-se que o terceiro, pelo seu comportamento, crie um objectivo risco de confusão (em sentido estrito ou em sentido amplo) — risco de confusão evitável, diz-se — com o sinal prioritário, o qual deve, aliás, apresentar uma especial capacidade distintiva. A mais disso, se não se exige que já exista marca, tutelável no quadro da respectiva lei, não se dispensa que o sinal já tenha logrado um certo grau de conhecimento no tráfico (ou, melhor, nos círculos interessados deste), que é pressuposto da sua compreensão, nesse âmbito, como indicador da proveniência dos respectivos produtos. Acresce que o comportamento do terceiro não será considerado desleal quando lhe fosse *impossível* ou *economicamente inexigível* a escolha de um outro sinal. [Quanto a este último aspecto, não falta, aliás, quem aponte a sua inverosimilhança, invocando, para o efeito, o "infinito número de possíveis combinações de sinais" — neste sentido, por exemplo, B. WALDMANN, *ob. cit.*, p. 138, e R. SACK, "Die Schmarotzerkonkurrenz in der deutschen Rechtsprechung", in *La concurrence parasitaire en droit comparé, Actes du Colloque de Lausanne,* Genève, 1981, p. 35 s. (aliás, esse argumento da *"Ausweichmöglichkeiten"* é também usado nos casos ditos de "aproximação dissimulada" à marca de outrem, igualmente sancionados pelo recurso à cláusula geral do § 1 *UWG,* e aos quais adiante, nesta nota, nos referiremos). Mas será que, na realidade, existe uma infinita possibilidade de escolha de sinais susceptíveis de constituirem marcas? Apontando no sentido contrário temos, desde logo, o regime do uso obrigatório da marca — que é hoje comum à generalidade das ordens jurídicas (no quadro do direito comunitário, cfr. arts. 15.° e 50.°, n.° 1, alínea *a),* do Regulamento (CE) n.° 40/94 do Conselho, de 20 de Dezembro de 1993); fazendo diminuir a discrepância entre o número das marcas registadas e o das marcas usadas, a generalização desse regime não impediu, é óbvio, que o número de marcas registadas seja cada vez mais elevado, em consequência do aumento da oferta de produtos os mais diversos. Por outro lado, mas sempre no sentido de que as possibilidades de escolha de um sinal como marca não são ilimitadas, está ainda o facto de o número das possíveis combinações de letras do alfabeto ser matematicamente limitado, sendo certo que apenas uma parte dessas combinações resultam em *palavras* (ou em conjuntos de letras que são pronunciáveis) (cfr. MICHAEL-THEODOROS MARINOS, *Die "sittenwidrige Annäherung" an fremde Kennzeichen,* München, 1983, p. 24), sem que se possa esquecer as exigências que, entre nós, decorrem já do art. 79.º, § 1.º, já dos arts. 78.º e 201.º (diz o corpo deste último preceito o seguinte: "Na grafia dos dizeres em língua portuguesa incluídos nas marcas... deverão observar-se rigorosamente os preceitos ortográficos em vigor"; "se em vez de vocábulos conhecidos se empregarem *expressões de fantasia* — acrescenta o § único —, *estas deverão oferecer aspecto geral próprio de palavras portuguesas ou latinas")* (sobre a verdadeira *ratio* deste preceito, cfr. FERRER-CORREIA e M. NOGUEIRA SERENS, "A composição da marca...", in *RDE cit.,* p. 7 s.). Sendo já muitas, estas restrições à possibilidade de escolha de um sinal como marca não são ainda todas, e tão-pouco serão as mais importantes. É sabido que *todos* os empresários querem que as suas marcas sejam tão *falantes* quanto possível, pois que assim aumenta o seu *(originário)* efeito sugestivo. Desta sorte, e tendo de novo em conta a proibição de registo das indicações descritivas, temos que a apetência de *todos* os concorrentes *(id est,* de todos os empresários que fabricam os mesmos produtos ou produtos afins) se restringe, afinal, a um escasso número de combinações de sílabas, sendo nesse pequeno "universo" que a *todos* eles interessa penetrar. Há, é verdade, ainda a possibilidade do recurso às *figuras* e às *formas,* associadas ou não às cores. Mas também neste outro campo, que é o das *marcas figurativas,* é óbvio que nem todas as figuras ou formas *prestam* — e isto, desde logo, pelas mesmas razões que orientam a escolha das marcas nominativas.]

O segundo grupo de casos, nos quais o *BGH* admite o recurso à disciplina da concorrência desleal como *complemento* da tutela da marca, engloba várias *fattispecie,* que apresentam, contudo, uma característica comum, qual seja a de existir direito à marca, mas não se verificarem os pressupostos de que a respectiva lei faz depender a afirmação desse mesmo direito; e isto, é claro, pode acontecer ou porque, sendo os produtos afins, os sinais não são confundíveis, ou porque, havendo confundibilidade dos sinais não há afinidade entre os produtos, ou, finalmente, porque o terceiro, usando uma marca igual, não a usa a título de marca. Sabendo-se que qualquer empresário é *livre* de contradistinguir os seus produtos com uma *marca inconfundível* com outra anteriormente usada e/ou

registada, para contradistinguir os mesmos produtos ou produtos afins, naturalmente que *hão-de existir circunstâncias especiais que tornem desleal o uso de uma marca
nessas condições;* do mesmo jeito, não estando nenhum empresário impedido de
usar, para contradistinguir os seus produtos, uma *marca igual* a outra anteriormente usada e/ou registada, para contradistinguir produtos não-afins, *só a existência de circunstâncias especiais podem levar,* também neste caso, *a afirmar a deslealdade de um comportamento como o descrito.* E quais são essas circunstâncias especiais,
cuja presença fundamenta a deslealdade?

Comecemos pela primeira hipótese, que é, lembre-se, a de um terceiro
usar e/ou registar marca *inconfundível* com outra anteriormente usada e/ou registada, para contradistinguir produtos afins. No acórdão-"Centra", de 17 de
Março de 1965, o *BGH,* reafirmando o princípio da liberdade de imitação da
marca de outrem — na *área não-reservada* pelo direito sobre o sinal, entenda-se,
— logo acrescenta que esse princípio deve ceder quando haja uma *aproximação
(Annäherung)* à marca de outrem (no caso, a marca do autor) que reflicta um
comportamento planeado e intencional *(ein absichtliches und planmäßiges Verhal-
tens)* do terceiro (no caso, o réu) para provocar um risco de confusão, ou para
explorar o bom nome da marca do autor. A intenção confusória *(Verwechslung-
sabsicht),* no caso em apreço, foi considerada suficiente para considerar desleal o
comportamento do réu, independentemente da existência ou inexistência de
um efectivo risco de confusão (cfr. PLUTA, *ob. cit.,* p. 136, MARINOS, *ob. cit.,*
p. 19, e WALDMANN, *ob. cit.,* p. 140). Esta ideia de reconduzir as circunstâncias
especiais, que tornam a aproximação à marca de outrem num comportamento
desleal, a meros *elementos subjectivos* está igualmente presente nos acórdãos do
BGH, de 14 de Abril de 1965 (caso "Konservenzeichen-I) e de 5 de Julho de
1965 (caso "Roter-Punt"). Considerou-se aí que, não obstante a inexistência
de perigo de confusão, o terceiro também actuava deslealmente quando de *modo
consciente* se aproximava do elemento característico da marca de outrem, de tal
maneira que, assim fazendo, os produtos próprios desfrutariam do bom nome dos
produtos alheios, nomeadamente da ideia de qualidade que lhes está associada —
em ambos os casos, relevante para a qualificação do comportamento do terceiro
como desleal foi, pois, a *intenção de exploração do bom nome (Rufausnutzungsabicht)*
dos produtos de outrem, cuja marca não tinha, aliás, que ser extraordinaria-
mente conhecida ou célebre. Esta orientação, que, em última instância, quali-
fica um comportamento pelas intenções do seu autor (criticamente sobre esta

A "Vulgarização" da Marca na Directiva 89/104/CEE   161

suficiência dos chamados "subjektiven Unlauterkeitsmerkmale", cfr. PLUTA, *ob. cit.*, p. 138 s., e MARINOS, *ob. cit.*, p. 23 s.), embora com significativas *nuances,* aparece reafirmada num acórdão mais recente do *BGH* — o acórdão – "Kräutermeister", de 14 de Novembro de 1980 (cfr. *GRUR* 1981, p. 142 s.); a autora, invocando a titularidade da marca notória (mas não célebre) "Jägermeister", registada para bebidas alcoólicas, demandou o titular da marca "Kräutermeister", também ela registada para bebidas alcoólicas, com vista à irradiação do respectivo registo; a par da existência de risco de confusão entre as duas marcas, é dizer, a par do seu direito à marca "Jägermeister", a autora acusava a ré de concorrência desleal. O *BGH*, infirmando a decisão da instância inferior, e depois de ter considerado que não havia risco de confusão (i.é., que não havia violação do direito à marca), julgou a acção procedente, com base no § 1 *UWG*. E disse: "se do exame dos factos se deduz *uma objectiva exploração (eine objektive Ausbeutung)* do bom nome da marca 'Jägermeister' mediante a utilização do sinal 'Kräutermeister', então isso poderia denotar, em via indiciária, que o réu escolheu a combinação de palavras 'Kräutermeister', que evoca a marca "Jägermeister", com a intenção de explorar o bom nome desta marca para os seus próprios produtos. Esta "colagem", consciente e planeada, a uma marca de outrem, que, através de uma importante e bem sucedida campanha publicitária e/ou através da qualidade dos produtos, se torna notória ou mesmo célebre, pode contudo constituir já, *de per si*, concorrência desleal" *(GRUR cit.,* p. 144). Agora, parece que a "intenção de exploração" pode não ser suficiente para fundamentar a deslealdade do comportamento do terceiro — exige-se que haja uma "objectiva *exploração"* do bom nome da marca de outrem, sendo certo que a existência desta denota, em via indiciária, aquela mesma intenção.

A aproximação a uma marca de outrem — a uma marca que já é objecto de um direito, segundo a respectiva lei, e que é usada para contradistinguir produtos afins àqueles a que se destina a "marca aproximante" —, quando não provoque confundibilidade, pode, pois, constituir concorrência desleal se for acompanhada de ulteriores circunstâncias, tais como a *intenção confusória*, a *intenção de exploração*, ou a *objectiva exploração* do bom nome da marca alheia; todos estes casos são apelidados, pela generalidade da doutrina alemã, de *"aproximação dissimulada" ("versteckte Anlehnung")*. Há, ainda, uma outra circunstância que, apesar da inexistência de confundibilidade, pode também fundamentar a deslealdade da aproximação a uma marca de outrem — repete-se, a uma marca de outrem, que é tutelável pela lei de marcas, e que é usada para contradistinguir produtos afins àqueles a que se destina a "marca aproximante"; nas palavras de BAUMBACH/HEFERMEHL, "quem se aproxima, conscientemente, de uma marca de outrem, que goza de uma predominante validade no tráfico, e com isso enfraquece a forte capacidade de individua(liza)ção dessa marca, actua deslealmente, ainda que não haja uma reprovável intenção de aproximação, quando for possível fazer-lhe a censura de que causou levianamente um grave prejuízo ao seu concorrente, sem ter um motivo objectivo e admissível para o seu comportamento" *(ob. cit., Einl WZG,* nota 58). Este mesmo entendimento — que transpõe para o âmbito dos produtos afins a "teoria anti-diluição", que foi elaborada exactamente para *justificar* a protecção de certas marcas *fora* do âmbito da afinidade ... — é, desde há muito, partilhado pelo *BGH*: acórdão de 23 de Junho de 1967 (caso -"Maggi", *GRUR* 1968, p. 361 s.) e acórdão de 12 de Julho de 1967 (caso - "Blunazit", *GRUR* 1968, p. 581 s.). No primeiro caso, tratou--se da questão de saber se a "Maggi" se podia opor ao uso da "sua" combinação de cores vermelho-amarelo por parte de um (grande) concorrente (no caso, a "Knorr"); o ponto de partida da decisão do *BGH*, que infirma a decisão da instância inferior, é a reafirmação do princípio de que o direito das marcas não é senão uma parte do direito geral da concorrência e que, por isso mesmo, o prejuízo a *marcas valiosas* não pode ser exclusivamente apreciado com base nas regras da lei de marcas, que são talhadas para o caso normal. Passando à análise das especiais circunstâncias que tornavam desleal o comportamento da ré, o tribunal refere que, dado tratar-se de um concorrente com uma forte posição no mercado, seria difícil demonstrar que a sua *aproximação* à marca da autora tivesse ocorrido com a intenção de provocar confusão (quando menos indirecta) com a marca da autora ou de procurar explorar o bom nome dessa marca [coitados dos pobres ... que são pobrezinhos]. Todavia, essa forte posição no mercado, ocupada pela ré, que podia depor contra a censura da aproximação à marca da autora, podia gerar, ela mesma, um particular e sensível prejuízo para essa marca; uma vez admitida a possibilidade de um concorrente da autora usar o sinal em litígio (recorde-se: a combinação de cores vermelho-amarelo), o seu efeito individua(liza)nte seria *enfraquecido,* pois que deixaria então de ser possível impedir que terceiros usassem esse mesmo sinal. Este perigo de *enfraquecimento* de um sinal valioso pode, contudo, não ser desleal — *maxime* quando a renúncia ao co--uso desse sinal não era exigível, já porque o seu titular tolerou que ele fosse

A "Vulgarização" da Marca na Directiva 89/104/CEE   163

usado em sectores merceológicos vizinhos, já porque há motivos razoáveis que depõem a favor do uso desse mesmo sinal (exigências atinentes ao meio de publicidade escolhido, que reclama o uso de certas cores, por exemplo) (sobre este acórdão — "Maggi", e também sobre o acórdão — "Blunazit", para além de B. WALDMANN, *ob. cit.*, p. 142 s., que não lhes faz qualquer crítica, cfr. PLUTA, *ob. cit.*, p. 150 s., e MARINOS, *ob. cit.*, p, 32, ambos repudiando a doutrina desses acórdãos).

Voltemos agora a nossa atenção para a outra hipótese do segundo grupo de casos em que o *BGH* admite o recurso à disciplina da concorrência desleal como complemento da tutela da marca; essa hipótese comporta, recorde-se, duas sub-hipóteses: *(i)* o terceiro *usa a marca de outrem a outro título que não de marca*, não havendo, por isso, violação do respectivo direito, ou *(ii)* usa um *sinal igual à marca de outrem, mas para contradistinguir produtos não-afins* àqueles que esta marca contradistingue, não havendo, também agora, violação do respectivo direito, porque esse uso ocorre fora do seu "círculo de proibição". Para ilustrar cada uma destas sub-hipóteses — que a doutrina alemã costuma enquadrar sob o tópico *"offene Anlehnung"*, que talvez possamos traduzir por "arrimo aberto", o qual é coisa diferente da *"aproximação dissimulada"* (*"versteckte Annäherung")* —, socorrer-nos-emos de dois acórdãos do *BGH*: um, de 9 de Dezembro de 1982 (caso — "Rolls Royce"), o outro, de 29 de Dezembro de 1984 (caso – "Dimple"). Naquele primeiro caso (cfr. *NJW* 1983, p. 1431 s.), a autora era a empresa produtora dos automóveis "Rolls Royce", titular de várias marcas (registadas na Alemanha) constituídas, respectivamente, pela mascote da grelha ("Flying Lady"), pelo emblema "RR" e pela figura característica da grelha; a ré era uma agência de publicidade, que fizera inserir numa determinada revista um anúncio (de página inteira) a um *whisky* americano (da marca "Jim Beam"), no qual se via um automóvel "Rolls Royce", em cujo guarda-lamas dianteiro estavam sentados dois indivíduos, vestidos à texana, que jogavam às cartas; próximas estavam três outras pessoas, e, em primeiro plano, aparecia uma garrafa do whisky "Jim Beam", tendo ao lado dois copos cheios. Invocando a titularidade das referidas marcas, cujo uso não havia autorizado, a "Rolls Royce" intentou uma acção inibitória, que foi julgada procedente. Na esteira da instância inferior, o *BGH* considerou que, em face do anúncio, os círculos interessados no tráfico não seriam levados a considerar que o whisky "Jim Beam" fosse produzido ou comercializado pela "Rolls Royce" e tão-pouco seria razoável que supusessem que entre esta e o fabricante daquele whisky existiam quaisquer conexões económicas ou organizatórias. Consequentemente, o uso dos referidos sinais pela ré era insusceptível de provocar risco de confusão (em sentido estrito ou em sentido amplo), sendo certo que esse uso não era a título de marca; ficava assim arredada a possibilidade de a autora invocar a tutela decorrente do direito sobre esses sinais, no quadro da *WZG*. Outrotanto não acontecia, porém, no que concerne ao § 1 *UWG*. A deslealdade do comportamento da ré não residia, porém, na circunstância de a "Rolls Royce", devido ao bom nome dos seus produtos, ter adquirido uma *posição de posse (Besitzstand)*, cuja exploração lhe devesse ficar reservada em exclusivo. Neste aspecto, o *BGH* afasta-se da posição do *Landesgericht*, que concluira ser já possível fundamentar a deslealdade na intrusão por banda da ré nessa "reserva" (uma espécie de monopólio *in spe)*, concedida à autora, sobre a exploração do bom nome dos seus produtos, à semelhança do que se passa com a utilização inautorizada do nome ou da imagem de uma pessoa (humana) com fins publicitários (!); segundo o *BGH*, se, nesta hipótese, o uso do nome e/ou da imagem de uma pessoa com aqueles fins deve ser reservado a essa pessoa, ficando esse uso por parte de terceiros dependente de autorização, tal decorre do *direito geral de personalidade,* concretamente do *direito ao nome* da pessoa em causa. Ora, na opinião do *BGH*, um correspondente direito absoluto de dispor para fins publicitários, por via de licença, do aproveitamento *(Verwertung)* da "imagem das partes da grelha do seu automóvel" não assiste à autora. O fundamento da deslealdade do comportamento da ré — logo se acrescenta — residia antes na *exploração que esta fazia do bom nome* dos produtos da autora para *recomendação* dos produtos próprios; *desleal* é, portanto, colocar os produtos próprios em relação com os produtos de outrem, que são apreciados/estimados pelo público, a fim de aproveitar do bom nome desses produtos. Só que, no caso, não era ao fabricante do *whisky* "Jim Beam" que se poderia imputar esse comportamento (desleal), mas antes à própria agência de publicidade, e esta, já se vê, apenas prestara um serviço. Mas esta dificuldade não incomoda o *BGH*, que afirma: a exploração *(Ausnutzung)* do bom nome de outrem como vantagem/dianteira *(Vorspan)* para a publicidade própria é também de considerar como desleal no sentido do § 1 *UWG*, em particular nas circunstâncias que resaltavam do caso, independentemente de uma relação de concorrência no que respeita às mercadorias e prestações em confronto (cfr. *NJW* cit., p. 142). Esta afirmação (criticamente, cfr. THOMAS SAMBUC, "Rufausbeu-

A "Vulgarização" da Marca na Directiva 89/104/CEE — 165

tung bei fehlender Warengleichartigkeit?", in *GRUR* 1983, p. 536) não dispensou, porém, o *BGH* de subscrever as considerações do tribunal inferior sobre a existência de *uma relação de concorrência* entre a autora (fabricante de automóveis) e a ré (titular de uma agência de publicidade). Dado o bom nome de que gozam as referidas marcas da "Rolls Royce", esta poderia, através de *licenças,* negociar o seu uso por banda de terceiros, que desejassem promover dessa maneira os produtos próprios; ora, é precisamente nesse *mercado,* diríamos, do aproveitamento do bom nome das marcas da autora que a ré passa a concorrer com aquela quando utiliza, sem autorização, esse bom nome como vantagem/dianteira para a publicidade própria, pois que, assim fazendo, *impedia a autora de actuar nesse mesmo mercado* (a possibilidade de a «Rolls Royce» fazer um *aproveitamento económico* do bom nome das suas marcas passa, necessariamente, pela prévia proibição de uma exploração inautorizada desse bom nome, ou seja, para que se possa considerar ilícito o uso da marca sem licença do respectivo titular é mister que, previamente, se considere que só é lícito o uso da marca mediante licença do seu titular ...).

Com o acórdão-"Rolls Royce", o *BGH* abre um novo domínio de protecção da marca — protecção que agora se afirma abaixo do limiar da celebridade, fora do quadro do princípio da especialidade e sem que se exija o seu uso a título de marca por banda do terceiro. E é, precisamente, nesta linha de reforço da tutela de *certas* marcas — das marcas que, não preenchendo os requisitos da celebridade, não podem beneficiar de uma tutela merceologicamente absoluta ou ilimitada *(ex-vi* do § 823 e, eventualmente, do § 12 *BGB),* mas em relação às quais se (passa a) reputa(r) insuficiente a protecção que lhes cabe em aplicação da lei desse sinal distintivo — que surge o acórdão – "Dimple", de 29 de Dezembro de 1984, em que se recorre à cláusula geral do § 1 com vista à proibição do uso por banda de terceiro de um sinal igual à marca de outrem, que *contradistinguia produtos não-afins.* Eis os factos: um empresário, que se dedicava à produção e ao comércio de produtos cosméticos, químicos, farmacêuticos e dietéticos, requereu e obteve o registo da marca "Dimple" para contradistinguir os seguintes produtos: "Preparações para branquear e outras substâncias para lixiviar; preparações para limpar, polir, desengordurar e desgastar; sabões; perfumaria, óleos essenciais, cosméticos, loções para os cabelos; dentífricos". Não obstante o registo se reportar a uma tão variada gama de produtos — que são todos os produtos de uma classe (cfr. a classe 3ª, da Tabela n.º 5, anexa ao nosso

Código da Propriedade Industrial) —, o empresário em causa apenas se propunha usar a marca para cosméticos e, mais concretamente, para uma série de cosméticos para homem. A legalidade desse registo foi contestada por uma associação de produtores alemães de bebidas alcoólicas — ao abrigo, diga-se, do § 13 II, n.º 2, *UWG* que atribui legitimidade, para agir *in inibitoria* contra actos de concorrência desleal, às chamadas "associações de interesses" *(Interessenverbände)*, ou seja, às associações criadas com vista (e que efectivamente se dedicam) à defesa e à promoção dos interesses empresariais dos respectivos membros (desenvolvidamente, cfr. EMMERICH, *ob. cit., p.* 309 s.; quanto à legitimidade activa das associações de consumidores, que deriva do referido § 13 *UWG*, cfr. o nosso "Proibição da publicidade enganosa...", *cit., p.* 87 s.) —, e também pelo fabricante de *whisky* da marca "Dimple", registada na Alemanha desde 1929, para esse produto e outras bebidas alcoólicas. Em apoio da sua pretensão, este empresário apontava a celebridade da sua marca, com validade mundial, de cuja eficácia publicitária o réu se queria aproveitar de uma maneira desleal e enganadora; quanto a este último aspecto, adiantava-se que uma parte importante do tráfico seria levado a aceitar que os produtos do réu tinham a mesma origem empresarial do *whisky* "Dimple" ou, quando menos, que entre os dois empresários que usavam esta marca existiam quaisquer relações económicas ou organizatórias, o que seria favorecido pela circunstância, conhecida da generalidade do público, de muitos empresários, nos últimos anos, terem passado a utilizar as suas marcas para produtos até aí merceologicamente distantes (por exemplo, "Dunhill" para gravatas, cachecóis e produtos semelhantes).

No seu acórdão, que constitui o *leading case* no concernente à protecção alargada de uma *nova categoria* de marcas (a juntar às marcas célebres) — as *marcas notórias (bekannte Marke)* —, o *BGH* começa por recusar o "estatuto de celebridade" à marca do autor — a tanto obstava o facto de, como era evidenciado por uma sondagem de opinião, realizada 5 anos depois do pedido de registo da marca "Dimple" pelo réu, o seu grau de conhecimento no tráfico (entenda-se: do público em geral) se quedar por uma percentagem inferior a 50%. Assim, ficava excluída a possibilidade de se aplicar ao caso o § 823, 1, *BGB* (cfr. atrás, nesta nota), não podendo também a marca do autor beneficiar da protecção que decorre da *WZG*, dado que os produtos para os quais a ré registara um sinal igual não eram afins (este é o nosso modo de dizer, que não é, longe disso, o mais habitual, preferindo-se antes falar, o que não é inócuo, em casos como o

A "Vulgarização" da Marca na Directiva 89/104/CEE   167

que estamos agora a analisar, de *registo da marca de outrem para produtos não-afins;* este outro modo de dizer envolve, porém, uma contradição: um sinal só é apropriado por alguém, ou seja, *só fica a pertencer* a alguém como marca no âmbito do "círculo de proibição" que decorre do respectivo direito; fora deste círculo, que tem um determinado perímetro ou mancha, o sinal continua a ser uma espécie de *res nullius,* não podendo, por conseguinte, ser considerado como a marca de alguém). E eis que, para conceder protecção à marca do autor, se recorre, também agora, à cláusula geral do § 1 *UWG.* Encarando a questão da relação de concorrência, que é *(ou era?)* pressuposto da aplicação dessa norma — a interrogação que fazemos pretende evidenciar a evolução *(liberal)* da jurisprudência na matéria e também a crescente importância do sector da doutrina que perfilha outro entendimento sobre o sentido do § 1 *UWG,* defendendo que a sua aplicação não depende de qualquer relação de concorrência (cfr., por exemplo, Robert Knöpfle, *Die marktbezogene Unlauterkeit,* Tübingen, 1983, *passim,* M. Lehmann, "Die wettbewerbswidrige Ausnutzung..." *GRUR cit.,* p. 11, Karl-Heinz Fezer, "Markenschutz durch Wettbewerbsrecht", im *GRUR* 1986, p. 493, e Emmerich, *ob. cit.,* p. 25 s.) —, o *BGH* afirma que, no *interesse de uma eficaz tutela dos interesses concorrenciais,* a existência dessa relação não deve ser subordinada a rígidas condições (cfr. *NJW cit.,* p. 379). Mais especificamente, a relação de concorrência, que releva para efeito do § 1 *UWG,* não pressupõe necessariamente que as empresas operem no mesmo sector merceológico ou tão-pouco que haja um impedimento *(Behinderung)* à venda de um produto através da venda de outro (aliás, na jurisprudência do *BGH* encontramos antecedentes deste entendimento, diríamos, *generoso* da relação de concorrência, nomeadamente no caso "Statt Blumen Onko-Kaffee" em que se acolheu a pretensão de uma associação de empresários floristas de proibir o uso do slogan "Comprai flores em vez de café", por parte de um produtor de café — cfr. *GRUR* 1972, p. 553 s.). Para esse efeito, é antes suficiente que um empresário, através do seu comportamento, se coloque por qualquer forma em concorrência com outro, o que pode acontecer quando esse empresário, com uma *alegação equiparativa* expressa (acórdão – "Statt Blumen Onko-Kaffee") ou figurativa (acórdão – "Rolls Royce"), se vale do bom nome e do prestígio *(Ansehen)* dos produtos alheios, explorando um e outro para a venda dos seus *(não-afins e não-concorrentes)* produtos próprios. A relação de concorrência pode, pois, afirmar-se no quadro da exploração de "um valor económico abstracto" (a expressão é de B. WALDMANN, *ob. cit.,* p. 159), que é precisamente *o valor publicitário da marca, (Werbewert/goodwill),* e sem que importe se o respectivo titular já explora esse valor ou, dizendo de outra maneira, *sem que importe se ele já explora esse mercado,* nomeadamente através da concessão de licenças. Vistas assim as coisas, é claro que, pelo menos em abstracto, todas as marcas poderiam aspirar a uma tutela complementar, resultante da aplicação da cláusula geral do § 1 *UWG;* com efeito, qualquer marca tem o seu próprio valor publicitário, por mais ténue que seja. Para arredar uma tal consequência (tão "democrática" quanto "subsersiva"), o *BGH* fixa um conjunto de requisitos em relação às marcas que podem aspirar a essa mesma tutela, através dos quais se promove a sua "aristocratização". Desde logo, a marca em causa deve gozar de um grau de notoriedade no tráfico, digamos, *acima da média,* mas não tão elevado quanto aquele que é exigido pelo "estatuto da celebridade". No caso-"Dimple", este requisito estaria preenchido: o grau de conhecimento dessa marca, como sinal distintivo de *whisky,* era de cerca de 40% (percentagem apurada com referência à generalidade do público, cinco anos depois do pedido de registo de um sinal igual pelo réu); já no caso-"Salomon", em que se discutiu se o titular desta marca, registada para contradistinguir artigos de desporto de Inverno (mais especificamente: sapatos de esqui e outros produtos para esquiadores), se podia opor ao registo de um sinal igual para contradistinguir cigarros, o *BGH* (acórdão de 29 de Novembro de 1990, cfr. *NJW* 1991, p. 3212 s.) considerou que o conhecimento dessa marca por 30% de todos os desportistas alemães e por 30% de todos os consumidores da Baviera e de Baden-Württemberg era diminuto; por último, no caso — "SL" (acórdão de 6 de Dezembro de 1990, cfr. *NJW* 1991, p. 3124 s.), no qual se questionou se a "Mercedes", que é a titular daquela marca na Alemanha, se podia opor ao uso dessas duas letras no conjunto "UNO 70 SL", esse mesmo tribunal faz uma outra precisão: o grau de conhecimento da marca, suficiente para aplicar o § 1 *UWG,* não se apura com referência à generalidade do público (desenvolvidamente, cfr. ERNST-MOLL, "Die berühmte...", *GRUR cit.,* p. 14).

A circunstância de uma marca gozar de notoriedade não significa, sem mais, que o terceiro não possa usar um sinal igual para contradistinguir produtos não-afins. A mais de notória, essa marca há-de ser suficientemente *peculiar;* não se exige, é claro, uma absoluta "unicidade", que, aliás, se afirmava em relação à marca "Dimple" — Dimple é uma palavra inglesa, que não tem correspondente na língua alemã, e que significa *covinha* (expressão que algumas pessoas têm no queixo ou na face), o que tem "tradução" na forma da garrafa do *whisky* em causa. A exigência da peculiaridade arreda do âmbito de tutela do § 1 *UWG* as marcas intrinsecamente banais e aquelas outras que, por serem muito usadas por empresários diferentes, acabaram por se banalizar. Uma marca deste tipo não faz o consumidor pensar exclusiva ou predominantemente num sinal usado por uma determinada empresa, antes gera outras associações de ideias, que lhe retiram *capacidade de individiua(liza)ção;* deveras ilustrativo é o caso da marca "Salomon" (=Salomão), que o *BGH* (no já citado acórdão de 29 de Novembro de 1990) considerou que não tinha suficiente peculiaridade, já porque se tratava de um sinal usado por muitos empresários, já porque, sendo o nome do conhecido rei do Antigo Testamento e também um nome(-próprio e um patronímico), gerava estas outras associações de ideias, que tornavam inverosímil que o público, vendo essa marca nos produtos da ré, fosse levado a pensar exclusiva ou predominantemente na marca da autora.

Aos requisitos da notoriedade e da peculiaridade, há-de acrescer este outro: os produtos que a marca contradistingue devem ter uma *imagem de qualidade,* gozando, por conseguinte, a própria marca de *bom nome* ou *reputação.* No caso-"Dimple" para afirmar este requisito, realçou-se a elevada qualidade do *whisky* que essa marca contradistingue, por causa da sua "idade" e por se tratar de um produto de "topo de gama", em termos de preço ...; essa imagem de uma "marca-exclusiva" seria ainda reforçada pela *especial forma* da garrafa. No que respeita à marca "SL", registada pela "Mercedes", também ela foi considerada reputada, mas agora pelo *valor-prestígio (Prestigewert)* que o público atribui aos respectivos produtos. Esse bom nome ou reputação da marca (notória e peculiar) deve ser *transferível* para os produtos, fabricados pelo terceiro, e que este contradistingue com um sinal igual. Só assim, como efeito, é que se poderá dizer que o terceiro, ao escolher aquele sinal, explora o bom nome da marca anterior, usada para contradistinguir produtos não-afins e não-concorrentes; aliás, vistas bem as coisas, se o bom nome da marca não é transferível para esses outros produtos tão-pouco se estabelecerá qualquer relação de concorrência entre o titular da marca e o terceiro, pois que este, numa tal hipótese, não intervém no mercado da exploração do *valor publicitário* do sinal. Segundo o *BGH*, a transmissibilidade do bom nome de uma marca (e, consequentemente, do seu valor publicitário) para produtos não-afins e não-concorrentes depende de um conjunto de factores, entre os quais avulta a relação (ao nível da maior ou menor distância merceológica, tipo, categoria, etc.) entre esses produtos e aqueles que a marca contradistingue. Voltando a exemplificar, temos que, no caso -"Dimple", se admitiu a transmissibilidade do bom nome desta marca e da ideia de qualidade de que gozam os respectivos produtos para estes outros: sabões, perfumaria, loções para os cabelos, dentífricos e, em especial, cosméticos (série para homem). E isto com base, fundamentalmente, no facto de os compradores e bebedores de *whisky* pertencerem ao círculo de clientes daqueles produtos *(maxime* dos cosméticos para homem). Quanto aos restantes produtos, para os quais o réu registara um sinal igual à marca "Dimple", e que eram, recorde-se, "preparações para branquear e outras substâncias para lixiviar, preparações para limpar, polir, desengordurar e desgastar", prevaleceu um entendimento diverso: entre estes produtos e *whisky* há uma tão grande distância merceológica que não se afigura possível a transferência do bom nome da marca do segundo para os primeiros. Nesta mesma linha, cabe referir o caso - "Salomon" em que se considerou que o bom nome dessa marca e a imagem de qualidade dos respectivos produtos (sapatos de esqui e outros artigos destinados à prática deste desporto, recorde-se) não eram transferíveis para produtos de tabaco — aqueles são produtos técnicos, cujo prestígio está associado à funcionalidade, precisão e fiabilidade, qualidades irrelevantes no que concerne a cigarros, por exemplo.

Ao lado da hipótese, acabada de referir, em que se considera desleal e, nesse medida, proibido o uso e/ou registo por terceiro de um sinal igual a uma *marca* que, sendo *notória,* é ainda *peculiar* e que goza, outrossim, de bom nome, desde que este (e, por conseguinte, a "imagem" da própria marca) seja *transferível* para os produtos que o terceiro contradistingue com esse sinal — hipótese qualificada como *Rufausbeutung* —, a jurisprudência alemã prefigura uma outra, à qual reserva o mesmo tratamento jurídico. Esta outra hipótese é a de o terceiro usar e/ou registar um sinal igual à marca de outrem — uma marca, note-se, com as características acabadas de apontar — mas em que esse bom nome e "imagem" não são transferíveis para os produtos que o terceiro contradistingue com esse sinal —, *antes lhes causa prejuízo* (hipótese qualificada pela doutrina alemã como *Rufschädigung;* cfr., por exemplo, ERNST-MOLL, "Die berühmte...", *GRUR cit.,* p. 15 e R. BORK, "Kennzeichenschutz im Wandel", in *GRUR, cit.,* p. 736.). A possibilidade de um prejuízo ao bom nome e à "imagem" da marca de *whisky* "Dimple", decorrente do *uso* de um sinal igual para contradistinguir "preparações para branquear e outras substâncias para lixiviar, preparações para limpar, polir, desengordurar e desgastar", chegou a ser encarada pelo *BGH*, no já tão referido acordão de 29 de Novembro de 1984. E se o registo da marca do réu, quanto a tais produtos, não foi irradiado e, nessa medida, se a acção foi parcialmente julgada improcedente, isso ficou a dever-se apenas ao facto de não ser plausível que o réu passasse efectivamente a usar a marca "Dimple" para contradistinguir esses outros produtos (tratava-se, recorde-se, de um registo que abarcava todos os produtos de uma classe) (cfr.*NJW cit.*, p. 381). Já no acórdão de 6 de Novembro de 1990, não se hesitou em afirmar que o uso a título de marca pela "Fiat" das letras SL, no conjunto "Uno 70 SL", em pequenos automóveis de baixo preço, prejudicava o bom nome e o valor-prestígio da marca "SL", usada pela "Mercedes" em automóveis, díriamos, de gama alta ("Luxusklasse"). Acentuado pelo *BGH* foi também o perigo de os concorrentes da "Fiat" — e sem que importe se com bom ou má intenção —, seguindo o exemplo desta, passarem a usar as letras SL (="Super Luxus", "Sport-Luxus", "Sport-Limousine"); a consumação desse perigo impediria o público de prestar atenção à marca "SL" dos automóveis "Mercedes" e esta perderia assim todo o seu valor.

Aqui chegados, estamos já em condições de caracterizar as principais fases da evolução da jurisprudência alemã no que concerne à tutela da marca. Uma primeira fase, que vai da data de promulgação da primeira lei sobre o sinal (1874) até aos anos vinte (do nosso século); essa fase caracterizou-se, fundamentalmente, pela ideia de que a tutela da marca se esgotava no quadro da respectiva lei, afastando-se, por conseguinte, a possibilidade de uma aplicação complementar da disciplina da concorrência desleal. A ruptura com este entendimento (que marca o início da segunda fase), passando então a conceber-se o direito das marcas como parte do direito da concorrência desleal com vista à protecção de sinais que não eram (ainda) objecto de um direito de marca ou de um direito equivalente *(Ausstattung)* e também de sinais que já eram objecto desse direito, mas cuja afirmação não era possível, exactamente porque faleciam os respectivos pressupostos. Em ambos os casos, trata-se, porém, de uma tutela que se afirma no quadro do princípio da especialidade. Ou seja, a deslealdade do comportamento do terceiro, estando subordinada à verificação de "circunstâncias especiais", pressupunha ainda que os sinais conflituantes fossem usados para os mesmos produtos ou para produtos afins. [Ao fazer-se assim transpunham-se, para o direito dos sinais distintivos, os princípios da chamada "imitação servil", que funciona como *complemento* (monopolístico) da tutela do direito das patentes, dos modelos e dos desenhos industriais... Como se a dívida da humanidade em relação ao "inventor" da marca "Coca-Cola", por exemplo, fosse do mesmo tipo daquela que a humanidade tem face ao *inventor* da penicilina, também por exemplo.]

Mas os tribunais alemães não se quedaram por aqui. Nesta mesma fase, é dizer, a partir dos anos vinte, passaram a proteger *certas* marcas — concretamente, as marcas ditas "célebres" — de uma forma absoluta ou merceologicamente ilimitada, invocando, também agora, a cláusula geral do § 1 *UWG*. Nesta outra hipótese avulta, porém, uma particularidade: o terceiro podia ser acusado de *concorrência desleal* mesmo quando usava um sinal igual (ou quase-igual) à marca de outrem, para contradistinguir produtos não-afins e *não-concorrentes!* Cogitado pelo *RG*, este modo de conceber o fundamento da tutela das marcas célebres acabou por ser repelido pelo *BGH*, na sequência, aliás, das críticas de um importante sector da doutrina. O novo fundamento dessa tutela, a partir do acórdão-"Quick" (de 11 de Novembro de 1958), passou então a ser o § 823, 1, *BGB (responsabilidade civil extracontratual)* e, sendo caso disso — e será caso disso se a marca, sendo *nominativa* (ou, melhor, *pronunciável),* tiver adquirido a função de sinal distintivo da própria empresa —, o § 12 *BGB (direito ao nome).*

Há, finalmente, uma terceira fase na evolução da jurisprudência alemã, que tem sempre contado com o apoio maioritário da doutrina, no que concerne à protecção da marca. Sem pôr em causa os *acquis* (monopolísticos) da fase anterior — *maxime* a possibilidade de uma tutela absoluta das marcas célebres —, o *BGH* abre, nos inícios dos anos oitenta, e sempre com recurso à cláusula geral do § 1 *UWG,* um novo domínio de protecção da marca: *abaixo da celebridade, não importando que os produtos não sejam afins* (acórdão-"Dimple", de 29 de Novembro de 1984), *e sem que interesse,* outrossim, *se o terceiro usa o sinal a título de marca* (acórdão-"Rolls Royce", de 9 de Dezembro de 1982). Ou seja, nesta última fase, a tutela absoluta ou merceologicamente ilimitada deixa de estar reservada às marcas célebres. Dessa mesma tutela podem também beneficiar outras marcas — as *marcas de prestígio,* poder-lhe-emos chamar.

Pois bem. É nessa linha de crescendo *monopolista* ou, se preferirmos, *garantista* da jurisprudência e da (esmagadora maioria da) doutrina alemãs que se inscrevem as soluções do direito comunitário. Começando pelo Regulamento n.º 40/94 do Conselho, de 20 de Dezembro de 1993, importa referir o seu art. 9.º, n.º 1, alínea *c),* onde se estatui: "...O titular [*da marca comunitára*] fica habilitado a proibir um terceiro de utilizar, sem o seu consentimento, na vida comercial, um sinal idêntico ou similar à marca comunitária, para produtos ou serviços que não sejam similares àqueles para os quais a marca comunitária foi registada, sempre que esta goze de prestígio na Comunidade e que o uso do sinal sem justo motivo tire partido indevido do carácter distintivo ou do prestígio da marca comunitária ou lhe [*sic*] cause prejuízo". Com esta norma, o legislador comunitário acolhe a *diferenciação* ou *desigualação* das marcas, para efeitos de tutela, no quadro do próprio direito sobre o sinal. Assim fazendo, acabou por se afastar (mas apenas teoricamente) da solução do art. 13 A 2 da lei uniforme dos países do Benelux de 1971, na qual se prevê, como vimos (cfr. *supra*, nota 13) a possibilidade de o titular da marca se opor a *"tout autre emploi* [leia-se: a qualquer outra utilização que não caia na previsão da primeira parte do artigo] *qui, dans la vie des affaires et sans juste motif, serait fait de la marque ou d'un signe ressemblant, en des conditions susceptibles de ... [lui] ... causer un préjudice"*. Esta norma é, desde há muito, interpretada pelo "Benelux-Gerichtshof" (acórdão de 1 de Março de 1975) no sentido de que a tutela aí prevista, que é *primacialmente dirigida à tutela publicitária do sinal,* se não cinge a uma particular categoria de marcas: "As disposições do art. 13 da Lei não fazem nenhuma distinção segundo o critério da alta reputação e ... nem a exposição de motivos nem o fim da norma justificam semelhante distinção na interpretação do preceito". Pela sua importância, e não apenas no quadro dos países do Benelux, importará aqui fazer uma referência mais desenvolvida a esse acórdão. Os factos eram os seguintes: A sociedade "Lucas-Bols", titular da marca de genebra "Claeryn" fez valer este direito para se opor ao uso pela "Colgate", da marca "Klarein", que contradistinguia um detergente *(Waschmittel)*, argumentando que a "associação entre uma jovem genebra *(einem jungen Genever)* e um produto de limpeza *(einem Reinigungsmittel)* é de mau gosto e produzirá um ataque ao poder atractivo da marca e do produto" (cfr. DELIÈGE-SEQUARIS, "Der Schutz der Marke...", *GRUR-Int. cit.,* p. 575, e R. SACK, "Markenschutz außerhalb des Gleichartigkeitsbereichs...", *RIW cit.,* p. 599, e "Die 'Verwässerung' bekannter Marken und Unternehmenskennzeichen", in *WRP* 1985, p. 464). Ao que parece a marca em causa não podia ser considerada uma marca célebre, mais ainda assim a acção foi julgada procedente, tendo o *Benelux-Gerischtshof* afirmado que o prejuízo visado pelo art. 13 A 2 "pode consistir exclusiva ou parcialmente nas circunstâncias de que o uso da marca ou de um sinal semelhante para uma determinada espécie de produtos diferentes daqueles para os quais a marca está registada reduz a atracção da marca para esta última espécie de produtos" (DELIÈGE-SEQUARIS, "Der Schutz der Marke...", *GRUR-Int. cit.*, p. 575). O tribunal admite igualmente que esta diminuição da capacidade atractiva da marca pode resultar, quer da sua diluição *(Verwässerung/blurring)*, quer da sua degradação *(Herabwürding/tarnishement)*: "... este ataque pode consistir na circunstância de que a marca deixa de ser susceptível de provocar no espírito do público a associação imediata com os produtos para os quais ela foi registada (perda da *Alleinstellung)*, mas é igualmente possível que o produto que é visado pelo outro uso da marca ou de um sinal semelhante influencie os sentimentos do público de uma maneira tal que a marca seja atacada no seu poder atractivo e no seu 'poder de incitar à compra' da espécie de produtos para os quais foi (previamente) registada" (cfr. DELIÈGE-SEQUARIS, *ob. loc. cits.).* *Teoricamente* aplicável a todas as marcas — a não diferenciação das marcas, para efeitos de tutela, no quadro do próprio direito do sinal, conta, aliás, com o apoio de alguns autores como, por exemplo, P. EECKMAN, in *Rechtskundig Weekblad* (nota ao acordão-"Claeryn), que escreve que essa não diferenciação "evitará uma *discriminação injusta* entre um pequeno grupo de marcas, ao qual será assegurada uma protecção particular, e todas as outras marcas que ficariam à margem dessa protecção especial porque não atingiam (ainda) um patamar de notoriedade que, inevitavelmente, é determinado de maneira mais ou menos arbitrária" (no mesmo sentido, DELIÈGE-SEQUARIS, "Der Schutz der Marke...", *GRUR Int.*, p. 576 — teoricamente aplicável a todas as marcas, dizíamos, é óbvio, porém, que essa tutela especial do artigo 13 A 2 da lei do Benelux, dirigida à função publicitária do sinal, não aproveita senão a um escasso número de marcas, que são as que gozam de notoriedade e/ou de prestígio. O próprio *Benelux-Gerichtshof* reconhece isto mesmo quando afirma que a ausência de um regime especial para as marcas célebres não impede que a questão da notoriedade possa ter importância: "... para apreciar se, num determinado caso, é realmente possível que um 'outro uso' da marca, tal como ele é visado pelo artigo 13 A 2, pode causar ao titular da marca um prejuízo consistente num ataque ao 'poder da marca para incitar à compra', não se pode prescindir do grau de notoriedade de que goza a marca, pois que é dessa notoriedade que depende o referido poder" (DELIÈGE-SEQUARIS, "Der Schutz der Marke...", *GRUR-Int. cit.*, p. 576).

Voltemos ao referido art. 9.°, n.° 1, alínea *c)*, do Regulamento n.° 40/94. Dele ressalta, já o vimos, a falada *desigualação* das marcas, no quadro do próprio direito sobre o sinal (... como se um isqueiro de plástico não fosse um objecto de direito igual a um isqueiro de ouro ou prata). Todavia, a tutela privilegiada, que assim se afirma, e que é dirigida à função publicitária do sinal, não se cinge às *marcas célebres* tal como a doutrina e a jurisprudência alemãs as definem (cfr. *supra,* nesta nota); essa tutela afirma-se abaixo do limiar da celebridade, exigindo-se, o que é coisa diferente, que a *marca goze de prestígio* na Comunidade. E o que é *uma marca prestigiada* para esse efeito? Naturalmente que se há-de tratar de uma marca "fora do comum", ou seja, uma marca conhecida — e mesmo muito conhecida; mas apenas naquele sector onde a respectiva empresa exerce a sua actividade ou também (e, porventura, primacialmente) no sector em que o terceiro pretende usar um sinal igual? Independentemente desse grau de conhecimento, e seja qual for o modo por que ele se há-de apurar, seguro é que, tendo em conta os ensinamentos da jurisprudência e doutrina alemãs (cfr. *supra,* nesta nota), esse (mais ou menos) elevado grau de conhecimento *não é suficiente* (não fora assim, e dada a influência da publicidade televisiva no nosso tempo, o número das marcas, que gozariam de uma tutela privilegiada, aumentaria *inconsideramente, à custa,* é claro, *da liberdade de concorrência).* Para além desse particular conhecimento por banda do público (no seio do qual também releva o círculo de clientes dos produtos para os quais o terceiro adopta um sinal igual), e que é, por assim dizer, um *elemento quantitativo,* uma marca só pode ser considerada prestigiada se desfrutar de *bom nome* ou *reputação (elementos qualitativos)* ou, numa palavra, se gozar de uma boa "imagem", a qual está associada à *qualidade do respectivo produto;* quanto a este aspecto são pensáveis duas soluções, que conduzem a resultados diferentes: referir a qualidade do produto, do qual depende a *estima* da marca, a *standards* objectivos, por exemplo, *tecnicidade, durabilidade, fabricação, utilidade,* ou associá-la a outros "atributos", que são reflexo da predominância da publicidade sugestiva (com a consequente criação de "necessidades secundárias"), tais como o de um *produto "dinâmico", "jovem", "desportivo", "potenciador de sucesso"* (social, sexual ou outro), etc. etc.

O facto de estarmos em presença de uma marca que goza de prestígio na Comunidade não impede, só por si, o terceiro de usar um sinal idêntico ou similar para contradistinguir produtos ou serviços que não sejam similares àqueles que essa marca contradistingue. A mais disso, o carácter distintivo ou o prestígio da marca em causa, numa palavra, a sua "imagem" há-de ser *transferível* para esses outros produtos — se não for assim, não se vê, na verdade, como é que o terceiro pode tirar partido indevido dessa "imagem" ou, se preferirmos, do carácter distintivo ou do prestígio da marca —, o que depende do tipo de produtos contradistinguidos por essa marca e também da relação (distância merceológica, qualidade, tipo, clientela actual e/ou potencial) entre esses produtos e aqueles para os quais o terceiro usa um sinal idêntico ou similar; a estas circunstâncias outra acresce, e que não é de somenos importância: a *peculiaridade* da própria marca; se esta é, por assim dizer, *banal,* já pelo modo da sua composição, já pelo grande número de empresários que dela se socorre como sinal distintivo de produtos (-não afins) ou mesmo de empresas (fenómeno de banalização ou de enfraquecimento), naturalmente que o tráfico não a associará predominante ou exclusivamente a uma determinada empresa ou, dizendo de outra maneira, não a considerará como sinal distintivo de uma única empresa. Voltando a exemplificar com o caso – "Salomon" (acórdão do *BGH*, de 29 de Novembro de 1990); "Salomon" é uma marca usada para contradistinguir produtos para esquiadores, que são produtos técnicos, cujo (eventual) prestígio está associado a qualidades como precisão, fiabilidade, funcionalidade e outras similares, que nada têm a ver com as qualidades que se exigem a produtos de tabaco; por isso mesmo, não se vê como é que a *ideia de qualidade* ou o *prestígio* daqueles primeiros produtos se podiam transferir para os novos produtos, ao ponto de o fabricante destes *aproveitar/explorar* (ou, na terminologia do Regulamento, *tirar partido)* do prestígio ou do carácter distintivo daquela marca de artigos para esquiadores. À grande distância merceológica entre os produtos, acresce a circunstância de o nome "Salomon" *não ser especialmente peculiar* — já porque era usado por muitas outras empresas como sinal distintivo, já porque se tratava de um nome (-próprio e patronímico) e também do nome do rei do Antigo Testamento —, o que obstava a que o tráfico, confrontando-se com cigarros "Salomon", fosse levado a pensar no fabricante de artigos para esquiadores que usava a mesma marca, estando assim excluído que a compra daqueles cigarros fosse *motivada* por uma qualquer associação com aqueles outros produtos.

A *intransferibilidade* da "imagem" (carácter distintivo ou prestígio) da marca comunitária, considerada suficientemente peculiar, para os produtos ou serviços que o terceiro contradistingue com "um sinal idêntico ou similar", se arreda a possibilidade de esse terceiro tirar partido indevido dessa "imagem" — *aproveita-*

mento/exploração do valor publicitário da marca de outrem para *estimular/motivar* a compra dos próprios produtos (não-afins e não-concorrentes) —, não exclui, contudo, a ilicitude do comportamento do terceiro ou, dizendo às avessas, não significa que esse uso caia fora do âmbito de proibição em que se desdobra o direito da marca que goza de prestígio na Comunidade. Na verdade, na esteira da jurisprudência e doutrina alemãs, já nossas conhecidas, e também da jurisprudência do *Benelux-Gerichtshof* (cfr. o acórdão -"Claeryn", que é o *leading case* na matéria), o art. 9.°, n.° 1, alínea *c),* do Regulamento, a par da hipótese de *Rufausbeutung* — que é a de o terceiro usar "um sinal idêntico ou similar" à marca comunitária de prestígio de outrem e, assim fazendo, aproveitar/explorar a "imagem" ou o bom nome dessa marca, *estimulando* a compra dos próprios produtos (não-afins e não-concorrentes) —, prevê esta outra: o titular da marca comunitária de prestígio pode proibir o uso por terceiro de "um sinal idêntico ou similar" para contradistinguir produtos que não sejam similares, não já porque esse terceiro, assim fazendo, aproveita indevidamente do carácter distintivo ou do prestígio dessa marca, mas antes porque, com esse uso, *prejudicaria um ou outro* (cremos que o uso do pronome pessoal complemento "lhe" no singular, no art. 9.°, n.° 1, alínea *c), in fine,* se terá ficado a dever a gralha). Como atrás vimos, a jurisprudência alemã oferece-nos dois casos, que ilustram esta hipótese (chamada de *Rufschädigung): (i)* o caso-"Dimple" em que se considerou que esta marca de *whisky,* quando usada para contradistinguir "preparações para branquear e outras substâncias para lixiviar, preparações para limpar, polir, desengordurar e desgastar", podia sofrer um prejuízo para o seu bom nome ou fama; e se, no caso, o registo de um sinal igual a essa marca, feito por terceiro, para contradistinguir tais produtos não foi cancelado, isso ficou apenas a dever-se ao facto de não haver risco sério de o terceiro passar efectivamente a usar o sinal em causa (cfr. Ernst-Moll, "Die berühmte...", *GRUR cit.,* p. 15, nota 114); *(ii)* o caso-"SL" em que se considerou que o uso destas duas letras, por banda da "Fiat", no conjunto "UNO 70 SL", traduzia um prejuízo ao *valor-prestígio* da marca "Mercedes SL", exactamente porque aquele sinal, usado a título de marca, o era para um pequeno automóvel (dito "utilitário") de baixo preço.

Ainda que o uso por terceiro de um sinal idêntico ou similar à marca comunitária de outrem tire partido indevido do carácter distintivo ou do prestígio dessa marca *(Rufausbeutung)* ou lhes cause prejuízo *(Rufschädigung),* o titular dessa marca *pode não ficar habilitado a proibir* esse uso, com base no art. 9.°, n.° 1, alínea *c)*, do Regulamento; acontecerá assim na hipótese de o terceiro não utilizar esse sinal na vida comercial (e também naquela outra, que agora aqui não interessa, de o titular da marca autorizar o terceiro a usar o sinal). Por nossa banda, entendemos que a utilização de um sinal *"na vida comercial"*, no quadro da norma em apreço, não significa senão a sua utilização *a título de sinal distintivo.* Note-se, porém, que um uso do sinal a esse título não recobre apenas a hipótese de o terceiro usar o sinal para contradistinguir os seus próprios produtos ou serviços — uso a título de marca —, mas também aquelas outras em que o sinal é usado como (elemento do) *nome comercial,* ou seja, a *título de nome de estabelecimento* e também *de firma ou denominação;* acresce que, do mesmo jeito que o terceiro não pode usar um sinal idêntico ou similar à marca comunitária de prestígio de outrem, para contradistinguir produtos ou serviços *não-similares,* também não poderá usar esse sinal para compor a sua firma ou denominação ou o nome do respectivo estabelecimento, ainda que actue num sector merceológico diferente daquele em que actua o titular da marca comunitária.

Por outro lado, não cabe também dúvida de que o terceiro que usa um sinal idêntico ou similar à marca comunitária de prestígio de outrem a título de sinal distintivo, no sentido acabado de apontar, pode fazer prova da existência de *justo motivo* para esse mesmo uso; feita esta prova, o titular da marca já não pode acusar o terceiro, que usa sinal idêntico ou similar a essa marca, de tirar partido indevido do seu carácter distintivo ou do seu prestígio ou de lhes causar prejuízo. A determinação, em abstracto, das situações que prefiguram a existência de "justo motivo", relevante para efeitos da norma em causa, não é coisa fácil. Porventura, o exemplo mais flagrante será o de terceiro usar um sinal idêntico ou similar à marca comunitária de prestígio de outrem, sinal esse que foi objecto de um *registo anterior* àquele que o titular da referida marca invoca. Trata-se, aliás, de uma situação perfeitamente plausível. Imaginemos que um pequeno/médio empresário (que designaremos por empresário *A*) obteve o registo de uma certa marca para contradistinguir determinados produtos; trata-se de uma marca usada, é certo, mas não de forma particularmente intensa, dada a pequena quota de mercado do seu titular; por outro lado, a publicidade de que essa marca é objecto é também ela reduzida, mas agora por causa da escassez de meios económico-financeiros do respectivo titular — tudo junto, trata-se de uma marca comunitária, diríamos, *normal* à qual não cabe, pois, o estatuto de marca comunitária de prestígio. Em momento ulterior, um outro

A "Vulgarização" da Marca na Directiva 89/104/CEE   179

empresário de grande dimensão (que designaremos por empresário *B*) vem requerer o registo de *um sinal idêntico ou similar a essa marca* — à marca registada pelo empresário *A*, entenda-se —, *mas para contradistinguir produtos não-similares;* contra esse registo o empresário *A* não faz qualquer oposição — e nem podia, pois que, sendo titular de uma *marca comunitária normal,* não havia lugar à aplicação do art. 8.º, n.º 5, do Regulamento. Passado algum tempo (meses ou anos) sobre a data da concessão do registo, a favor do empresário *B,* da referida marca, esta torna-se uma *marca prestigiada* (ou que goza de prestígio) *na Comunidade,* já por efeito do seu largo uso, a elevada quota de mercado do seu titular a tanto permitia, já por efeito de intensas (e contínuas) campanhas publicitárias, estas possibilitadas pelos elevados meios económico-financeiros desse mesmo empresário. Numa tal hipótese, parece-nos claro, a todas as luzes, que o empresário *A* poderá invocar (e provar) a existência de um *justo motivo* para continuar a usar a sua marca, não podendo, por conseguinte, o empresário *B* lamentar-se de que, assim fazendo, *A* está a explorar o carácter distintivo o ou prestígio da marca de outrem ou a prejudicá-los où, por outras palavras, *B* não poderá invocar, para a sua marca, *a tutela diferenciada,* prevista no art. 9.º, n.º 1, alínea *c),* do Regulamento.

A solução acabada de apontar vale para o caso de o registo da marca comunitária de prestígio ser *posterior* àquele de que foi objecto a marca comunitária normal. E se for ao contrário? Vamos ver. Imaginemos então que a marca anteriormente registada era a marca do (grande) empresário *B,* e que essa marca já gozava de prestígio na Comunidade à data do pedido de registo de sinal idêntico ou similar por parte do (pequeno/médio) empresário *A,* para contradistinguir produtos ou serviços não-similares. Sendo este o caso, poder-nos-emos confrontar com várias hipóteses. Eis a primeira. O empresário *B,* invocando o art. 8.º, n.º 5, do Regulamento, poder-se-á opor a esse registo a favor do empresário *A;* com efeito, e como se lê nessa norma, *"após a oposição do titular* de uma marca anterior na acepção do n.º 2 [entre eles está incluída obviamente a marca comunitária], será ... recusado o pedido de registo de uma marca idêntica ou semelhante à marca anterior e, *se essa marca se destinar a ser registada para produtos ou serviços que não sejam semelhantes àqueles para os quais a marca anterior foi registada,* sempre que, no caso de uma marca comunitária anterior, esta goze de prestígio na Comunidade ... e sempre que a utilização injustificada e indevida da marca para a qual foi pedido o registo beneficie do carácter distintivo ou do prestígio da marca anterior ou possa prejudicá-los" (cfr. ainda o art. 42.º). É claro que se esta oposição tiver êxito, o empresário *A*, que não conseguiu o registo do sinal, também o não pode utilizar, por força do art. 9.º, n.º 1, alínea *c)*, do Regulamento. A segunda hipótese é a do empresário *B* que, nos termos expostos, se podia opor ao registo da marca do empresário *A*, o não ter feito, por quaisquer razões. Restar-lhe-á então a possibilidade de lançar mão de um pedido de anulação desse registo feito por *A*, invocando, para o efeito, o art. 52.º, n.º 1, alínea *a)*, e 55.º, n.º 1, alínea *b)*, do Regulamento. Mas será que a formulação desse pedido está sujeita a algum prazo? Como é sabido, o Regulamento distingue entre causas de nulidade absoluta (art. 51.º) e causas de nulidade relativa (art. 52.º), em consonância, aliás, com a distinção (logicamente) precedente entre motivos absolutos de recusa (art. 7.º) e motivos relativos de recusa (art. 8.º). Todavia, daquela primeira distinção, que releva para efeitos de *legitimidade* para a formulação do correspondente pedido de anulação ou extinção (cfr. art. 55.º, n.º 1, alíneas *a)* e *b)*), o legislador não extraiu qualquer consequência no que respeita à fixação de um prazo para as hipóteses do segundo tipo (causas de nulidade relativa). Deste modo, não obstante a existência de um registo respeitante a uma marca comunitária que goza de prestígio na Comunidade ser "apenas" uma *causa de nulidade relativa* (e também, logicamente "apenas" um *motivo relativo de recusa* — art. 8.º, n.º 5, já citado) de marca idêntica ou semelhante, posteriormente registada para produtos não-semelhantes, pareceria que teríamos de considerar que, no caso por nós figurado, o (grande) empresário *B* poderia formular o seu pedido de anulação da marca do empresário *A sem limite de tempo*. Por nossa banda, repudiamos este entendimento. Segundo o art. 53.º, n.º 1, do Regulamento, "o titular de uma marca comunitária que tenha tolerado a utilização de uma marca comunitária posterior na Comunidade durante cinco anos consecutivos, com conhecimento desse uso, não pode pedir a anulação nem opor-se à utilização da marca posterior, com base nessa marca anterior, em relação aos produtos ou serviços para que foi utilizada a marca posterior, a não ser que o depósito da marca comunitária posterior tenha sido efectuado de má-fé". Verificados os respectivos pressupostos, não descortinamos qualquer razão que impeça a aplicação desta norma a uma hipótese como aquela que figuramos, e que é — lembre-se — a de o titular de uma marca comunitária que goza de prestígio na Comunidade se não ter oposto ao pedido de registo por outrem de um sinal idêntico ou similar, para contradistinguir produtos não-

-semelhantes. Aliás, em nossa opinião, a norma transcrita não se aplica apenas às hipóteses desse tipo. Pense-se no caso de o terceiro (começar a) usar de boa--fé um sinal idêntico ou similar a uma marca comunitária que goza de prestígio na Comunidade, e que esse uso, sem (pedido de) registo se prolonga por mais de cinco anos consecutivos, com conhecimento do titular da marca comunitária de prestígio. Também agora se deverá afirmar a *Verwirkung* do direito deste último sujeito.

A *diferenciação* (ou *desigualação*) das marcas, para efeitos de definição do âmbito da respectiva tutela, assumida pelo legislador comunitário no Regulamento (CE) n.º 40/94 do Conselho, a que nos temos estado a referir, já transparecia na Directiva 89/104/CEE. Por força do n.º 3 do art. 4.º deste último diploma, os Estados-membros ficaram obrigados a introduzir nos respectivos direitos uma norma que imponha a recusa do pedido de registo de *uma marca nacional* ou, havendo esse registo, a declaração da sua nulidade, quando essa "marca for idêntica ou semelhante a *uma marca comunitária anterior...* e se se destinar a ser registada, ou tiver sido registada, para produtos ou serviços que não sejam semelhantes àqueles para os quais a marca comunitária anterior foi registada, sempre que a marca comunitária anterior goze de prestígio na Comunidade e sempre que o uso da marca posterior procure tirar partido indevido do carácter distintivo ou do prestígio da marca comunitária anterior ou possa prejudicá-los". Como é fácil de ver, trata-se de uma disposição que visa conceder uma tutela diferenciada às *marcas comunitárias de prestígio* no seu confronto, digamos, com *as marcas nacionais* — note-se que ao tempo da promulgação da Directiva ainda não havia sido promulgado o Regulamento sobre a marca comunitária —, e que completa o regime dos arts. 8.º, n.º 5, e 55.º, n.º 1, alínea *b)*, do referido Regulamento: as marcas comunitárias de prestígio, que tenham sido objecto de registo, são protegidas, *fora do quadro do princípio da especialidade,* em relação às marcas comunitárias e às marcas nacionais posteriores. Dado o nosso actual sistema de registo, que prevê uma análise oficiosa da *novidade da marca* registanda (cfr. art. 92.º), a recusa de registo de uma marca nacional idêntica ou similar a uma marca comunitária de prestígio, anteriormente registada para produtos não-semelhantes, não está subordinada à oposição do titular desta marca; porém, no caso de a marca registanda ser uma marca comunitária, o respectivo registo, só poderá ser recusado, com fundamento na existência de uma marca comunitária de prestígio, anteriormente registada para produtos não-semelhantes, se o titular desta marca deduzir oposição (cfr. art. 8.º, n.º 5, do Regulamento).

A Directiva contém ainda duas outras normas, que são *optativas,* atinentes às *marcas nacionais de prestígio.* Por um lado, nos termos do art. 4.º, n.º 4, alínea *a),* os Estados-membros "podem prever que o pedido de registo de uma marca seja recusado ou, tendo sido efectuado, que o registo de uma marca fique passível de ser declarado nulo sempre que e na medida em que a marca seja idêntica ou semelhante a *uma marca nacional anterior* ... e se destine a ser ou tiver sido registada para produtos ou serviços que *não sejam semelhantes àqueles para os quais a marca anterior foi registada,* sempre que *a marca nacional anterior* [na versão oficial da Directiva, publicada no *J.O.* n.º L 40/1, de 11 de Fevereiro de 1989, lê-se *"marca comunitária anterior",* o que só pode ser gralha] goze de prestígio no Estado-membro em questão e sempre que o uso da marca posterior procure, sem justo motivo, tirar partido indevido do carácter distintivo ou do prestígio da marca nacional [na Directiva, lê-se "marca comunitária"] anterior ou possa prejudicá-los". Por outro lado, no art. 5.º, n.º 2, lê-se o seguinte: "Qualquer Estado-membro poderá ...estipular que o titular [da marca] fique habilitado a proibir que terceiros façam uso na vida comercial, sem o seu consentimento, de qualquer sinal idêntico ou semelhante à marca para produtos ou serviços que não sejam semelhantes àqueles para os quais a marca foi registada, sempre que esta goze de prestígio no Estado-membro e que o uso desse sinal, sem justo motivo, tire partido indevido do carácter distintivo ou do prestígio da marca ou os prejudique". A expressão "uso na vida comercial", que o legislador comunitário volta a usar nesta norma, deve, também agora, ou seja, à semelhança do que defendemos no quadro do art. 9.º, n.º 1, do Regulamento, ser interpretada restritivamente: a utilização de um sinal na vida comercial significa a sua utilização *a título de sinal distintivo,* quer a título de marca, quer a título de nome do estabelecimento, quer ainda a título de firma ou denominação. Esta interpretação restritiva colhe, aliás, apoio na letra do próprio art. 5.º, n.º 5. Aí se diz, com efeito, que "os números 1 a 4 [e nós falamos do n.º 2] não afectam as disposições aplicáveis num Estado-membro relativas à protecção contra *o uso de um sinal feito para fins diversos dos que consistem em distinguir os produtos ou serviços,* desde que a utilização desse sinal, sem justo motivo, tire partido indevido do carácter distintivo ou do prestígio da marca ou os prejudique". Conhecedor da interpretação ampla que alguns tribunais e certos sectores da doutrina dos países do Benelux (cfr. *supra*, nota 13 e, mais desenvolvidamente, DELIÈGE SEQUARIS, "Der Schutz der Marke …", *GRUR-Int. cit.*, p. 576 s.) fazem da expressão *"dans la vie des affaires"*, usada no art. 1 3 A 2 da Lei uniforme, o legislador comunitário teve o cuidado de precisar o verdadeiro sentido daquela expressão, no quadro do art. 5.°, n.° 2, da Directiva.

Nos Estados-Unidos da América, coube a SCHECHTER, por influência da doutrina alemã, diz-se, fornecer — no seu famoso (e já citado) artigo "The Rational Basis of Trademark Protection" — a base teórica para uma tutela absoluta ou merceologicamente ilimitada das marcas mais fortes. A teoria de Schechter, dita da *diluição*, que afirma a possibilidade de se proteger uma marca (célebre?) contra o uso por terceiro de um sinal igual (ou quase-igual), não obstante a *inexistência* de "confusion as to source, sponsorship, affiliation or connection", é, passado mais de meio século, encarada com cepticismo pela jurisprudência e fortemente contestada por um importante sector da doutrina. E isto, note-se, apesar de actualmente serem já vinte e seis, pelo menos, os Estados da União, em cujas leis de marcas essa teoria se encontra consagrada (cfr. MCCARTHY, *ob. cit.*, vol. II, § 24.12 [2], nota 7, e WALTER J. DEREMBERG, "The Problem of Trademark Dilution and the Antidilution Statutes" 44 *California L. R.* 1956, p. 439 s., e ARTHUR MILLER/MICHAEL H. DAVIS, *Intelectual Property: Patents, Trademarks and Copyright,* 2ª ed., 1990, p. 191 s.). Também nesse país, cuja diluição aparece rotulada como a "protection against 'a gradual whittling away' of distinctiveness caused by a 'cancer-like growth' of use on dissimilar products or services" *(Allied Maintenance Corp. v. Allied Mechanical Trades, Inc.,* 42 N.Y. 2d, 538, 399 N.Y.S. 2d 628, 369 N.E. 2d 1162, 198 USPQ 418 (1977), se distinguem dois *tipos: (i) dilution by blurring (obscurecimento),* que é a forma mais clássica, e que consiste no facto de "customers or prospective customers will see the plaintiff's mark used on a plethora of different goods and services" e, por conseguinte, logo se acrescenta, *"the unique and distinctive significance of the mark to identify and distinguish one source may be diluted and weakened",* não havendo contudo "confusion as to source, sponsorship, affiliation or connection" (MCCARTHY, *ob. cit.*, vol. II, §24.13 [a] [i]; *(ii) dilution by tarnishement* (desdoiro/deslustre), cujo efeito "of the defendant's unauthorized use is to tarnish, degrade, or dilute the distinctive quality of the mark"; por exemplo, "the mark may be used by the defendant without permission *in an attempted parody context* that is totally dissonant whit the image projected by the mark" (McCARTHY, *ob. cit.*, vol. II, § 24.13 [a] [ii], e CALLMANN, *ob. cit.*, vol. III A, § 21.11, p. 34). Concordes na definição destes dois tipos de diluição, doutrina e jurisprudência norte-americanas dividem-se quanto ao âmbito de aplicação da própria doutrina. Assim há um sector da jurisprudência — cfr., por exemplo, *Holiday Inns, Inc. v. Holiday Out in America*, 481 F. 2d 445, 178 USPQ 257 (5th Cir. 1973), *Santucci Constr. Co. v. Carlo V. Santucci, Inc*, 200 USPQ 783 (N.D. Ill. 1978), e *EZ Loader Boat Trailers, Inc. v. Cox Trailers, Inc.*, 746 F. 2d, 375, 223 USPQ 1101 (7th Cir. 1984) (casos citados por McCARTHY, *ob. cit.*, vol. II, § 24.13 [2] —, apoiado por exemplo, por HANDLER, "Are The State Anti-dilution Laws Compatible with the National Protection of Trademarks?", in 75 *Trademark Reporter* 1985, p. 269 s. — "It is ironic that ... the statute is now being invoked even where the products are the same. The legislation by its very terms responded to what was felt to be a need to extend protection beyond the very product upon which the mark was being used. *There is no indication in the sparse legislative history or from the very wording of these laws that dilution or trespass was to be substituted for confusion and deception where the challenged use was on the same product"* (sublinhados acrescentados); na linha de HANDLER, poder-se-ia ainda citar MIDDLETON, "Some Aspects of Trademark Dilution", in 47 *Trademark Reporter* 1957, p. 1026, segundo o qual "the dilution theory is only applicable if plaintiff's mark is arbitrary, coined, or fanciful, *the goods or services involved are unrelated or noncompetitive and there is a complete absence of actual or likely confusion"* —, há um importante sector da jurisprudência, que conta com o apoio de alguns autores, dizíamos, que entende que se *os produtos são concorrentes* ou *são estritamente similares (closely similars)*, e o conflito envolve marcas diferentes, a teoria da diluição não terá sucesso quando não exista probabilidade de confusão; nesta perspectiva, segundo McCARTHY, *ob. cit.*, vol. II, §24.13 [2], a teoria da diluição é confinada aos casos em que as marcas são muito similares, mas os produtos ou serviços são *"so unrelated"* que não existe probalidade de confusão sobre a origem ou conexão; por outras palavras, que são ainda de McCARTHY, *ob. cit. loc. cit.*, "under this view, the dilution theory *can leap vast product or service distances,* but not vast differences between the wording or appearance of the marks themselves when used on closely similar products or services".

Numa outra perspectiva jurisprudencial, a doutrina da diluição é aplicável quando as partes são concorrentes — neste sentido, cfr., por exemplo, *Frito-Lay,*

Inc. v. Bachman Co., 704 F. Supp 432,14 USPQ2d 1027 (S.N.D.Y. 1989), *Sykes Laboratory., Inc. v. Kalvin*, 610 F. Supp. 849 (C.D. Cal 1985) (Dictum that dilution cannot be limited to cases involving non-competitive and unrelated goods), e *Jordache Enterprises, Inc. v. Hogg Wyld, Ltd.*, 828 F. 2d 1482, 4 USPQ2d 1216 (10th Cir. 1987) (Dictum that a dilution statute cannot be limited to cases involving non-competitive products. Parody mark found not to dilute target mark) (todos estes casos são referidos por MCCARTHY, *ob. cit.* vol. II, §24.13 [2], nota 26). Entre os autores mais recentes, que comungam dessa mesma perspectiva. cumpre destacar BATTERSBY/GRIMES, *The Law of Merchandise and Character Licensing*, 1992, §12.7 [2], p. 82 s., que escrevem: "It would appear that a trademark owner's reputation would be damaged to a substantially greater extent by the use of the same mark on cheap imitations of the same goods. The sale of infringing 'Cartier' watches of inferior quality would surely have a much greater impact on Cartier than would use of the same infringing product on totally dissimilar products. It would appear to follow that in virtually every instance in which trademark infringement occurs, that is, where a likelihood of confusion exists, such infringing use by the defendant would dilute the distinctive value of plaintiff's mark and cause damage to its business reputation. Thus, in the opinion of the authors, *the distinction followed by some courts in limiting dilution to cases involving dissimilar goods appears to be exalting form over substance and is totally contrary not only to the requirements of the applicable statutes* [statutes antidilution, entenda-se] *but to the realities of the marketplace as well"* (sublinhados nossos). Mais conciso, mas sem se afastar desta ideia, CALLMANN, *ob. cit.*, vol. 3A, §21.11, p. 35, acentuando que "if the defendant's use of the plaintiff's mark can whittle away its effectiveness, it should be recognized that such attrition is actionable without more, and the resulting dilution should not be to the status of an independent test of infringement — although the wrong involved does not necessarily affect a competitive relationship, it does injury to the property right in a trademark".

O falado cepticismo da jurisprudência norte-americana face à doutrina da diluição e, o que não deixa de ser ainda mais sintomático, face às *State Antidilution Laws,* manifesta-se de forma ainda mais intensa na chamada "Dilution by Blurring". Disso mesmo nos dão conta MCCARTHY, *ob. cit.,* vol. II, § 24.15 [1], e CALLMANN, *ob. cit.* vol. 3A, § 21.11, p. 35 (este último de modo extremamente crítico). Segundo aquele primeiro autor, depara-se-nos [nos Estados Unidos, já se vê] uma generalizada relutância judicial em acreditar que "state dilution statutes" sejam realmente para ser lidos literalmente. E corrobora esta asserção citando o exemplo de uma sentença da *California federal district court,* que, a propósito do *California dilution statute* disse: "Until this statute is interpreted more fully by a California court, we feel constrained not to give it overly broad application lest it swallow up all competition in the claim of protection against trade name infringement" (MCCARTHY, *ob. cit.,* vol. II, § 24.15 [1]. Também o *New York dilution Statute,* não obstante o seu claro teor em contrário, foi interpretado, durante vários anos, de modo a exigir ou a prova da probabilidade de confusão ou uma intenção desleal ("unfair intent") por parte do réu. O "New York state and Federal courts" recusam acreditar que o *statute* realmente signifique o que literalmente diz: "Não obstante a aparente intenção deste *statute* de conferir uma protecção que não era possível pelo *Lanham Act,* isto é, mesmo quando não há confusão sobre a origem dos produtos, os tribunais têm negado ajuda onde a confusão não está presente" *(Girl Scouts of United States v. Personality Posters Mfg. Co.,* 304 F. Supp. 1228, 1233 USPQ 505, S.D.N.Y. 1969). A este propósito, deparamos, porém, com alguma evolução. Em 1977, o *New York Court of Appeals,* aplicando o *New York dilution Statute,* considerou que este não requeria "a showing of likely confusion", tendo acrescentado o seguinte: *"Notwithstanding the absence of judicial enthusiasm for the anti-dilution statutes,* we believe that sec. 368-d does extend the protection afforded trademarks and trade names *beyond that provided by actions for infringement and unfair competition" (Allied Maintenance Corp. v. Allied Mechanical Trades, Inc.,* 42 N.Y. 2d 538, 399 N.Y.S. 2d 628, 369, N.E. 2d 1162, 198 4USPQ 418; cfr. CALLMANN, *ob. cit.,* vol. 3A, § 21.11, nota 27, que continua a citação: "The evil which the legislature sought to remedy was not public confusion caused by similar products or services sold by competitors, but a cancer-like growth of dissimilar products or services which feeds upon the business reputation of an established distinctive trademark or name". Esta orientação jurisprudencial teve seguimento num caso decidido em 1983 *(Sally Gee, Inc. v. Myra Hogan, Inc.,* 699 F. 2d 621, 217 USPQ 658), pelo *Second Circuit,* em cuja motivação se disse que a "Secção 369-d significa exactamente o que a sua linguagem denota; *neither competition between the parties nor confusion about the source of products, ... appear necessary to state a cause of action for dilution".*

Esta evolução da jurisprudência, que está longe de estar consolidada, e que deixou de conceber a *probabilidade de confusão* e a *relação de concorrência* entre as partes como premissa para o recurso à acção de diluição, com base nas *State Antidiluition Laws,* assim se alargando as possibilidades de protecção das marcas mais fortes, terá agradado, por certo, a CALLMANN. Dizia ele: *"It is a sad commentary on* (and an unhappy testimonial to) *our judicial process that the courts have not yet fully appreciated the concept of dilution"* (*ob. cit.,* vol. II, § 25.11, p. 35; sublinhados nossos). A atitude anti-monopolista dos tribunais norte-americanos, que CALLMANN criticava, não pode, a nosso ver, ser dissociada da tradição de defesa da liberdade de concorrência (e do *free enterprise system)* no respectivo ordenamento jurídico. Acrescente-se, aliás, que aquela mudança, com forte ressaibo *monopolista* (ou, se preferirmos, *garantista),* que transparece da referida decisão do *Second Circuit,* dificilmente pode ser dissociada da chamada *Reagnomics* predominante na década de oitenta, e influenciada pela chamada *supply-side economics* e também pelos *novo-neo-liberais* da "Escola de Chicago", avessos a quaisquer preocupações com a eliminação das *"barriers to entry"* ou, quando menos, com a atenuação dessas mesmas barreiras (cfr., por exemplo, HERBERT HOVENKAMP, "Antitrust Policy After Chicago", in 84 *Michigan L. R.* 1985, p. 213 s., e H. KALLFASS, "Die Chicago School-Eine Skizze des 'neuen' amerikanischen Ansatzes für die Wettbewerbspolitik", in *WuW* 1980, p. 598). Este nosso entendimento ganhará maior consistência se se tiver presente que aquela decisão do *Second Circuit,* favorável às marcas *mais fortes (que são naturalmente as das grandes empresas),* é coeva de uma sentença da *Supreme Court,* que abandona, por assim dizer, um dos *dogmas* fundamentais do direito *anti-trust* norte-americano. Com efeito, na base da *Section 1 of the Sherman Act* (promulgado em 1890, cfr. *supra,* n.º 5.1), sempre prevaleceu o entendimento de que os chamados "acordos no interior dos grupos de empresas" *(intra-enterprise conspiracy)* eram *anti-concorrenciais,* é dizer, *ilícitos* (sobre as diversas soluções que foram sendo avançadas, no ordenamento norte-americano, cfr., por todos, F. DENOZZA, *La disciplina delle intese nei gruppi,* Milano, 1984, *passim).* Desta sorte atalhar-se-ia (tanto quanto possível) às *discriminações* entre pequenas/ /médias empresas, por um lado, e grandes empresas, organizadas sob a forma de grupo (ou mesmo de conglomerado), por outro. Ora, em 1985, a *Supreme Court* (caso *Copperveld Corporation v. Independence Tube Corporation,* cfr. 104 S. Ct., apud F. DENOZZA, "La disciplina della concorrenza e del mercato", in GC 1991, p. 370), num clamoroso *revirement,* negou a existência de uma "conspiracy" entre uma sociedade-mãe e uma sociedade-filha, que era inteiramente controlada por aquela (sobre as várias reacções à nova orientação da *Supreme Court,* cfr., por exemplo, O. PRELL, "Copperweld Corporation v. Independence Tube Corporation, An Ende to Intraenterprise Conspiracy Doctrine", in 71 *Cornell L. R.* 1986, p. 1151, e P. ALESSANDRIA, "Intra-Entity Conspiracies and Section I of the Sherman Act: Filling the 'Gap' after Copperweld Corp. v. Independence Tube Corp., 34 *Buffalo L. R.* 1985, p. 551).

Com a morte oficial da doutrina da *intra-enterprise conspirance* — cabe perguntar é se lhe não acontecerá como a Lázaro, pois que, como escreve H. HOVENKAMP, "Antitrust...", *Michigan L. R. cit.,* p. 213, "if one hundred years of federal antitrust policy have taught us anything, it is that antitrust is both political and cyclical" — é claro que a *legislação anti-trust* não deixou de ser aquilo que sempre foi: um instrumento de política económica. Passou apenas a ser um instrumento de *uma outra política económica,* que, dizendo-se orientada primacialmente pela *eficência económica,* se não preocupa (tanto) com o controlo da dimensão empresarial, e, por isso, potencia a oligopolização dos mercados. Nesse quadro, íamos a dizer pela "natureza das coisas", será então crível que o ceptcismo e a resistência que os tribunais têm evidenciado na concessão de uma tutela absoluta ou merceologicamente ilimitada às marcas mais fortes sofram alguma retracção. Como veremos adiante (nesta nota), no que respeita à *dilution by tarnishement* há já indícios nesse sentido. Mais nublosas se apresentam, porém, as coisas quanto à outra conhecida forma de diluição — *dilution by blurring.* Pelas razões já apontadas, são poucos os casos em que os tribunais norte-americanos se pronunciaram a favor da tutela da marca de uma forma absoluta ou merceologicamente ilimitada, com base naquela segunda modalidade de diluição. Em 1963, o *Seventh Circuit* (caso *Polaroid Corp. v. Polaraid,* Inc., 319 F. 2d 830, 138 USPQ 265), aplicando o "Illinois dilution statute", reconheceu que "Polaroid" "is exactly the type of strong mark appropriate for dilution protection". "There — continuemos a transcrever MCCARTHY, *ob. cit.,* vol. II, § 24.15 [3] —, the court held that defendant's use of POLARAID in connection with the installation of refrigeration and heating systems constitued a dilution of the well-known mark POLAROID for optical devices, cameras, and the like". No caso *Exxon Corp. v. Exxene Corp.,* 696 F. 2d 544, 550, 217, USPQ 215 (7th Cir. 1982), o juiz POSNER explicitou o seu ponto de vista sobre a decisão-"Polaroid", nos seguintes termos: "No longer would the word 'Polaroid' call immediately to mind the highly regarded cameras made by the Polaroid Corporation. *The mental image would be blurred, at least to anyone who had dealt with Polaroid or seen its ads, by recollection of Polaraid's refrigeration services.* It is the same kind of dissonance that would be produced by selling *catt food* under the name 'Romanoff', or *baby carriages* under the name 'Aston Martin'" (sublinhados acrescentados). Também em aplicação do 'Illinois statute", o *Seventh Circuit Court of Appeals* considerou que o uso de "Hyatt Legal Services" — nome constituído a partir de um dos *partners* (Joel Z. Hyatt) — era susceptível de *obscurecer* a marca "Hyatt Hotels", sugerindo "a preliminary injunction requiring defendant to use 'Joel Hyatt Legal Services' or the like" *(Hyatt Corp. v. Hyatt Legal Services,* 736 F. 2d 1153, 222 USPQ 669, 7th Cir. 1984). Do mesmo jeito, o *Seventh Circuit* afirmou a diluição do famoso slogan "The Greatest Show on Earth", usado pelo "Ringling Brothers circus", perante o slogan "The Greatest Used Car Show on Hearth", por parte de um vendedor de caros usados. "The court noted — citamos McCARTHY, *ob. cit.,* vol. II, §24.15 [3] — that the circus had often entered into joint promotional arrangements with auto dealerships. It held that de defendant's use of the slogan *'would blur the strong association the public now has between Ringling Bros.' mark and its circus and thus inflict irreparable harm"* (sublinhados nossos) *(Ringling Bros.-Barnum & Bailey Combined Shows, Inc. v. Cellozzi-Ettleson Chevrolet, Inc.,* 855 F. 2d 480, 8 USPQ2d 1072, 1988). Finalmente, sempre segundo McCARTHY, *ob. cit. loc cit.,* "A California federal district Court in 1970 awarded an injunction under the dilution doctrine 'out of an abundance of fairness' for the plaintiff. The court foud that the products of the respective parties were so unlike as to be unrelated. That is, plaintiff's use of 'Tower of Babble' as a name for its language name was so unrelated to defendant's use of 'Tower of Babble' as slogan in advertising its 'Bayer' aspirin, *that no reasonable buyer would be likely to think that there was any connection bettween the makers of the respective products.* Notwithstanding the absence of traditional trademark infringement, the court used the *dilution clause* of the 1967 California trademark statute as the basis for a injunction against defendant's use of the mark as a slogan" *(Cal. Bus. & Prof. Code* 1430; sublinhados acrescentados).

A *diluição by tarnishement* (diluição por *deslustre/desdoiro*) tem vindo a adquirir um sucesso relativamente crescente nos casos em que a marca é usada num contexto, diríamos, nocivo ou degradante. O *First Circuit* define a diluição por desdoiro do seguinte modo: "uma marca é desdourada/deslustrada quando a marca não será afectada. Na verdade, e como decorre do já tão referido preceito da Directiva, a perda da capacidade distintiva da marca, nos referidos círculos, só é causa de caducidade do respectivo registo, se for uma consequência da actividade ou inactividade do seu titular. Comecemos por esta última. Estando nós a falar fundamentalmente de *marcas famosas,* é natural que as contrafracções se sucedam — essas marcas, se exercem grande atracção sobre a generalidade do público dos consumidores, também são *apetecíveis* para os concorrentes (exactamente por causa do seu *selling power).* E a verdade é que o titular de uma dessas marcas pode, eventualmente, descurar a defesa do seu direito e, por conseguinte, estimular as violações de terceiros; naturalmente que as coisas se passarão de modo diferente, quando o titular da marca reage contra qualquer

---

capacidade de o consumidor para a associar aos próprios produtos ou serviços foi diminuida. A ameaça de desdoiro/deslustre surge quando o *goodwill* ou reputação da marca do autor é associada a produtos que são de má qualidade *(shoddy quality)* ou que geram associações de ideias que colidem com as que são desencadeadas pelo legítimo uso do proprietário da marca" *(L.L. Bean, Inc. v. Drake Publishers, Inc.,* 811 F.2d 26, 1 USPQ2d 1753, 1987). Como escreve McCARTHY, *ob. cit.,* vol. II., § 24.16 [1], porventura o exemplo mais conhecido de diluição por desdoiro é o caso "Enjoy Cocaine" *(Coca-Cola Co. v. Gemini Rising Inc.,* 346 F. Supp. 1183, 175 USPQ 56, E.D.N.Y. 1972). Aí o réu alegava que a venda de *posters* com a legenda "Enjoy Cocaine" com as letras e a cor da "Coca-Cola" não era senão uma imitação satírica de "Coca-Cola". O tribunal concedeu a "preliminary injunction basead on both trademark infrigement and dilution, referring to defendant's 'predatory intent, however humorous defendant considers it'". Enfatizando o prejuízo para a reputação da "Coca-Cola" causado pela nociva associação com uma droga ilegal, o tribunal observou o seguinte: "[A] strong probability exists that some patrons of 'Coca-Cola' will be 'turned of' rather than 'turned on' by defendant's so-called 'spoof', with resulting loss to plaintiff ... [P]laintiff's good will and business reputation are likely to suffer in the eyes of those who, believing it responsible for defendant's poster, will refuse to deal with a company which could seek commercial advantage by treating a dangerous drug in such jocular fashion".

violação, pois que assim, não só afasta o perigo de o autor dessa violação a repetir, como intimida os outros potenciais infractores. Ora, naquela primeira hipótese, não se poderá excluir que o titular da marca se mantenha inactivo, durante (muitos) anos, perante o uso do sinal por banda de um terceiro, seu concorrente (inclusive por julgar que, assim fazendo, favorece a afirmação da marca no mercado); durante esse período é, no entanto, possível que o usuário da marca, através do seu próprio esforço (investimentos publicitários incluídos), venha a alcançar uma *situação de posse valiosa (wertvolen Besitzstard,* na terminologia alemã[90]), que torna *inadmissível,* por contrário ao princípio da boa-fé, o exercício do direito por banda o titular da marca contra esse mesmo usuário. E apenas contra ele, acrescente-se. Todavia, esse desleixo (intencional ou não) do titular da marca pode levá-lo a não reagir contra *outras violações,* que, prolongando-se igualmente ao tempo, conduzam àquele mesmo resultado, é dizer, à inadmissibilidade do exercício do direito também em relação a esses outros concorrentes (-contrafactores). Numa tal situação, não se pode dizer que a marca caia, sem mais, no domínio público. Na verdade, o facto de o seu titular ficar impedido de exercer o seu direito contra os concorrentes que, tendo feito um longo uso da marca, adquiriram sobre ela a falada *"wertvolen Besitzstand",* não significa que todos os outros concorrentes possam invocar o direito de usar essa marca como denominação genérica do produto ou do serviço[91]. Acontecerá assim, é certo, mas porque, tendo a marca passado a ser usada por vários *empresários independentes,* é dizer, por vários empresários

---

[90] Cfr. o nosso "Marcas de forma", in *CJ,* tomo IV, 1991, p. 73 s.

[91] Como escrevemos noutro lugar ("Marcas de forma", *cit.,* p. 74), a *suppressio* (ou *Verwinkung)* não é um meio de publicizar — possibilidade de utilização da marca por quemquer, fazendo-a cair no domínio público — aquilo que, pelo registo, se *privatizara.*

entre os quais não intercede qualquer relação contratual *(contra-to de licença,* por exemplo) ou de outra índole *(relação de grupo,* também por exemplo), ela deixa de ter aptidão para distinguir um produto (ou serviço), que provém de uma empresa (ou fonte produtiva), dos produtos (ou serviços) provenientes de outras empresas (ou fontes produtivas); por outras palavras, em virtude desse *uso plúrimo,* a marca perde a sua capacidade distintiva, mesmo nos círculos profissionais interessados, ou seja, transforma-se na "designação usual no comércio do produto ou serviço para que foi registada" (cfr. atrás, no texto). Dado que essa situação (objectiva) foi consequência da *inactividade* do titular da marca, haverá então lugar à caducidade do respectivo registo.

6.3. O art. 12.°, n.° 2, alínea *a),* da Directiva refere, como causa da generalização da marca, não só a inactividade, mas também a *actividade* do seu titular. A hipótese mais verosímil em que, como consequência da actividade do seu titular, a marca pode transformar-se "na designação usual no comércio" do respectivo produto é a do baptismo de um produto novo [92]. É, na verdade, frequente que o empresário, que realiza um produto novo — que, exactamente porque é novo, não tem ainda uma denominação comum (assim aconteceu, por exemplo, com a marca CELLO-PHANE, a que já nos referimos) —, requeira a concessão de uma patente (que, obviamente, respeita ao produto) e, do mesmo passo, formule um pedido de registo como marca do nome que escolheu para o produto. Numa primeira fase da vida deste — e como escreve DI CATALDO [93] —, existe, portanto, um empresário que é titular quer do direito exclusivo de produção do bem (por força da patente), quer do direito exclusivo ao uso do

---

[92] Cfr. VANZETTI, *ob. cit.,* 1993, p. 132.

[93] *Ob. cit.,* p. 88.

"nome" como marca (em consequência do seu registo a esse título). Contrastando com os princípios das marcas — que, já o sabemos, repelem o exclusivo sobre o nome comum do produto —, esse estado de coisas não suscita problemas durante o período de vigência da patente, pois que, nesse período, nenhum outro empresário poderá produzir o bem em causa e, por isso mesmo, não se afirma a necessidade à livre utilização daquele nome. O problema surge é quando a patente cai no domínio público (entre nós, art.º 7.º), já que então passa a ser possível a qualquer empresário produzir o bem, interessando-lhe obviamente usar o seu "nome" comum, que é o único pelo qual esse bem pode ser referido. Para contrariar essa pretensão dos seus (novos) concorrentes, o primeiro produtor do bem, há-de, por certo, invocar o seu direito ao uso exclusivo desse "nome", que lhe advém do seu registo como marca — registo esse que, como é sabido, é indefinidamente renovável. Podê-lo-á fazer?

Se a marca, durante o período de vigência da patente, se "tiver transformado na designação usual no comércio do produto para que foi registada" (voltamos a usar as palavras do art. 12.º, n.º 2, alínea *a)*, da Directiva), a resposta ao quesito será, obviamente, negativa. Isto porque essa transformação da marca terá de ser considerada *consequência da actividade do seu titular* — consubstancianda no uso que ele próprio fez do sinal —, assim se verificando o segundo requisito a que o referido art. 12.º, n.º 2, alínea *a)*, subordina a caducidade do registo da marca. Dever-se-á notar que, não tendo havido um uso plúrimo da marca — a situação de monopólio decorrente da existência da patente a tanto obstou —, a sua transformação "na designação usual no comércio do respectivo produto", uma vez terminada essa situação de monopólio, não é inelutável; na verdade, é perfeitamente possível (porventura, outros virão dizer que é perfeitamente natural) que essa marca, apesar de ter sido usada pelo seu titular como denominação genérica do produto, não tenha perdido a sua capacidade distintiva nos *círculos profissionais interessados,* exactamente porque nestes círculos se não podia desconhecer (até porque dele se sofriam as consequências) o monopólio de que desfrutava o titular da marca. O mesmo já não se poderá dizer em relação à generalidade do público dos consumidores. Neste outro círculo de interessados, não havendo outro nome para designar o produto senão aquele que o empresário (monopolista) usa como marca, esta acaba fatalmente por ser *compreendida* como a denominação genérica do produto — e dizemos compreendida porque nos parece que, do ponto de vista da generalidade do público dos consumidores, não chega sequer a existir qualquer transformação (ou metamorfose) da marca, pois que esta, logo que surge no mercado, *já é* (também) *o nome do produto.* É claro que esta circunstância, só por si, não acarreta a caducidade do registo da marca; para este efeito, e como já vimos, releva, em última instância, a opinião dos círculos profissionais interessados. Significa isto, afinal, que terminado o monopólio conferido pela patente, não é seguro, longe disso, que caduque o direito ao uso exclusivo do nome do produto como marca, produzindo-se assim os mesmos efeitos anti-concorrenciais que se querem evitar com a proibição de registo das denominações genéricas dos produtos.

Em nossa opinião, e para obstar a esse resultado, que contraria os princípios da marca, dever-se-á considerar que, sendo o produto *novo,* o "nome" que o empresário escolheu para o designar — estamos a supor, é claro, que esse produto, sendo novo, não tinha ainda uma denominação comum — *é insusceptível de registo como marca.* E isto por força da norma que proíbe o registo das denominações genéricas dos produtos. Se, por exemplo, o empresário que produz frigoríficos não pode registar a palavra "frigorífico" como marca desses produtos, também ao empresário que realiza um produto novo, que não tinha ainda uma denominação comum, deverá ser proibido registar o nome que pôs ao produto como marca deste, exactamente porque esse nome tem *a natureza de uma denominação genérica*. Consequentemente, se esse empresário quiser *marcar* o produto novo, está obrigado a uma dupla escolha: (*i*) a de um nome para o produto, que passa a ser a *denominação comum* deste e, por isso mesmo, livremente utilizável por todos quantos, findo o prazo de vigência da patente, produzam esse produto; (*ii*) a escolha de um *outro* nome ou sinal, naturalmente susceptível de registo como marca, e cuja validade não será afectada pela expiração da patente[94].

---

[94] Essa solução está já hoje consagrada no art. 12.º do Regulamento sobre a Protecção das *Obtenções Vegetais,* aprovado pela Portaria n.º 940/90, de 4 de Outubro, no qual se dispõe:

"1. Toda a variedade vegetal deve ser designada por uma única denominação que permita identificá-la e que seja diferente da usada para qualquer outra obtenção vegetal da mesma espécie ou de espécies afins registadas no País ou em qualquer outro Estado-membro da UPOV [União Internacional para a Protecção das Obtenções Vegetais].

2. A denominação dada a uma variedade protegida não pode ser usada como marca ou denominação comercial de qualquer obtenção vegetal da mesma espécie ou de espécie afim".

BIBLIOGRAFIA

ALESSANDRIA, P. — *Intra-Entity Conspiracies and Section I of the Sherman Act: Filling the "Gap" after Copperweld Corp. v. Independence Tube Corp..*, in *Buffalo L.R.* 1985, p.551.

ALMEIDA, Carlos Ferreira de — *Texto e enunciado na teoria do negócio jurídico*, vol. II, Almedina, Coimbra, 1992.

ALTHAMMER, Werner — *Warenzeichengesetz*, 3. aufl., 1985.

AMAR, Moise — *Manuale della Proprietà Industriale*, Milano, 1900.

ASCARELLI, Tullio — *Teoria della concorrenza e dei beni immateriali*, 3ª ed., Milano, 1960.

ASCENSÃO, Oliveira J. de — *Direito Comercial (Direito industrial)*, vol. II, Lisboa, 1988.

—,— *O confisco realizado no estrangeiro e a titularidade da marca registada em Portugal*, in *CJ*, 1986, tomo II, p. 17.

ASQUINI, A. — *Volgarizzazione e pseudo-volgarizzazione del marchio*, in *RDComm.*, 1955, II, p. 43.

AULETTA, Giuseppe Giacomo — *Estinzione del diritto al marchio per caduta in dominio pubblico e per rinunzia*, in *GI*, 1947, I, p. 97.

AZÉMA, Jacques — *Lamy droit commercial*, Paris, 1993.

BATTERSBY, Gregory J./GRIMES, Charles W. — *The Law of Merchandise and Character Licensing*, New York, 1988.

BAUMBACH/HEFERMEHL — *Warenzeichenrecht*, 12ª Aufl., München, 1985.

—,— *Wettbewerbsrecht*, 17. Aufl., München, 1993.

BEIER, Friedrich-Karl — *Die Funktionen der Marke*, in *Markenrechtliche Abhandlungen*, München, 1986, p. 225.

—,— *Unterscheidungskraft und Freihaltebedürfnis*, in *GRUR Int.* 1992, p. 243.

—,— *Wirtschaftliche Bedeutung, Funktionen und Zweck der Marke*, in *GRUR - Int.* 1976, p. 125.

BEYERLE, Peter — *Unterscheidungskrsft und Freihaltebedürfnis im deutschen Warenzeichenrecht*, München, 1988.

BEZERRA, Miguel — *Vide* VARELA, J. M. Antunes.

BODEWIG, Frauke Henning/KUR, Annette — *Marke und Verbraucher*, Band I, Weinheim, 1988.

BORK, Reinhard — *Kennzeichenschutz im Wandel* — *Zum Verhältnis des bürgerlichrechtlichen zum wettbewerbsrechtlichen Schutz der berühmten Marke gegen Verwässerungsgefahr*, in *GRUR* 1989, p. 725.

BRAUN, A. — *Précis des marques de produits et de service*, Bruxelles, 1987.

BUCHNER, Herbert — *Die Bedeutung des Rechts am eingerichteten und augeübten Gewerbebetrieb für den deliktsrechtlichen Unternehmensschutz*, München, 1971.

BURST, Jean-Jacques — *Vide* CHAVANNE, Albert.

BUSSE — *Warenzeichengesetz*, 5. Aufl., Berlin/New York, 1976.

CALLMANN, Rudolf — *Unfair Competition, Trademarks and Monopolies*, 4ª ed., vols. 3 e 3A, Callaghan, 1990.

CARUSO, Daniela — *Note sul marchio celebre di impresa monoproduttiva*, in *GC* 1989, II, p. 681.

CARVALHO, Orlando de — *Anotação ao acórdão do STJ, de 11 de Dezembro de 1979*, in *RLJ*, ano 113º, p. 285.

—,— *Critério e estrutura do estabelecimento comercial*, Coimbra, 1967.

—,— *Direito das coisas*, Coimbra, 1977.

CASANOVA, Mario — *Impresa e azienda (Le imprese commerciali)*, in *Trattato di diritto civile italiano (FILIPPO VASSALI)*, vol. X, tomo I, Torino, 1974.

CHAVANNE, Albert/BURST, Jean-Jacques — Droit de la propriété industrielle, 4ª ed., Paris, 1993.

COELHO, J. Gabriel Pinto — *A protecção da marca "notoriamente conhecida"*, in *RLJ*, 84º, p. 129.

—,— *Lições de direito comercial*, vol. I, 3ª ed., Lisboa, 1957.

—,— *O problema da admissibilidade da "licença" em matéria de marcas*, in *RLJ*, ano 94º, p. 289.

—,— *O problema da conversão da marca em denominação genérica*, in *RLJ*, ano 93º, p. 245.

CORDEIRO, António Menezes — *Da boa-fé no direito civil*, vol. II, Almedina, Coimbra, 1985.

CORNISH, William Rodolph — *Intellectual Property: Patents, Copyright, Trade Marks and Allied Rights*, 2ª ed., London, 1989.

CORRADO, Renato — *I marchi dei prodotti e dei servizi*, Torino, 1972.

CRUGNOLA, Paola — *Sulla decadenza del marchio per volgarizzazione*, in *RDI*, II, p. 39.

CRUZ, Justino — *Código da Propriedade Industrial*, 2ª ed., Coimbra, 1985.

DAVID, Heinrich — *Kommentar zum Schweizerischen Markenschutzgesetz*, 2. Aufl., Basel/Stuttgart, 1960.

DELIÈGE-SEQUARIS, Marguerite — *Der Schutz der Marke Gemäß Art. 13A Benelux — Warenzeichengesetz*, in *GRUR Int.* 1980, p. 568.

DENOZZA, Francesco — *La disciplina della concorrenza e del mercato*, in *GC* 1991, I, p. 365.

—,— *La disciplina delle intese nei gruppi*, Milano, 1984.

DEREMBERG, Walter J. — *The Problem of Trademark Dilution and the Antidilution Statutes*, in *California L.R.* 1956, p. 439.

DETLEF V. SCHULTZ — *Wohin geht das berühmte Kennzeichen?*, in *GRUR* 1994, p. 85.

—,— *Der Schutz von Marken und Firmen außerhalb des Wettbewerbsbereichs*, in *FS Alfred-Carl Gaedertz zum 70. Geburtstag*, München ,1992, p. 99.

DEYON, Pierre — *O mercantilismo*, Gradiva, 1983.

DI CATALDO, Vincenzo — *I segni distintivi*, 2ª ed., Milano, 1993.

DURRANDE, Sylviane — *Dalloz* 1986, p. 526 (nota ao acórdão da *Cour de Cassation*, de 27 de Maio de 1986).

EMMERICH, Volker — *Das Recht des unlauteren Wettbewerbs*, 2. Aufl., München, 1987.

ERNST-MOLL, Jürgen — *Die berühmte und die bekannte Marke*, in *GRUR* 1993, p. 8.

FERNÁNDEZ-NOVOA, Carlos — *Derecho de Marcas*, Madrid, 1990.

—,— *Fundamentos de derecho de marcas*, Madrid, 1984.

FERRARA J^or. — *La teoria giuridica dell' azienda*, Firenze, 1945.

FERRER CORREIA, António — *Lições de Direito Comercial*, Lex, Lisboa, 1994.

—,— *Propriedade Industrial. Registo do nome de estabelecimento. Concorrência desleal*, in *Estudos de Direito Civil, Comercial e Criminal*, Almedina, Coimbra, 1985.

—,— *Reivindicação do estabelecimento comercial como unidade jurídica*, in *Estudos de Direito Civil, Comercial e Criminal*, 2ª ed., Almedina, Coimbra, 1985.

—,— *Sobre a projectada reforma da legislação comercial portuguesa*, in *Temas de Direito Comercial e Direito Internacional Privado*, Almedina, Coimbra, 1989.

FERRER-CORREIA, António/SERENS, M. Nogueira — *A tutela dos títulos das obras de engenho*, in *RDE*, 13, 1987, p. 82.

—,— *A composição da marca e o requisito do corpo do artigo 78° e do § único do artigo 201° do Código da Propriedade Industrial*, in *RDE*, 16/17/18, 1990/92, p. 7.

FEZER, Karl-Heinz — *Markenschutz durch Wettbewerbsrecht*, in *GRUR* 1986, p. 485.

FIKENTSCHER, Wolfgang — *Wirtschaftsrecht*, vol. II, München, 1983.

FOREST, Isabelle — *La notion de similitude des produits en droit des marques*, in *RIPIA* 1993, p. 273.

FRANCESCHELLI, Remo — *La Cassazione italiana sposa, sulla volgarizzazione del marchio, la teoria oggettiva*, in *RDI*, 1979, II, p. 392.

—,— *È proprio vero che il nome Champagne é in Italia di libera appropriazione come marchio a designare qualunque prodotto che non sia vino spumante?*, in *RDI* 1989, II, p. 21.

—,— *Studi riuniti di diritto industriale*, Milano, 1972

—,— *Sui marchi di impresa*, 4ª ed., Milano, 1988.

FRASSI, Paola — *Riflessioni sul fenomeno della volgarizzazione del marchio*, in *RDI*, 1990, I, p. 402.

GALBRAITH, J. Kenneth — *O novo Estado industrial*, Europa-América, 1989.

GALGANO, Francesco — *Il marchio nei sistemi produttivi integrati: subforniture, gruppi di società, licenze, "merchandising"*, in *Contratto e impresa*, 1987, p. 173.

GILSON, Jerome — *Trademark Protection and Pratice*, vol. I, Mathew Bender, 1992.

GROSSFELD, Bernhard — *Hauptpunkte der Kartellrechtsentwicklung vor dem Ersten Weltkrieg*, in *ZHR* 1977.

HAÜBER, Erich — *Das deutsche Patentamt und das nationale Markenrecht*, in *MA* 1979, p. 190.

HANDLER — *Are The State Andidilution Laws Compatible with the National Protection of Trademarks*, in *Trademark Reporter* 1985, p. 269.

—,— *Some Aspects of Trademark Dilution*, in *Trademark Reporter* 1957, p. 1023.

HEIL, Gerhard — *Die absolute Schutzfähigkeit bei Warenzeichen*, in *GRUR* 1981, 699.

HEYDT, Ludwig — *Verwechslungsgefahr und Warennähe im Warenzeichenrecht*, in *FS Günther Wilde zum 70. Geburtstag*, München, 1980, p. 67.

HOVENKAMP, Herbert — *Antitrust Policy After Chicago*, in *Michigan L.R.* 1985, p. 213.

HUBMANN, Heinrich — *Gewerblicher Rechtsschutz*, 5. Aufl., München, 1988.

JAEGER, Pier Giusto — *Sulla volgarizzazione del marchio*, in *RDI*, II, p. 331.

KALLFASS, Herman H. — *Die Chicago School — Eine Skizze des "neuen" amerikanischen Ansatzes für Wettbewerbspolitik*, in *WUW* 1980, p. 596.

KAUFMANN, A — *Passing off and misappropriation*, Weinheim, 1986.

KNÖPFLE, Robert — *Die marktbezogene Unlauterkeit*, Tübingen, 1983.

KOHL, Helmut — *Die Verwässerung berühmter Kennzeichen*, Berlin, 1975.

KOPENSTERNER, Hans-Georg — *Wettbewerbsrecht*, Bd. 2, *Unlauter Wettbewerb*, 2. Aufl., Wien, 1987.

KRABER, Rudolf — *Beziehungen zwischen Eintragungswirkung und amtlicher Vorprüfung im Warenzeichenrecht*, in *GRUR* 1977, p. 421.

KRIEGER, Ulrich — *Vide* BEIER, Friedrich-Karl.

KUR, Annette — *Vide* BODEWING, Frauke Henning.

LEHMANN, Michael — *Die wettbewerbswidrige Ausnutzung und Beeinträchtigung des guten Rufs bekannter Marken, Namen und Herkunftsangaben*, in *GRUR Int.* 1986, p. 6.

LEONINI, Fernando — *Marchi famosi e marchi evocativi*, Milano, 1991.

LOEWEIHEIM, U. — *Die berühmte Marke im europäischen Spannungsfeld*, in *MA* 1991, p. 238.

MANGINI, Vito — *Il marchio e gli altri segni distintivi*, in *Trattato di diritto commerciale e di diritto pubblico dell'economia*, vol. V, Padova, 1982.

MANGINI, Vito — *Iniziativa economica pubblica e concorrenza sleale*, in *RS* 1974, p.445.

MARBACH, Eugen — *Die eintragungsfähige Marke*, Bern, 1984.

MARINOS, Michael-Theodoros — *Die "sittenwidrige Annäherung" an frende Kennzeichen*, 1983.

MARNOCO E SOUZA — A Troca e o seu mecanismo, Coimbra, 1904.

MATTER, E. — *Kommentar zum Bundesgesetz betreffend den Schutz der Fabrik-und Handelsmarken, der Herkunftsbezeichnungen von Waren und der gewerblichen Auszeichnungen*, Zürich, 1939.

McCARTHY, J. Thomas — *Trademarks and Unfair Competition*, vols. I, II e III, 3ª ed., New York, 1992.

MENZEL, Adolphe — *Les cartels (syndicats industriels) au point de vue de la législation*, in *RevEP*, VII, 1894, p. 829.

MILLER, Arthur/DAVIS, Michael H. — *Intelectual Property: Patents, Trademarks and Copyrigth*, 2ª ed., 1990.

MONTEIRO, Jorge Sinde — *Responsabilidade por conselhos, recomendações ou informações*, Almedina, Coimbra, 1989.

NORA, Sampaio e — *Vide* VARELA, J. M. Antunes.

OEHEN-MENDES, M. — *Breve apreciação e desenvolvimento do direito industrial em Portugal no último decénio*, in *ADI*, 8, 1982, p. 85.

OLAVO, Carlos — *Propriedade Industrial*, in *CJ*, ano XII, tomo II, p. 23.

OLESCH, Norbert — *Ist die berühmte Marke Tot?*, in *WRP* 1988, p. 347.

OLIVIERI, Gustavo — *"Attenti a quel marchio!" (Recenti sviluppi giurisprudenziali in materia di marchio celebre)*, in *RDCiv.* 1986, parte II, p. 181.

PAÚL, J. Patrício — *Concorrência desleal,* Coimbra, 1965.

PEROT-MOREL, Marie-Angèle — *La dégénérescence des marques par excès de notoriété,* in *Mélanges en l'honneur de Daniel Bastian,* vol. II, p. 49.

PLUTA, J. — *Der ergänzende wettbewerbsrechtliche Kennzeichenschutz mit Blick auf die Rechtslage im England, USA, Frankreich und Italien,* München, 1977.

PRELL, O. — *Copperweld Corporation v. Independence Tube Corporation, An Ende to Intraenterprise Conspiracy Doctrine,* in *Cornell L.R.* 1986, p. 1151.

RAVÀ, Tito — *Diritto industriale,* vol. I, 2ª ed., Torino, 1981.

RICOLFI, Marco — *Champagne e bagni schiuma: i limiti alla tutela "allargata" dei marchi celebre nella giurisprudenza della Cassazione,* in *GI* 1989, p. 1015.

SACK, Rof — *Die Schamrotzerkonkurrenz in der deutschen Rechtsprechung,* in *La concurrence parasitaire en droit comparé, Actes du Colloque de Lausanne,* Genève, 1985, p. 35.

—,— *Die Verwässerung bekannter Marken und Unternehmenskennzeichen,* in *WRP* 1985, p. 464.

—,— *Markenschutz außerhalb des Gleichartigkeitsbereich in der EG,* in *RIW* 1985, p. 597.

SAMBUC, Thomas — *Rufausbeutung bei fehlender Warengleichartigkeit?* in *GRUR* 1983, p. 533.

SATTA, Salvatore — *Nuove idee sulla "volgarizzazione" dei marchi,* in *FI,* 1955, I, p. 124.

SCHAEFFER, Michael — *Ausnutzung von bekannten Kennzeichen durch Branchenfremde,* in *GRUR* 1988, p. 509.

SCHAWEL, Klaus — *Unterscheidungskraft — abhängig vom Freihaltungsbedürfnis?,* in *FS Zehn Jahre Bundespatentgericht,* München, 1971, p. 147.

SCHECHTER, Frank I. — *The Rational Basis of Trademark Protection,* in *Harvard L.R.* 1927, p. 813.

SCHLÜTER, Franz — *Aus der Tätigkeit und der Erfahrungen des III. Warenzeichensenats des Bundespatentgerichts,* in *Mitteilungen der Deutsche Patentamwälte* 1962, p. 61.

—,— *Schutzfähigkeit von ein Verfahren bezeichnenden Zeichenwörtern,* in *MA* 1964, p. 205.

SCHRICKER, Gerhard — *Möglichkeiten zur Verbesserung des Schutzes der Verbraucher und des funktionsfähigen Wettebewerbs im Recht des Unlauteren Wettbewerbs,* in *ZHR* 1975, p. 208.

SCHULTZ-SÜCHTING — *Handbuch des Wettbewerbsrechts,* München, 1986.

SCHWERDTNER, Peter — *Münchener Kommentar zum Bürgerlichen Gesetzbuch*, Bd. 1, München 1978.

SERENS, M. Nogueira — *Marcas de forma*, in *CJ* 1991, tomo IV, p. 68.

—,— *A proibição da publicidade enganosa: Defesa dos consumidores ou protecção (de alguns) dos concorrentes?* in *Boletim de Ciências Económicas da Faculdade de Direito de Coimbra*, vol. XXXVII, p. 63.

—,— *Vide* FERRER-CORREIA, António.

SIMÕES, J. de Oliveira — *Propriedade industrial*, Famalicão, 1912.

SPOENDLIN, Kaspar — *Das Markenrecht im Lichte der schultzwürdingen Interessen*, Basel, 1974

STEINHAUSER, Paul J. M. — *Der Schutz der Marke nach Art. 13 A Benelux- -Warenzeichengesetz*, in *GRUR* 1981, p. 546.

STRÖBELE, Paul — *Voraussetzungen und Nachweis der Verkehrsdurchsetzung nach §4 Abs. 3 WZG*, in *GRUR* 1987, p. 75.

TOLDKSDORF, Michael — *Stand und Entwicklungstendenzen der Wettbewerbstheorie*, in *WuW* 1980, p. 785.

TONI, Ana Maria — *Merchandising e marchio celebre in Italia: affievolimento della funzione distintiva?*, in *Contrato e impresa*, 1990, p. 15.

TROLLER, Alois — *Immaterialgüterrecht*, Bd. I, 3ª ed., Basel, 1983.

VANZETTI, Adriano — *Funzione e natura giuridica del marchio*, in *Problemi attuali del diritto industriale*, Milano, 1977, p. 116.

—,— *Marchio (diritto commerciale)*, in *Enciclopedia Giuridica Treccani*, Roma, 1990.

—,— *La nuova legge marchi*, Milano, 1993

—,— *Volgarizzazione del marchio ed uso del marchio altrui in funzione descritiva*, in *RDI*, 1962, II, p. 20.

VARELA, J.M. Antunes/BEZERRA, J.M./NORA, Sampaio e — *Manual de Processo Civil*, 2ª ed., Coimbra Editora, Coimbra, 1985.

VERCELLONE, Paolo — *La ditta, l'insegna e il marchio*, in *Trattato di Diritto Privato (dir. RESCIGNO)*, Torino, 1983, vol. 18.

WALDMANN, Bettina — *Der wettbewerbsrechtliche Schutz von Kennzeichnungsrechten — Inbesondere das Warenzeichen*, Konstanz, 1990.

WENZ, Monica — *Die absolute Schutzfähigkeit von Warenzeichen*, in *GRUR* 1981, p. 716.

WIETHÖLTER, Rudolf — *Zur politischen Funktion des Rechts am eingerichteten und ausgeübten Gewerbebetrieb*, in *Kritische Justiz* 1971, p. 121.

WUESTHOFF, Franz — *Was sind eintragbare Warenzeichen?*, in *GRUR* 1955, p. 7.

SIGLAS E ABREVIATURAS

ADI	– *Actas de Derecho Industrial*
BGB	– *Bürgerliches Gesetzbuch*
BGH	– *Bundesgerichtshof*
BMJ	– *Boletim do Ministério da Justiça*
BPI	– *Boletim da Propriedade Industrial*
California L.R.	– *California Law Review*
CJ	– *Colectânea de Jurisprudência*
Cornell L.R.	– *Cornell Law Review*
CRP	– *Constituição da República Portuguesa*
CUP	– *Convenção da União de Paris de 1883*
Dalloz	– *Recueil Dalloz*
FI	– *Il Foro Italiano*
FS	– *Festschrift für*
GC	– *Giurisprudenza Commerciale*
GI	– *Giurisprudenza Italiana*
GRUR	– *Gewerblicher Rechtsschutz und Urheberrecht*
GRUR-INT.	– *Gewerblicher Rechtsschutz und Urheberrecht – Internationaler Teil*
Harvard L.R.	– *Harvard Law Review*
JO	– *Jornal Oficial das Comunidades Europeias*
JR	– *Jurisprudência das Relações*
MA	– *Der Markenartikel*
Michigan L.R.	– *Michigan Law Review*
NJW	– *Neue Juristische Wochenschrift*
RDCiv.	– *Rivista di Diritto Civile*
RDComm.	– *Rivista di Diritto Commerciale e del Diritto Generale delle Obligazioni*
RDE	– *Revista de Direito e Economia*

RevEP	– Revue d'Économie Politique
RG	– Reichsgericht
RIPIA	– Revue Internationale de la Propriété Industrielle e Artistique
RIW	– Recht der Internationalen Wirtschaft
RS	– Rivista delle Società
STJ	– Supremo Tribunal de Justiça
WRP	– Wettbewerb in Recht und Praxis
WuW	– Wirtschaft und Wettbewerb
ZHR	– Zeitschrift für das Gesamte Handelsrecht und Konkursrecht
ZPO	– Ziwilprozeßordnung